A DEMOCRATIZAÇÃO NO BRASIL
atores e contextos

Alzira Alves de Abreu
organizadora

A DEMOCRATIZAÇÃO NO BRASIL

atores e contextos

Prefácio de **Bolívar Lamounier**

ISBN 85-225-0546-2

Copyright © Centro de Pesquisa e Documentação de História Contemporânea do Brasil — CPDOC

Direitos desta edição reservados à
EDITORA FGV
Praia de Botafogo, 190 — 14º andar
22250-900 — Rio de Janeiro, RJ — Brasil
Tels.: 0800-21-7777 — 21-2559-5543
Fax: 21-2559-5532
e-mail: editora@fgv.br — pedidoseditora@fgv.br
web site: www.editora.fgv.br

Impresso no Brasil / *Printed in Brazil*

Todos os direitos reservados. A reprodução não autorizada desta publicação, no todo ou em parte, constitui violação do copyright (Lei nº 9.610/98).

Os conceitos emitidos neste livro são de inteira responsabilidade dos autores.

1ª edição — 2006

Editoração eletrônica: FA Editoração Eletrônica

Revisão: Aleidis de Beltran e Fatima Caroni

Capa: Studio Creamcrackers

Ficha catalográfica elaborada pela Biblioteca
Mario Henrique Simonsen/FGV

A democratização no Brasil: atores e contextos / Organizadora Alzira Alves de Abreu. — Rio de Janeiro : Editora FGV, 2006.
200p.

Inclui bibliografia..

1. Democracia — Brasil. I. Abreu, Alzira Alves de. II. Fundação Getulio Vargas.

CDD — 321.8

Sumário

PREFÁCIO 7
Bolívar Lamounier

APRESENTAÇÃO 11
Alzira Alves de Abreu

CAPÍTULO 1

Democracia e Forças Armadas no Brasil da Nova República: balanço de uma pesquisa 15
Celso Castro e Maria Celina D'Araujo

CAPÍTULO 2

Corporativismo, liberalização e democratização: um estudo a partir dos serviços do Sistema S 45
Eduardo R. Gomes e Caren Addis

CAPÍTULO 3

Uma instituição ausente nos estudos de transição: a mídia brasileira 67
Alzira Alves de Abreu e Fernando Lattman-Weltman

CAPÍTULO 4

A Rede Globo e a construção da história política brasileira: o processo de retomada democrática em *Decadência*   103
Mônica Almeida Kornis

CAPÍTULO 5

A política nuclear nos arquivos pessoais   145
Célia Maria Leite Costa

CAPÍTULO 6

A fusão do Rio de Janeiro, a ditadura militar e a transição política   163
Marieta de Moraes Ferreira

Prefácio

Mesmo numa breve apresentação, há muitos pontos a destacar neste livro. Desde logo a sua abrangência e qualidade. Compõe-se ele de seis belos textos, todos densos e instigantes. Evoca quase meio século de história, remontando aos primeiros tempos do regime militar, recapitulando a transição e focalizando, sob diversos aspectos, o restabelecimento da democracia, na segunda metade dos anos 1980. Não menos importante, abarca um amplo espectro temático, aduzindo novos dados e suscitando questões sobre as Forças Armadas, o sistema corporativo, a fusão dos estados da Guanabara e do Rio de Janeiro e sua interface com a montagem do regime militar, o papel da mídia (e especificamente das organizações Globo) e a política nuclear.

Outro ponto a ressaltar é o caráter inovador do trabalho realizado por Alzira Alves de Abreu e seus colegas. Na volumosa produção sobre a política brasileira pós-1964, parece-me que ele se situa já numa terceira fase, deixando para trás tanto o foco específico nas origens e características iniciais do ciclo militar, quanto o seguinte, centrado no processo macropolítico da transição e do restabelecimento da democracia.

As causas do colapso democrático de 1961-64 foram objeto de um importante debate teórico e político. Isto se verificou não só no Brasil, mas também em outros países nos quais processos semelhantes ocorreram mais ou menos à mesma época. O debate teórico levou a uma reorientação substancial nas ciências sociais, com o abandono do rígido determinismo economicista então prevalecente, o florescimento de uma ciência social mais aberta à pesquisa e a modelos pluralistas e probabilísticos, e, sobretudo, a revalorização da temática institucional, voltando-se a dar a devida atenção ao arcabouço constitucional, aos partidos políticos, processos eleitorais etc. Do ponto de vista político, a paulatina mobilização contra a perpetuação do arbítrio ajudou a disseminar e a sedimentar no país os valores da democracia representativa.

De meados dos anos 1970 a meados dos 1990, o grande foco temático foi, sem dúvida, a transição e o restabelecimento do regime civil. Trabalhando rente aos acontecimentos, a pesquisa sociopolítica foi demonstrando a inviabilidade de um sistema político militarizado, incapaz de reproduzir ao longo do tempo a unanimidade inicial das Forças Armadas e de assegurar a indispensável legitimação externa, expressa em termos normativos e através de indicadores eleitorais. Por volta de 1985, ao consumar-se formalmente o término do ciclo militar, o país defrontava-se, na verdade, com uma dupla transição, política e econômica. De um lado, era imperativo concluir a desmontagem do período militar e elaborar uma nova Constituição. Por outro, agigantavam-se de maneira dramática os desafios da reorganização econômica — desde logo o da estabilização monetária (que somente seria lograda a partir de 1994) e, em seguida, os da reforma do Estado e da abertura da economia. Ou seja, o Brasil chegou às duas últimas décadas do século XX sob o signo de uma dupla transformação: na política, uma recriação da democracia, pois, embora o modelo seja o representativo, as bases sociais, eleitorais e culturais são muito mais amplas que nos precedentes períodos democráticos; na economia, a passagem de um modelo fechado, com preponderância estatal, a um mais aberto, voltado para o mercado e atento às oportunidades de inserção na economia internacional.

Atualmente, decorridas duas décadas da transição, as questões políticas dizem respeito sobretudo ao aperfeiçoamento do sistema democrático, por meio de reformas políticas, do combate à corrupção e de exigências mais severas no tocante à gestão e à *accountability*. Indireta, mas não menos importante do ponto de vista político, é obviamente a questão social. Não apenas o regime democrático mas o próprio país podem tornar-se vulneráveis a tensões decorrentes da pobreza e da desigualdade social, da má qualidade dos serviços públicos e, principalmente, da criminalidade e do tráfico internacional de drogas.

Nesta última fase, creio que a atenção dos pesquisadores interessados no experimento autoritário e no retorno à democracia se voltará cada vez mais — como no projeto que deu origem a este livro — para "atores e contextos". Na prática isto significa explorar ângulos pouco conhecidos das velhas grandes questões, a vida interna de determinadas organizações e grupos sociais e, naturalmente, novas áreas temáticas. Reflexo dessa saudável preocupação, neste livro, são, por exemplo, os capítulos 3 e 4, dois importantes estudos sobre a mídia. Ou, no estudo de Celso Castro e Maria Celina D'Araujo, uma série de interessantes observações sobre a adaptação individual de oficiais militares à vida "normal" da pós-transição democrática. Por essas e muitas outras razões, a comunidade acadêmica e o público terão, sem dúvida, muito prazer e proveito na leitura desta obra.

Bolívar Lamounier
Cientista político

Apresentação

Este livro apresenta uma análise do processo de transição verificado no Brasil, ao se passar de um regime autoritário estabelecido para um novo regime, o democrático, tomando-se como início desse processo o ano de 1974, quando assumiu a Presidência da República o general Ernesto Geisel.[1] A proposta de liberalização política, tal como foi apresentada, deveria ser lenta e gradual, controlada pelos dirigentes autoritários. A continuidade desse processo foi marcada por incertezas, por avanços e recuos. Pode-se considerar que a transição democrática se efetivou em 1989, com a eleição, pelo voto popular direto, de Fernando Collor de Mello à Presidência da República.

Os textos aqui publicados dão conta da atuação de atores sociais e instituições que participaram do processo de democratização, focalizando seus interesses e suas práticas, bem como aspectos pouco estudados desse processo. O período estudado não se restringe a 1974-89: alguns tomam como ponto de partida para a análise todo o período do regime militar, enquanto outros vão além da eleição de 1989, chegando até os dias de hoje.

No primeiro capítulo, "Democracia e Forças Armadas no Brasil da Nova República: balanço de uma pesquisa", Celso Castro e Maria Celina D'Araujo

---

[1] Trata-se do resultado da pesquisa "Brasil em transição: um balanço do final do século XX", desenvolvida no Centro de Pesquisa e Documentação de História Contemporânea do Brasil (Cpdoc), da Fundação Getulio Vargas, e no Programa de Pós-Graduação em Antropologia e Ciência Política da Universidade Federal Fluminense (UFF), como parte do Programa de Apoio a Núcleos de Excelência (Pronex).

procuram mostrar como os militares brasileiros vivenciaram a transição do regime militar para um governo civil subordinado a regras democráticas e como eles se inseriram na nova ordem política construída a partir de 1985. A análise da atuação dos militares evolui para uma reflexão mais ampla sobre a inserção das Forças Armadas nas novas democracias do Cone Sul. Os autores indicam as dificuldades para responder a certas questões que se apresentaram no decorrer do processo, tais como: que aconteceu com os militares depois que eles deixaram de ocupar o centro do poder político? Acaso voltaram aos quartéis e sua influência política diminuiu? Ou, ao contrário, permaneceram politicamente poderosos, agindo como "tutores" da democracia brasileira? Nesse capítulo são examinadas as diversas respostas dadas pelos estudiosos do tema. Os autores acompanham os vários momentos do processo de transição e mostram que as Forças Armadas foram paulatinamente se adaptando às regras democráticas.

Em "Corporativismo, liberalização e democratização: um estudo a partir dos serviços do Sistema S", Eduardo Gomes e Caren Addis avaliam os impactos dos processos de liberalização econômica e democratização do país nas organizações corporativas dos empresários, através de três serviços de apoio às empresas dessas entidades: o Serviço Nacional de Aprendizagem Industrial (Senai), o Serviço Social da Indústria (Sesi) e o Serviço Nacional de Apoio às Micro e Pequenas Empresas (Sebrae). Os autores concluem que esse sistema corporativista está promovendo, através dos seus serviços de apoio às empresas, uma bem-sucedida inserção de seus membros no novo cenário democrático e liberalizado.

Em "Uma instituição ausente nos estudos de transição: a mídia brasileira", Alzira Alves de Abreu e Fernando Lattman-Weltman procedem a uma análise das diversas interpretações sobre o significado histórico da transição. Ao inserir a variável mídia, mostram como ela pode afetar a percepção que temos dos atores envolvidos, abrindo novas perspectivas para a compreensão do processo de transição. Os autores chamam a atenção para a ausência sistemática, nos estudos dos cientistas sociais, do papel exercido pela mídia na fase de transição e redemocratização e buscam as razões dessa lacuna.

Tendo como base a afirmação de que a ficção tanto no cinema quanto na televisão exerce um forte impacto nas formas de pensar e agir na sociedade contemporânea, Mônica Almeida Kornis, em "A Rede Globo e a construção da história política brasileira: o processo de retomada democrática em *Decadência*", examina o sentido dessa produção ficcional enquanto criadora de um discurso sobre a nação brasileira a partir do olhar do período da retomada democrática.

A utilização de arquivos privados na pesquisa histórica deu origem ao quinto capítulo deste livro, "A política nuclear nos arquivos pessoais", de Célia Maria Leite Costa, no qual a autora apresenta um histórico da trajetória de utilização e compreensão dos arquivos pessoais, discutindo as questões ligadas à sua preservação. Além disso, analisa as conseqüências do aparecimento de novos tipos documentais e a mudança do eixo temático que esses arquivos introduzem. Traça um quadro geral da política nuclear brasileira, assim como do programa nuclear desenvolvido na segunda metade dos anos 1970 e início dos anos 1980, com base nos arquivos de Antonio Azeredo da Silveira, ex-ministro do governo Ernesto Geisel (1974-79), e Paulo Nogueira Batista, ex-presidente da Nuclebrás no mesmo período.

No último capítulo, "A fusão do Rio de Janeiro, a ditadura militar e a transição política", partindo do pressuposto de que os processos da distensão política e da fusão do estado da Guanabara com o estado do Rio de Janeiro — ambos iniciados no governo do general Geisel — estavam inter-relacionados, Marieta de Moraes Ferreira focaliza a construção política do novo estado como laboratório privilegiado que permite acompanhar os impasses e desafios do próprio processo de transição. A autora mostra que a fusão tornou-se ao mesmo tempo um tema tabu e um tema polêmico. Para muitos, todos os males da cidade e do estado nos últimos anos decorrem da fusão. Teria sido esta uma medida técnica visando favorecer o desenvolvimento da região ou uma medida política para enfraquecer o partido de oposição aos militares, o MDB carioca? Com essas questões em pauta, a autora procura esclarecer as tensões e injunções específicas ao processo de transição democrática vivenciado na esfera política nacional.

É importante ressaltar que as questões inicialmente colocadas pelo projeto de pesquisa desdobraram-se em novas questões, à medida que se aprofundava o estudo, abrindo a perspectiva de novas linhas de pesquisa.

Ademais, o projeto permitiu constituir um importante acervo documental, uma vez que foram doados ao Cpdoc arquivos de várias personalidades que atuaram durante o regime militar e a fase de transição. Depoimentos orais de militares, políticos, técnicos e jornalistas foram também gravados e passaram a integrar o acervo de história oral do Cpdoc, o qual se encontra aberto ao público.

A participação de jovens estudantes e de profissionais recém-formados nas diversas linhas de pesquisa que conformaram o projeto permitiu a transferência de experiências e contribuiu para a formação de novos pesquisadores.

O resultado da pesquisa que ora apresentamos terá um impacto acadêmico importante para a ampliação do conhecimento sobre esse período da história brasileira. Os processos de democratização têm despertado intensos debates e incentivado um grande número de estudos e pesquisas a respeito dos diversos tipos de transição de um Estado autoritário para uma democracia política. A pluralidade de condições e trajetórias da transição política resultou em regimes democráticos diferenciados. A análise da atuação de atores e instituições que atuaram na transição brasileira e que nem sempre receberam a atenção dos estudos sobre o tema ajudará, sem dúvida, a refletir sobre esse processo.

Alzira Alves de Abreu

Capítulo 1

Democracia e Forças Armadas no Brasil da Nova República: balanço de uma pesquisa

*Celso Castro**
*Maria Celina D'Araujo**

O contexto da pesquisa

De que maneira os militares brasileiros vivenciaram, em 1985, a transição para um governo civil subordinado a regras democráticas e como se inseriram eles na nova ordem política a partir de então construída? Para tentar responder a essa pergunta desenvolvemos, entre 1997 e 2003, nos quadros do projeto "Brasil em transição: um balanço do final do século XX", aprovado pelo Programa de Apoio a Núcleos de Excelência (Pronex), uma linha de pesquisa sobre as Forças Armadas na Nova República, aqui considerada o período democrático iniciado em 1985 com o fim do regime militar e a transição do poder para os civis.[1] Essa pesquisa deu continuidade — e, de certo

---

* Pesquisadores do Centro de Pesquisa e Documentação de História Contemporânea do Brasil da Fundação Getulio Vargas (Cpdoc/FGV).

[1] O projeto, previsto inicialmente para durar quatro anos (1997-2000), foi estendido por mais três devido a atrasos na liberação dos recursos aprovados pelo governo federal. Deve-se ressaltar que, durante esse período, a linha de pesquisa sobre militares recebeu também o apoio decisivo da Financiadora de Estudos e Projetos (Finep), através do projeto "Democracia e Forças Armadas no Brasil e nos países do Cone Sul" (Processo nº 2.748/96). Contamos também com o apoio da Faperj e do CNPq, através da concessão de recursos e bolsas para pesquisa. Agradecemos os comentários e incentivo de Eliézer Rizzo de Oliveira. Para o desenvolvimento da pesquisa, foi fundamental a participação de nossos assistentes e bolsistas: Aline Marinho Lopes, Carlos Sávio Teixeira, Carolina Hippolito von der Weid, João Samuel do Valle, Katarina Maurer Wolter, Leila Bianchi Aguiar, Leonardo Paz Neves, Ludmila Catela, Luís André Gazir Soares, Mariana Rosa, Marisa Schincariol de Mello, Micaela Bissio Neiva Moreira, Priscila Brandão Antunes, Priscila Erminia Riscado, Rosane Cristina de Oliveira, Samantha Viz Quadrat, Simone Freitas, Simone Silva, Suemi Higuchi e Tatiana Bacal. Agradecemos também a Clodomir Oliveira Gomes, técnico de som que acompanhou a maioria das entrevistas realizadas no projeto.

modo, concluiu — a uma investigação por nós iniciada no Cpdoc em 1991 sobre o regime militar.[2]

Tomando-se esses dois projetos em conjunto, nesses 13 anos trabalhamos principalmente com a memória militar, examinando a percepção dos militares sobre a atuação política de sua corporação no Brasil pós-1964. O principal resultado foi a constituição de um corpo documental sobre como os principais chefes militares do período pós-1964 avaliaram sua experiência na política e os principais problemas vividos pela instituição nesse período. Esse acervo inclui a constituição de um banco de entrevistas de história oral com cerca de 250 horas de gravação e o recebimento de material arquivístico, destacando-se o arquivo pessoal de Ernesto Geisel, doado ao Cpdoc em 1998, em seguida por nós organizado e aberto à consulta em junho de 2002.[3]

O Arquivo Geisel possuía uma organização original que procuramos, na medida do possível, preservar. A maioria dos documentos textuais, geralmente classificados como "confidenciais", foi produzida no período em que Geisel ocupou a Presidência da República. Há também documentos, embora em menor quantidade e no todo mais lacunares, sobre os períodos anterior e posterior à presidência. O arquivo possui um total de aproximadamente 4 mil documentos textuais, por nós divididos em cinco "séries": "Documentos pessoais", "Antes da presidência", "Presidência da República", "Depois da presidência" e "Documentos complementares". Cada série está subdividida em "dossiês" temáticos. A maior série é, de longe, "Presidência da República", correspondente a cerca de 80% dos documentos textuais. No período anterior à presidência destacam-se os originais das atas das reuniões do gabinete parlamentarista

---

[2] Entre os principais resultados dessa pesquisa anterior, desenvolvida com a participação de Gláucio Ary Dillon Soares, está a publicação de cinco livros: *21 anos de regime militar: balanços e perspectivas* (D'Araujo e Soares, 1994); *Visões do golpe: a memória militar sobre 1964*; *Os anos de chumbo: a memória militar sobre a repressão*; *A volta aos quartéis: a memória militar sobre a abertura* (D'Araujo, Soares e Castro, 1994a, 1994b, 1995); e a longa entrevista com *Ernesto Geisel* (D'Araujo e Castro, 1997). No que se refere ao funcionamento do regime militar brasileiro, pode-se também considerar como resultado da pesquisa a entrevista com o ex-ministro do Planejamento João Paulo dos Reis Velloso (D'Araujo e Castro, 2004).

[3] A doação do Arquivo Geisel foi feita por sua filha, Amália Lucy, historiadora e responsável pela guarda do acervo do pai. Amália já nos havia doado a entrevista com ele realizada antes de sua morte. Somos extremamente gratos a Amália pela sua colaboração, sempre guiada por seu notável sentido da história como um bem público. Especificamente para a organização do Arquivo Geisel, contamos também com o apoio financeiro da Copene, viabilizado por intermédio de Otto Perrone. O inventário completo do arquivo está disponível em: <www.cpdoc.fgv.br>.

de Tancredo Neves. No período posterior, predominam documentos sobre aspectos da economia brasileira, principalmente energia. A série "Documentos complementares" inclui principalmente manifestações de pesar pela morte de Geisel recebidas por sua família. Além dos documentos textuais, o arquivo também possui recortes de jornais (organizados cronologicamente) e 8 mil documentos audiovisuais (principalmente fotografias).

A documentação do período da presidência da República é constituída basicamente pelos despachos diretos de quase todos os ministros com o presidente, incluindo a pauta dos assuntos a serem tratados e, muitas vezes, lembretes, informes e anotações feitas pelos ministros sobre esses assuntos. O material cobre praticamente todas as principais questões nacionais do período que dependiam de decisão do presidente da República, e através de sua leitura pode-se acompanhar parte do processo de tomada de decisões políticas referentes a diversos setores da vida nacional, em sua instância máxima. Trata-se de um tipo de documentação raramente disponível para a pesquisa histórica, mesmo se considerarmos o conjunto de acervos de ex-presidentes da República.

Parte substancial dos documentos que compõem o Arquivo Geisel foi submetida a um exame preliminar por pesquisadores vinculados ao projeto Pronex, daí resultando o livro *Dossiê Geisel*, por nós organizado.[4] Neste livro, demos prioridade a questões referentes a assuntos políticos do governo, por serem aqueles com que os autores estavam mais familiarizados e por constituírem o objeto principal de nossas preocupações de pesquisa. Os dossiês examinados foram os dos ministérios da Justiça (por Maria Celina D'Araujo), da Fazenda (por Carlos Eduardo Sarmento e Verena Alberti), das Relações Exteriores (por Letícia Pinheiro), da Educação (por Helena Bomeny), da Previdência e do Trabalho (ambos por Angela de Castro Gomes), e das Comunicações (por Alzira Alves de Abreu), além de relatórios do Serviço Nacional de Informações (examinados por Celso Castro). Também foi incluído um texto sobre a fusão dos estados do Rio de Janeiro e da Guanabara, elaborado a partir da leitura de documentos incluídos nos dossiês da Justiça e do SNI (por Marieta de Moraes Ferreira). Ao final do livro inserimos uma pequena coletânea dos documentos nele citados, a qual serve também como amostra da riqueza e importância do arquivo.

---

[4] Ver D'Araujo e Castro (2002).

As entrevistas com os chefes militares da Nova República foram produzidas no formato de "história de vida", incluindo informações sobre toda a carreira militar do entrevistado. Assim, mesmo que eles fossem jovens oficiais em 1964, suas impressões a respeito dos acontecimentos ficaram registradas. Portanto, além da continuidade temática com relação à pesquisa anterior, estabeleceu-se também um vínculo cronológico, ao registrarmos a memória de uma geração mais nova de oficiais sobre o mesmo período histórico.

O Brasil no Cone Sul

Ao iniciarmos a pesquisa, procuramos situá-la dentro de uma reflexão mais ampla sobre a inserção das Forças Armadas nas novas democracias do Cone Sul, região que, além do Brasil, inclui países que também tiveram, em tempos recentes, governos militares autoritários. O principal resultado desse esforço comparativo foi o livro *Democracia e Forças Armadas no Cone Sul*.[5]

O objetivo principal do livro foi averiguar como os militares estavam se inserindo na nova ordem democrática que se seguiu ao fim dos regimes militares nos países do Cone Sul, entendido aqui como um conjunto de seis países: Argentina, Bolívia, Brasil, Chile, Paraguai e Uruguai. Trata-se de uma unidade que, para nossos objetivos, possui em sua definição dois elementos históricos fundamentais. Em primeiro lugar, todos esses países tiveram, em décadas recentes, governos militares autoritários. Portanto, vivenciaram questões relacionadas ao envolvimento direto da instituição militar na política, à transição de governos militares para governos civis, à consolidação das novas democracias e à discussão do papel que as Forças Armadas devem assumir nesse novo cenário. Em segundo lugar, esses países empreenderam, nas últimas duas décadas, um esforço comum de integração em um bloco regional, através do Mercosul. Ou seja, existe uma coincidência entre o que estamos considerando

---

[5] Ver D'Araujo e Castro (2002). O livro reúne, na primeira parte, os trabalhos apresentados no seminário "Democracia e Forças Armadas no Cone Sul", por nós coordenado e realizado no Cpdoc nos dias 26 e 27 de abril de 1999. A segunda parte apresenta uma seleção dos debates realizados na ocasião. Foram autores dos textos referentes aos países da região: Marcelo Fabián Saín (Argentina), Juan Ramón Quintana (Bolívia), Eliézer Rizzo de Oliveira e Samuel Alves Soares (Brasil), Francisco Rojas Aravena (Chile), Carlos Martini (Paraguai) e Selva López Chirico (Uruguai). Há também um texto de Ludmila Catela, nossa principal assistente na pesquisa, sobre o tratamento dado à questão dos delitos contra os direitos humanos nos diferentes países da região. Para a publicação do livro, contamos também com o apoio do Unibanco.

Cone Sul e o Mercosul (levando em conta que Chile e Bolívia são membros associados).

Apontar essas proximidades não deve levar à idéia de que pretendemos avançar no sentido de explicações gerais para a questão militar no Cone Sul. A perspectiva comparada, por nós adotada na pesquisa, visava principalmente prevenir conclusões e generalizações apressadas. Se há similaridades entre os diferentes países quanto à questão da democracia e das Forças Armadas, há também profundas diferenças e particularismos. Não pretendemos, portanto, enfatizar nem o pólo das semelhanças nem o das diferenças, mas mover-nos entre eles. Esse movimento entre a experiência histórica de países por vezes tão próximos, por vezes tão distantes, produziu uma alternância entre sensações de familiaridade e de estranhamento que, acreditamos, mostrou-se produtiva.

A opção por esse esforço comparativo levou-nos a enfatizar a discussão de três eixos temáticos: a) do regime militar à democracia; b) os militares sob o poder civil; e c) perspectivas para o futuro. Todos os autores reunidos no livro são unânimes em reconhecer a pouca competência demonstrada pelas lideranças civis, já sob regimes democráticos, no trato de questões ligadas à defesa. Se esse déficit pode ser atribuído, em parte, ao trauma causado pela recente repressão a que essas sociedades foram submetidas, ele certamente é mais fruto do pouco peso político que as Forças Armadas passaram a ter num cenário político estabilizado e num mundo globalizado. Trata-se de uma deficiência perigosa, caso se tenha o mínimo de visão histórica. Mesmo sem cairmos numa visão pessimista do futuro, nada garante, por exemplo, que eventuais crises econômicas seguidas de graves conflitos sociais não façam vir à tona novas variantes da antiga visão messiânica e das doutrinas de segurança interna manifestadas durante tantos anos pelos militares da região. De nossa parte, procuramos dar uma contribuição à construção dessa *expertise* civil em questões de defesa, no terreno que nos é familiar: o do conhecimento e do debate acadêmicos.

Entrevistando os militares

Para a parte principal da pesquisa, referente ao Brasil, selecionamos nossos entrevistados em um universo-alvo composto pelos ministros das três Forças Armadas, os chefes da Casa Militar da Presidência da República e os chefes do Estado-Maior das Forças Armadas. Enquanto os ministros da Marinha, do

Exército e da Aeronáutica ocuparam as mais altas posições hierárquicas na cadeia de comando da instituição militar, os chefes da Casa Militar e do Emfa desempenharam, em algumas conjunturas, importantes funções de ligação entre as três forças e destas com a Presidência da República.

Foram entrevistados 15 ocupantes dessas posições, num total de 100 horas e 45 minutos de gravação em 53 encontros, entre outubro de 1997 e setembro de 1999. Conseguimos entrevistar todos os ministros militares da Nova República até a criação do Ministério da Defesa.[6] Dos chefes da Casa Militar e do Emfa por nós selecionados, não conseguimos entrevistar o general Agenor, chefe da Casa Militar de Fernando Collor, apesar de repetidos apelos de nossa parte. Também não pudemos utilizar, no livro, a entrevista realizada com o general Leonel, chefe do Emfa no primeiro governo Fernando Henrique Cardoso, por falta de assinatura da carta de cessão de seu depoimento à FGV, instrumento legal sem o qual a entrevista não pode ser tornada pública.[7]

Em todos os casos, como já ressaltamos, fizemos entrevistas dentro da metodologia da história de vida, isto é, acompanhando a trajetória biográfica dos entrevistados, desde a infância até o contexto da entrevista. No caso da nossa pesquisa, as vantagens desse tipo de entrevista em relação àquelas que privilegiam temas ou períodos foram significativas. Além da confiança que foi sendo construída, pudemos perceber como os entrevistados referiam-se a diferentes situações e contextos históricos vividos ao longo de suas biografias, dando maior densidade aos temas tratados e permitindo uma "sintonia" mais fina entre entrevistador e entrevistado. As entrevistas de história de vida, ao serem liberadas à consulta pública, também podem servir de fonte para pesquisadores que estejam perseguindo objetivos diferentes dos nossos.

Parte substancial dessas entrevistas foi editada para o livro *Militares e política na Nova República*,[8] que apresenta o material referente à conjuntura política de um período de aproximadamente 15 anos — da eleição de Tancredo

---

[6] O único ministro não incluído no livro foi o general Leônidas Pires Gonçalves, pois a parte de sua entrevista referente à transição política e ao governo Sarney já fora publicada em D'Araujo, Soares e Castro (1995:173-188), onde se encontra igualmente parte da entrevista com o último ministro-chefe do Serviço Nacional de Informações (SNI), o general Ivan de Souza Mendes (p. 151-171).

[7] Já após a publicação do livro, o general Leonel nos procurou pedindo para complementar sua entrevista e manifestou o desejo de que pudesse ser incluída em uma futura edição. A entrevista, por motivos operacionais (o entrevistado mora em Brasília), ainda não foi realizada.

[8] Ver D'Araujo e Castro (2001).

Neves pelo colégio eleitoral, em 1984, ao final do primeiro mandato do presidente Fernando Henrique Cardoso, em 1998. Por questões de espaço, foram deixados para trabalhos futuros temas como defesa, estratégia, serviço militar obrigatório, cooperação militar no Mercosul, Amazônia e regime militar, entre outros.

A experiência de entrevistar esse conjunto de militares possui tanto semelhanças quanto diferenças em relação às entrevistas realizadas anteriormente com militares que ocuparam importantes posições durante o regime militar. Nesse caso, não apenas os temas tratados eram, em geral, muito mais sensíveis, como a interação entre entrevistados e entrevistadores foi mais tensa. Havia, em todas as entrevistas, uma situação mais ou menos explícita de distanciamento ideológico entre as partes. Já no caso dos chefes militares da Nova República, essas diferenças eram menos importantes, em parte porque os temas tratados eram menos sensíveis, em parte porque os entrevistados possuíam um perfil geracional e experiências de carreira diferentes. Além disso, se no caso da pesquisa sobre o regime militar havia dúvidas por parte dos entrevistados a respeito do resultado final do processo de entrevista, no caso da pesquisa sobre a Nova República os entrevistados já conheciam — e respeitavam — nosso trabalho anterior.

À diferença, ainda, do que ocorrera com alguns dos entrevistados no projeto anterior, nenhum dos novos entrevistados foi apontado como responsável por violações aos direitos humanos por entidades como o grupo Tortura Nunca Mais. Eram também mais novos, e o cruzamento entre suas biografias e os principais marcos políticos das últimas décadas configura uma nova geração. Os ministros das Forças Armadas que iniciaram o governo José Sarney, em 1985, haviam nascido entre 1921 e 1926, tendo atingido o generalato entre 1973 e 1975; os que iniciaram o governo Fernando Henrique Cardoso, em 1995, tinham nascido entre 1930 e 1935 e atingido o generalato entre 1983 e 1984. Em 1964, todos contavam entre 34 e 43 anos, e estavam nos postos intermediários da carreira. À exceção do general Leônidas, que chegara ao generalato em 1973, todos os outros ministros tornaram-se generais durante os governos Geisel e Figueiredo, quando se iniciava o processo de abertura política, com a perspectiva do fim do regime militar e a transição para um governo civil.

O ponto mais destoante em relação a nosso trabalho anterior com uma geração mais antiga de militares é a maneira como essa nova leva de entrevistados menciona as relações entre os militares e a sociedade. Aqui não há um discurso que privilegie o antagonismo com a sociedade nem há a percepção de um *outro* diferente e oposto contra quem as Forças Armadas devam se proteger. Ou seja, a idéia de conflito é mais plural. Se é verdade que muitas vezes os militares ouvidos para o livro revelam mágoas em relação aos civis — particularmente quando falam em revanchismo —, também mencionam com a mesma clareza e fluência conflitos internos às Forças Armadas. Não deixa de ser surpreendente ver como as rivalidades entre Marinha, Aeronáutica e Exército, assim como as diferenças nas culturas internas de cada força, são explicitadas em boa parte das entrevistas.

Para quem estuda os militares, deve estar claro que eles não compõem um bloco coeso ideologicamente e que sua visão de mundo não é a mesma. Isso fica mais fácil de perceber em momentos de democracia, quando a instituição está restrita aos quartéis. No entanto, no Brasil, em face da preeminência política que o Exército alcançou sobre as outras duas forças, foi muito fácil associar militares a Exército. Enquanto os chefes de gerações mais antigas poupavam — ou censuravam — as críticas internas em nome da unidade de uma instituição militar forte perante uma sociedade que precisaria ser tutelada, aqui há um criativo debate de qualificação da natureza do regime militar. Nesse debate aparecem as diferenças e à vezes o cálculo de que todos os militares tiveram que arcar com o ônus de um exercício de poder em que apenas uma força teria sido hegemônica. Em nome da dicotomia *sociedade* (passível de comunização) e *militares* (mais preparados para governar), toda a instituição teve que subscrever as ações dos governantes (generais).

As divergências intramilitares não se restringem ao passado. Elas são explícitas também em relação ao futuro. Os conflitos entre Marinha e Aeronáutica em torno da aviação naval e da Marinha com o Exército acerca de políticas de defesa, por exemplo, revelam a falta de unanimidade entre os militares sobre a melhor maneira de cumprir suas missões. Essas divergências, longe de espelhar contradições negativas, têm a faculdade de ampliar o debate e de chamar a atenção dos civis para temas que, em uma democracia, não podem ficar restritos às Forças Armadas.

Por tudo isso, é nossa convicção que o método de história oral, visando fundamentalmente obter *interpretações subjetivas* dos entrevistados sobre sua experiência, e não evidências de verdade factual, fornece pistas importantes na formulação de hipóteses de trabalho. Não atribuímos por princípio à fonte oral nenhum valor superior em relação a outras fontes. Trata-se de uma fonte como qualquer outra, que pode ser útil ou não, dependendo dos objetivos de cada pesquisa.

Finalmente, e ainda em relação ao método de pesquisa, outra preocupação importante de nossa parte era ter sempre em vista o *conjunto* das entrevistas como universo de análise, e não entrevistas isoladas, devido à segmentação do mundo militar. "O militar" é uma categoria complexa, englobando diferentes segmentos, definidos tanto verticalmente (diferentes níveis hierárquicos e gerações) quanto horizontalmente (por exemplo, as diferentes forças — Exército, Marinha e Aeronáutica). Procuramos fazer um mesmo conjunto de perguntas a todos, e assim pudemos confirmar que não existe uma "versão militar" sobre esse período. Embora existam muitos pontos consensuais, há importantes dissonâncias.

Também no meio acadêmico, aliás, não havia consenso a respeito das questões com que lidávamos. Que aconteceu com os militares depois que deixaram de ocupar o centro do poder político? Eles voltaram aos quartéis e sua influência política diminuiu? Ou, ao contrário, permaneceram politicamente poderosos, agindo como "tutores" da democracia brasileira? Jorge Zaverucha (1994, 2000) aponta a inexistência de um controle civil democrático sobre os militares no Brasil, dada a existência continuada de "prerrogativas" militares, por ele definidas como áreas nas quais a instituição militar assume "ter adquirido o direito ou privilégio, formal ou informal, de as governar, de ter um papel em áreas extramilitares dentro do aparato de Estado, ou até mesmo de estruturar o relacionamento entre Estado e a sociedade política ou civil". Já Wendy Hunter (1997), examinando o mesmo tema, chega a conclusões diametralmente opostas. Hunter acredita que os militares perderam sua influência política na Nova República devido à ampliação das regras e das normas inerentes à democracia. Para ela os militares perdem força num cenário democrático. A competição eleitoral cria incentivos para os políticos reduzirem a atuação política dos militares, e as vitórias eleitorais reforçam a capacidade dos políticos para tanto. Configura-se assim uma tendência de *erosão* da influência militar na política. Embora reconhecendo que corre o risco de exagerar, a autora afirma que o Brasil dos anos 1980 a 1999 transformou os militares brasileiros em "tigres de papel". Numa perspectiva diferente está o trabalho de Oliveira e Soares (2000), que ressaltam a pouca capacidade da sociedade para lidar com o tema da defesa. Ou seja, eles têm, nessa questão, uma avaliação mais negativa em relação aos civis, e não aos militares. Nossa visão a respeito dessa questão está muito próxima à desses autores.

Para nos situarmos em relação a perspectivas tão opostas, é preciso ver que há grandes dificuldades para se tratar do tema. Temos, em primeiro lugar, a proximidade cronológica dos eventos analisados, dificultando a percepção de tendências de mais longo prazo, para além da sucessão cotidiana de eventos. A isso soma-se a força da permanência de esquemas interpretativos fortemente influenciados pelo papel histórico desempenhado pelos militares na história recente do Brasil. Finalmente, temos a escassez de fontes de informação disponíveis, além das veiculadas em jornais e pronunciamentos públicos de militares. Nosso desejo era que *Militares e política na Nova República* contribuísse para que esta última dificuldade fosse minorada, através da divulgação de uma nova fonte de pesquisa.

Vejamos, a seguir, o que esse conjunto documental por nós produzido nos diz sobre os militares e a política na Nova República.

O governo Sarney e a Constituinte

Os entrevistados acreditam que havia entre os militares um sentimento predominante de que a transição era necessária, de que a sucessão de governos militares deveria se encerrar. Isso não significa, de modo algum, que houvesse unanimidade entre os militares. Havia insatisfações entre pessoas da "comunidade de informações".

Tornou-se comum dizer que o governo Sarney viveu sob *tutela militar*. Tutela talvez seja uma palavra forte. De qualquer modo, parece claro que, nesse primeiro governo civil pós-regime militar, os militares continuaram numa posição politicamente preeminente. A legitimidade da posse de Sarney fora questionada nos primeiros momentos após a doença de Tancredo, e o ministro do Exército, general Leônidas Pires Gonçalves, tivera importante atuação na defesa da interpretação de que a Constituição determinava a posse do vice, mesmo antes da posse do presidente eleito. Sarney viveria seu auge de popularidade durante o plano de estabilização econômica conhecido como Plano Cruzado. Após este fracassar, no final de 1986, o presidente passou a buscar cada vez mais sustentação política nas Forças Armadas.

Unidos, os militares conseguiram montar um eficiente *lobby* militar na Constituinte. Houve intensa atuação dos ministros militares e de seus assessores parlamentares junto às lideranças da Constituinte, trabalho que se tornou mais fácil depois que foi criado o "Centrão", bloco suprapartidário de centro-direita. Havia consenso entre as forças quanto aos principais itens da agenda militar para a Constituinte, não obstante a maior ênfase de cada uma delas em relação a algum ponto específico. Por exemplo, a manutenção do serviço militar obrigatório, que interessava principalmente ao Exército, e a manutenção do controle da aviação civil, ponto de honra para a Aeronáutica. Entre os pontos importantes, estava também a oposição a mudanças no *status quo*: à criação, naquele momento, do Ministério da Defesa; ao fim da Justiça Militar; à ampliação do *habeas data* para a documentação dos serviços de informações.

Duas parecem ter sido as principais preocupações dos ministros militares em relação à Constituinte. A primeira diz respeito à revisão de atos praticados durante o período em que os militares estiveram no poder. Eles aceitavam, mesmo não considerando justo, a concessão das promoções a que teriam direito os atingidos por atos de exceção — desde que permanecessem na reserva —, bem como uma reparação financeira. No entanto, a possibilidade de sua extensão a todos os que haviam sido atingidos por atos administrativos e, o que era pior, a volta à ativa e com patentes atualizadas dos cassados eram tidas como inaceitáveis, como ameaças à própria existência da instituição em seus alicerces de hierarquia e disciplina. Esse era o "limite do aceitável". A segunda questão inegociável, para os militares, era a manutenção do papel constitucional das Forças Armadas como mantenedoras da lei e da ordem, em caso de convulsões internas.

Apenas em itens de menor importância os ministros militares não conseguiram fazer valer suas opiniões. O saldo final lhes foi favorável. Com seu trabalho junto aos constituintes e com o apoio do "Centrão", conseguiram não só derrotar as propostas que a seu ver eram danosas às Forças Armadas e ao país, mas também neutralizar, ao menos nesse campo, o que consideravam iniciativas "revanchistas".

A afirmação de que existia um espírito "revanchista" contra as Forças Armadas é recorrente nos relatos sobre a Constituinte. A idéia de que não houve anistia "moral" para os militares é fundamental para a compreensão da noção de "revanchismo". O almirante Serpa explica:

> Que aconteceu em 1979, quando foi dada a anistia? Ela era ampla, geral e irrestrita, não era? Mas aconteceu o seguinte: no momento em que os

esquerdistas envolvidos e seus simpatizantes viram que seus correligionários estavam anistiados, começou a haver um processo de desforra. Ou seja, os anistiados do lado de lá não anistiaram os anistiados do lado de cá. E as Forças Armadas estão sofrendo a conseqüência disso até hoje.

A noção de revanchismo é onipresente em nossas entrevistas e vista sempre como um *dado*, um fato de cuja existência não se duvida. Os entrevistados acham que setores da sociedade têm uma postura revanchista em relação às Forças Armadas devido aos 21 anos de regime militar — embora também admitam que o exercício do poder não foi igualmente partilhado pelas três forças, e sim dominado pelo Exército.[9] De toda forma, a maioria concorda que seria muito melhor para o país se as "contas" desse passado próximo fossem encerradas e esquecidas, em nome de um futuro comum, como afirmou o general Leônidas:

> Isso é coisa do passado. Dou essas declarações para os senhores porque se trata de um registro histórico. Não gosto de discutir o passado, acho que temos que olhar para o futuro desse país. E acho que o futuro do Brasil é problemático. Então, não posso perder tempo em ficar olhando para trás. Quando eu era ministro, dizia: "Olha a mulher do Lot. Virou estátua de sal".[10]

Conforme assinalamos em *Os anos de chumbo*, é comum entre os militares a avaliação de que, se venceram a guerra contra as organizações da esquerda revolucionária, foram derrotados na luta pela memória histórica do período. Se normalmente a história esquecida é a dos vencidos, na questão do combate à guerrilha teria ocorrido o inverso: a história ignorada seria a dos vencedores. Dessa forma, teria predominado uma situação peculiar em que o vencido tornou-se o "dono" da história. Na Nova República, os militares estariam, no seu entender, enfrentando ideologicamente essa mesma esquerda, agora atuando na imprensa e no Parlamento, mas ainda em busca de desforra e recusando-se a aceitar a "anistia para os dois lados".

---

[9] Trata-se, é bom observar, de uma imagem negativa mais comum principalmente entre os estratos superiores da população, entre as camadas médias urbanas com educação de nível superior — segmento ao qual a oficialidade militar se equipara, simbolicamente.
[10] Apud D'Araujo, Soares e Castro (1994b:255).

Embora nesse momento da Constituinte os políticos de esquerda sejam identificados como revanchistas, nossa impressão é que, com o passar do tempo, os militares estabeleceram uma relação mais tranqüila com políticos e partidos dessa matriz ideológica. O jogo eleitoral e a rotina democrática foram diminuindo as prevenções contra aqueles que, em anos passados, eram identificados como *inimigos*. Alguns parlamentares de esquerda foram freqüentemente citados, em conversas com militares, como interlocutores interessados e importantes em questões que dizem respeito às Forças Armadas.

Se alguns políticos ainda eram qualificados por nossos entrevistados como revanchistas, o papel de grande vilão do revanchismo antimilitar certamente é atribuído à mídia. A imprensa escrita, em especial, seria a principal representante do espírito revanchista e da visão estigmatizante das Forças Armadas. Para os militares, essa postura ainda estaria longe de ser superada. Nas entrevistas por nós realizadas, é freqüente o relato de problemas enfrentados pelos chefes militares da Nova República com a mídia.

A partir dessas experiências, fica evidente que devemos ter cuidado ao tomar o que é publicado na imprensa como evidência daquilo que os militares pensam. Quando se referem à imprensa, nossos entrevistados a acusam de deturpar ou mesmo inventar suas falas. Portanto, análises baseadas principalmente em matérias de jornais e revistas são problemáticas. Certamente o jornalista diria que reproduziu o que julgou ser o mais próximo do pensamento de seu interlocutor, mas o que parece ser mais verossímil para ele pode parecer uma peça maldosa de criação para o militar citado. Isso não quer dizer, repetimos, que entrevistas como as que apresentamos no livro sejam a fonte documental mais confiável, nem que devam ser vistas como evidência de verdade. O que acreditamos é que o longo, trabalhoso e muitas vezes difícil método de história oral, associado a outras metodologias e fontes, pode funcionar como um poderoso antídoto contra conclusões apressadas.

O impeachment de Collor

Fernando Collor assumiu a Presidência da República tendo pouco contato prévio com o meio militar, no qual era visto com desconfiança. No entanto, a preocupação com uma possível vitória de Lula era maior, e Collor, nesse contexto, tornou-se o adversário capaz de derrotar a esquerda.

No início de seu governo, Collor tomou diversas medidas que afetaram direta ou indiretamente as Forças Armadas, sem consultar previamente os ministros militares. Nossos entrevistados apontam as que lhes causaram incômodo. A principal foi a extinção do SNI, que trouxe incerteza em relação ao futuro da atividade de informações no Brasil, até então monopólio dos militares. A SAE, que reuniu parte do espólio do SNI, teve sua área de informações radicalmente diminuída, principalmente com a demissão de oficiais da reserva que lá trabalhavam. Outras medidas de Collor que desagradaram e teriam causado problemas funcionais (principalmente na área de pessoal) foram a perda do *status* de ministro, no caso dos chefes do Emfa e da Casa Militar da Presidência, e a venda dos apartamentos funcionais que o governo mantinha em Brasília. No início, a maior preocupação parece ter sido não com Collor em si, mas com seus assessores mais próximos, que, embora inexperientes, tinham grande influência sobre o presidente.

A falta de simpatia mútua entre Collor e os militares foi aos poucos sendo revista, segundo os ministros, em grande parte devido à influência do general Agenor, que se tornou cada vez mais próximo de Collor. Além disso, os ministros militares esforçaram-se por fazer o presidente conhecer melhor as Forças Armadas, levando-o a visitar diversas unidades militares, inclusive bases na selva amazônica, e convidando-o a viajar em jatos da Força Aérea e a visitar navios de guerra.

Olhando em retrospectiva a história republicana brasileira, dificilmente um analista, nos anos iniciais da Nova República, apostaria que, na eventualidade de uma séria crise política que levasse ao *impeachment* do presidente da República, em meio a graves acusações de corrupção e a uma intensa crise econômica, as Forças Armadas se mantivessem voluntariamente afastadas do debate político. O que aconteceu foi exatamente isso. Contrariando uma histórica "vocação messiânica", os militares se mantiveram em posição estritamente institucional, sem pronunciamentos, ameaças de golpe ou intervenção a pretexto de "salvar" quer o presidente, quer a nação. Este foi o "batismo de fogo" dos militares na nova democracia. Apesar da expectativa geral de que iriam tomar alguma atitude contra ou a favor do *impeachment*, os ministros militares limitaram-se a dizer que seu papel era o de respeitar a Constituição e o processo político legal.

Isso não quer dizer que os militares simplesmente "não tenham feito nada", ou que tenham ficado "de braços cruzados" nos quartéis. Os ministros militares acompanharam atentamente o desenrolar do processo e, em várias ocasiões, conversaram com políticos e com o próprio presidente sobre a gravidade do momento. Mas não se arvoraram em "representantes" ou "salvadores" da pátria. Mantiveram facilmente a ordem nos quartéis, e todo o processo se desenrolou, na esfera política, sem que ocorressem prontidões, problemas hierárquicos ou disciplinares.

A atuação dos militares nessa conjuntura marcou um momento importante nas relações entre a instituição e um Estado democrático. Ao romper com uma tradição intervencionista de longa duração, criaram um fato concreto que pode ser visto como momento fundador de uma nova fase no comportamento político das Forças Armadas — uma nova fase que, por definição, não é uma posição imutável. Sabemos que as mudanças na mentalidade e na cultura das instituições são lentas. Mas sabemos também que as mudanças ocorrem, e que alguns momentos-chave, como a conjuntura anterior ao *impeachment*, são importantes para que isso aconteça. A meio caminho entre uma visão determinista e outra voluntarista, acreditamos que, embora limitada por um campo de possibilidades historicamente dado, a ação social envolve o exercício da escolha. Os indivíduos podem adotar linhas de ação não previstas que ajudam a alterar padrões prévios de comportamento.

Seria aquele um sinal de adesão dos militares ao espírito democrático? Ou refletiria apenas uma posição instrumental, no sentido de preservar a instituição? Estas perguntas não podem ser respondidas apenas a partir das fontes por nós reunidas. Nossos entrevistados responderam que a instituição estava perfeitamente inserida no novo contexto democrático, mas acreditamos que é preciso levar em consideração pelo menos cinco outros fatores que, em conjunto, ajudam a compreender o absenteísmo político dos militares durante a crise que levou ao *impeachment*.

Em primeiro lugar, havia a percepção, pelos militares, de que tinham "apanhado" muito desde a transição. Vimos o peso que o "revanchismo" assumia para eles. Criticados pela mídia, por políticos e por diversos setores da sociedade, as Forças Armadas sentiam-se, segundo o brigadeiro Lobo, "achincalhadas": "de maneira que, quando chegamos nesse episódio, pensamos que seríamos usados enquanto e como conveniente, e depois descartados". O importante, acima de tudo, era "não dar chance para que acusassem as Forças Armadas de alguma intranquilidade que viesse a ocorrer". Havia, portanto, a percepção clara, entre os chefes militares, de que aquele era um momento crítico, pelo qual as Forças Armadas seriam posteriormente julgadas. O peso da opinião pública contrária a Collor também foi crucial.

Em segundo lugar, é preciso observar que não havia grupos políticos ou segmentos sociais importantes pedindo para que os militares interviessem no processo. Isso difere de todo o passado republicano do país, sempre pontuado por tentativas de envolver os militares contra ou a favor de governos estabelecidos. Somem-se a isso, como já observamos, o peso da "derrota" dos militares na memória histórica sobre o regime militar e a falta de apoio e credibilidade política daí resultante. Na história recente do Brasil, os militares sempre evitaram agir politicamente sem o apoio de importantes grupos sociais. Na falta de apoio societal, na ausência de aliados civis para quarteladas ou *pronunciamientos*, o risco de uma ação desse tipo tornava-se muito alto.

Em terceiro lugar, devemos perceber que a *velocidade* de evolução de todo o processo político que levou ao *impeachment* dificultava sobremaneira a compreensão, pelos militares — mas certamente não só por parte deles —, do que estava acontecendo. Dificultava também a busca de opiniões consensuais — não havia mais, como durante o regime militar, um chefe militar supremo — e a conseqüente definição da melhor linha de conduta a ser seguida. Os chefes militares parecem ter decidido, ainda cedo, que, na dúvida, seria melhor não sair dos quartéis e evitar engajar a instituição em qualquer ação que implicasse protagonismo na cena política.

Em quarto lugar, é importante lembrar, para compreender a atuação dos militares durante o processo que levou ao *impeachment*, a postura assumida pelo próprio presidente Collor, com seu distanciamento e dificuldade de relacionamento com os militares. Mesmo fragilizado politicamente, ele parece não ter tentado se aproximar das Forças Armadas em busca de apoio — porque não quis ou porque já era tarde demais?

Finalmente, em quinto lugar, parece ter havido, se não em todos, ao menos em alguns casos, uma legítima convicção de respeito ao papel das instituições, com a conseqüente adoção de uma linha de ação compatível.

Além desses elementos, é preciso ver também que, nesse período, a cúpula das Forças Armadas já estava muito mais profissionalizada do que, por exemplo, ao iniciar-se o regime militar. A lei que limitava o tempo no generalato, aprovada por Castello Branco, já havia surtido efeito, diminuindo a possibilidade de se formarem *entourages* em torno de chefes militares. Além disso, o cenário internacional mudara significativamente. A queda do Muro de Berlim e o início de uma "nova onda" de democracias, associado, no plano regional, ao início das negociações sobre o Mercosul, fizeram crescer as dúvidas a respeito do papel das Forças Armadas. Finalmente, há que mencionar a responsabilidade individual dos chefes militares da época, ao evitar que a instituição se lançasse em aventuras políticas de resultados potencialmente desastrosos para si própria e para o país.

O governo FHC e a criação do Ministério da Defesa

Afastado Collor, assumiu Itamar Franco, politicamente rompido com o ex-presidente. Pelo depoimento, fica evidente que o relacionamento dos militares com Itamar foi muito melhor do que com Collor. Itamar era reservista do NPOR e entendia mais das coisas militares do que Collor. Além disso, procurou prestigiar as Forças Armadas e atender a reivindicações de mais verbas para reequipamento e aumento nos vencimentos. Os chefes militares reconhecem seus esforços.

Com a assunção de Fernando Henrique Cardoso, o chefe do Emfa, general Leonel, e o ministro do Exército, general Zenildo, permaneceram em suas funções. Uma das principais medidas de FHC em relação aos militares seria a criação do Ministério da Defesa (MD). Seus ministros militares confirmam que a disposição de criar o MD lhes foi comunicada já ao serem convidados. O MD, no entanto, só seria criado no final de 1998. Por que se esperou quatro anos para criá-lo?

O general Zenildo responde que os militares foram incompetentes nessa tarefa. Também parece correto pensar, como fazem o brigadeiro Lobo e o almirante Mauro César, que a demora deve ser em boa parte atribuída ao fato de o presidente ter outras prioridades. Era evidente, no entanto, que as Forças Armadas não se empolgavam com a idéia. No entanto, depois que o presidente, em meados de 1997, tomou a decisão política de criar o MD até o fim de seu mandato, nenhum dos ministros colocou-se contra, e todos procuraram se ajustar. Nesse momento, a tarefa de coordenar o planejamento da estrutura do MD saiu das mãos do Emfa e passou ao âmbito do Conselho de Defesa. O Itamarati, a Casa Militar e a SAE passaram a participar das reuniões. No processo final de discussão sobre a estrutura do MD, Exército, Aeronáutica e Emfa aparecem alinhados contra o projeto da Marinha. Esta, contando com o apoio dos outros participantes, teria vencido a disputa em questões-chave. O clima nas reuniões desse grupo de trabalho interministerial não parece ter sido dos melhores. Há, no fundo, importantes divergências estratégicas entre as forças.

No primeiro governo FHC, as tensões entre a Marinha e a Aeronáutica foram significativas. A antiga reivindicação da Marinha de uma aviação naval própria ressurgiu com vigor. Em 1994, a Marinha passou, por conta própria, a treinar pilotos na Argentina e no Uruguai, países que possuíam aviação naval. Após longa insistência com FHC, o almirante Mauro conseguiu, ao final de 1997, autorização para comprar aviões para a Marinha. Pediu então ajuda técnica à Argentina, que prontamente enviou dois oficiais para ajudar na compra.

A escolha para o primeiro ministro da Defesa recaiu em Élcio Álvares, ex-senador pelo Espírito Santo que não conseguira a reeleição. Figura de pequena expressão nacional, o ministro seria exonerado no dia 18 de janeiro de 2000, pouco mais de um ano após a criação do Ministério da Defesa. A demissão seguiu-se a uma crise iniciada em dezembro de 1999, quando a Comissão Parlamentar de Inquérito sobre o narcotráfico resolveu iniciar investigação a respeito do possível envolvimento da principal assessora do ministro na lavagem de dinheiro do crime organizado no Espírito Santo. É importante observar que todo esse episódio não refletiu uma "crise militar", como alguns jornalistas e analistas pensaram. Tratou-se, sim, de uma crise *política*, causada principalmente pela inabilidade do ex-ministro Élcio Álvares em lidar com as acusações contra sua assessora. Deve-se observar também — o que é um bom sinal — que durante todo esse período os comandantes do Exército e da Marinha mantiveram-se à margem do episódio, sem manifestar-se quer sobre as acusações contra a assessora do ministro, quer sobre a saída do ministro.

Em toda a sua história, o Brasil nunca tivera um Ministério da Defesa. O comandante de cada força era o ministro, e durante todo o regime militar foram militares, e não civis, que ocuparam essas funções. Como o chefe do Estado-Maior das Forças Armadas e o chefe da Casa Militar da Presidência da República também tinham *status* de ministro, o Brasil tivera nas últimas décadas pelo menos cinco ministros militares ao mesmo tempo. Com o Ministério da Defesa, essa situação se modificou significativamente. Os comandantes das três forças perderam o *status* de ministro e ficaram subordinados ao ministro da Defesa (e, em última instância, ao presidente da República, que continua sendo constitucionalmente o comandante-em-chefe das Forças Armadas). O Emfa foi extinto e, depois, a Casa Militar foi transformada em uma subchefia do novo Gabinete de Segurança Institucional, um órgão civil, embora seu primeiro ocupante fosse o general Alberto Cardoso, pessoa da confiança do presidente e que, com o passar dos anos, passou a acumular várias funções. Deve-se registrar que o fim de uma Casa Militar com *status* de ministério é uma novidade na vida republicana do país.

As entrevistas que realizamos mostram, de forma inequívoca, a tensão entre os ministros militares durante o primeiro governo FHC, o que certamente contribuiu para explicar a demora na criação do MD. Essas tensões eram visíveis já no início da Nova República, embora ainda em nível muito mais baixo do que às vésperas de se criar o ministério. Aparentemente, um elemento comum é que o Exército — força hegemônica durante o regime militar — relutava em perder sua preeminência *vis-à-vis* as outras duas forças; e estas, Marinha e Aeronáutica, por sua vez, temiam ficar "a reboque" do Exército, como ocorrera durante os 21 anos em que generais do Exército ocuparam a Presidência da República.

Certamente houve um trabalho conjunto e cooperativo entre as três forças durante o regime militar. No entanto, o que queremos enfatizar é a presença de um elemento que, embora sempre presente, ainda que de forma latente, só veio a adquirir visibilidade durante a Nova República: a existência de arestas e desconfortos entre as três forças. No período democrático iniciado em 1985, por exemplo, o *estigma* lançado sobre a atuação dos militares na política, principalmente devido à atuação dos órgãos de repressão, é um peso mais incômodo para a Marinha e a Aeronáutica do que para o Exército — força que mais profundamente se envolveu no processo político. Além disso, a perspectiva de se criar o Ministério da Defesa gerava o temor de que ocorressem mudanças profundas na orientação estratégica ou em termos de prioridades no âmbito da organização das Forças Armadas — instituição que, por sua própria natureza, é mais refratária a mudanças.

A demora na criação do Ministério da Defesa, como vimos, deve ser atribuída antes à existência de importantes divergências *entre os próprios militares* do que a tensões nas relações entre civis e militares. Cada força possuía uma visão diferente a respeito do desenho institucional que o novo ministério deveria ter. As tensões foram especialmente sensíveis entre a Marinha, de um lado, e o Exército e a Força Aérea, de outro. No regime militar, essas divergências eram minimizadas, e o Exército assumia uma posição claramente hegemônica. Além disso, a existência de um presidente militar servia como elemento decisivo de controle e de resolução de conflitos. Na Nova República, essa situação se modificou. O fim do regime militar trouxe à tona uma maior competição entre as três forças, diminuindo a capacidade de ação conjunta dos militares.

Mas se a competição entre as Forças Armadas cria problemas para a consolidação do MD, o arbitramento dessa competição é justamente uma das principais justificativas para sua existência. Sem dúvida, o Ministério da Defesa ainda tem um longo caminho a percorrer até tornar-se efetivamente o órgão responsável pela condução dos assuntos militares, mas sua criação já evidencia mudanças nas relações entre civis e militares no Brasil.

Os militares e a Comissão dos Desaparecidos

A Comissão dos Desaparecidos começou a funcionar em 1995, com o objetivo de solucionar a situação jurídica das famílias de pessoas desaparecidas durante o regime militar e ainda sem atestado de óbito. A aplicação dessa lei implica o reconhecimento, por parte do Estado brasileiro, de responsabilidade por essas mortes, por ter falhado em seu dever de proteger a vida de presos sob sua guarda (na maioria das vezes, sob a guarda das Forças Armadas). Em 22 de janeiro de 1996, o primeiro resultado prático do funcionamento da comissão foi a entrega do atestado de óbito do ex-deputado Rubens Paiva, preso em sua casa em 1971 e "desaparecido" desde então. A maioria dos militares da ativa, inclusive os chefes militares, ficou profundamente incomodada com pelo menos duas das indenizações efetuadas pela comissão: a do ex-deputado e guerrilheiro Carlos Marighella, morto em uma emboscada em 1969, e, principalmente, a do ex-capitão do Exército Carlos Lamarca, que desertou em 1969 para tornar-se um dos principais expoentes da luta armada, até ser morto em 1971. A insatisfação ficou registrada em nota interna do ministro do Exército afirmando que, segundo os códigos militares, Lamarca continuava sendo considerado um traidor. No entanto, não houve contestação militar ao funcionamento da comissão como um todo, prevalecendo a visão de que não se tratava do julgamento moral da instituição, e sim de uma questão entre o Estado brasileiro e essas famílias.

Forças Armadas e política no final do século XX

Isto posto, parece-nos clara a menor presença militar no cenário político nacional durante a Nova República, bem como a crescente aceitação, pelos militares, de um novo padrão nas relações civis-militares. Acreditamos, como Hunter e Oliveira e Soares, que os militares tenham de fato perdido força e influência na nova ordem política brasileira.

Devemos fazer, no entanto, duas ressalvas. Primeiro, é preciso diferenciar os primeiros anos da transição dos que se seguiram. Na fase inicial da Nova República, durante o governo de José Sarney (1985-90), os militares ainda exerceram um significativo poder político.[11] Segundo, mesmo concordando com Hunter, para quem a influência militar no Brasil tem diminuído desde 1985 e possivelmente continuará a decrescer à medida que o jogo democrático for se fortalecendo, devemos ser cautelosos antes de afirmar que os militares brasileiros são "tigres de papel". Um exame da atuação militar na história do Brasil republicano, associado à percepção dos enormes problemas e desigualdades sociais que ainda caracterizam a sociedade brasileira, nos permite imaginar, por exemplo, que o agravamento de crises sociais ou econômicas pode alterar a tendência à subordinação militar. Além disso, a cultura política brasileira também possui uma longa tradição autoritária, muito anterior à existência do regime militar. Nada impede que, em outros cenários, as "vivandeiras" voltem a bater às portas dos quartéis, ou que ressurjam variantes da antiga visão messiânica e das doutrinas de segurança interna professadas pelos militares durante tantos anos.

Feitas essas ressalvas, devemos perguntar como e por que as mudanças no comportamento militar foram possíveis. Em primeiro lugar, como foi enfatizado por Hunter, um dos principais fatores a diminuir a influência política dos militares foi o próprio funcionamento da democracia — e a percepção, pelos militares, dessa situação. No entanto, é interessante considerar, como sugere Francisco Ferraz (1999:181), que, em vez de uma "erosão" do poder militar, tenha sido desencadeada uma "retirada" militar, diante da "combinação das investidas bem-sucedidas dos políticos civis em suas possessões e prerrogativas políticas, das dificuldades e perigos da cizânia no seio da tropa e do peso de uma auto-estima institucional seriamente comprometida pelo passado recente".

Outros elementos, portanto, devem ser mencionados, como as influências externas derivadas do cenário internacional. O fim da Guerra Fria e o novo cenário internacional de fim da bipolarização ideológica que se seguiu, soma-

---

[11] A análise da atuação militar durante o governo José Sarney é feita, com competência, por Oliveira (1994).

dos à maior integração regional através do Mercosul, puseram em xeque cenários estratégicos e clivagens ideológicas que haviam prevalecido por quatro décadas. Além disso, vale repetir, foram importantes os efeitos da "derrota" dos militares na memória histórica sobre o regime militar e a falta de apoio e credibilidade política daí resultante. O consenso a respeito da democracia é hoje muito maior do que no passado. Finalmente, com o tempo, vai acontecendo a natural substituição da geração que viveu o regime militar por outra, emocionalmente desvinculada desse período. No geral, se a imagem do pensamento dos chefes militares da Nova República transmitida pelas entrevistas dificilmente pode ser caracterizada simplesmente como "democrática", não se pode dizer que nada ou que muito pouco mudou. As Forças Armadas foram paulatinamente se adaptando às regras democráticas, e não é trivial observar que elas não geraram nenhuma crise *política* nesses 15 anos.

Oliveira e Soares enfatizam a importância de conferir maior *direção política* às Forças Armadas para sua adequação à democracia, e este parece ser um conceito importante para entender essa nova fase de seu comportamento. Esses analistas também insistem na existência de problemas tais como a tímida atuação do Congresso em questões militares e de defesa, e o pequeno envolvimento da academia no debate sobre questões de defesa e estratégia. Diante desse quadro, os militares preencheriam espaços deixados pela falta de capacidade da sociedade civil para manter um pacto político estável.

Embora as expectativas de sucesso econômico e desenvolvimento social não sejam muito enfáticas para nossos entrevistados, parece haver a convicção de que a profissionalização é produto de desenvolvimento e que, portanto, o afastamento da política é sintoma da maturidade nacional que eles ajudaram, direta ou indiretamente, a construir. A esse respeito, é bom observar que, ao abordarem a crise do *impeachment*, praticamente todos lembram que nesse momento a intervenção não se fazia necessária porque o sistema político estava operando e, principalmente, porque a sociedade não demandou tal intervenção.

Mudanças nas comemorações militares

Algumas mudanças ocorridas em comemorações militares durante a Nova República não haviam ainda recebido a devida atenção dos analistas. Elas foram objeto de um estudo específico de Celso Castro (2002), no qual são analisados os principais rituais e símbolos do Exército brasileiro durante o século XX, vistos através de três importantes tradições: o culto a Caxias como seu patrono, as comemorações da vitória sobre a Intentona Comunista de 1935 e o Dia do Exército, criado em 1994 e comemorado na data da primeira Batalha dos Guararapes (19 de abril de 1648).

Na Nova República, a outrora importante comemoração da vitória sobre a revolta comunista de 1935 entrou em franco declínio a partir da ausência do presidente Collor ao evento, em 1990. Outra mudança foi o final da ordem do dia conjunta dos ministros militares nas comemorações do 31 de março de 1964, a qual em 1995 pela primeira vez não ocorreu. Em 1994, por iniciativa do ministro do Exército, foi criado o Dia do Exército, em data que comemora o momento-chave da expulsão dos holandeses do Nordeste. A idéia subjacente é que lá nasceram ao mesmo tempo a nacionalidade e o Exército brasileiro. A força simbólica do evento é reforçada pelo "mito das três raças" constitutivas do povo brasileiro — o branco, o negro e o índio —, encarnado nas tropas reunidas para a batalha. Além disso, ao contrário das duas outras comemorações, não se trata aqui do enfrentamento de um "inimigo interno", mas de uma guerra contra invasores estrangeiros.

Desdobramentos da pesquisa: Amazônia e questões de gênero

A partir do interesse central da pesquisa, surgiram dois desdobramentos. Diante da evidente importância atribuída à Amazônia, Celso Castro iniciou uma pesquisa sobre a história da presença militar na Amazônia e a visão que os militares brasileiros têm a respeito dessa importante, extensa e sensível região. A pesquisa tem lidado com o cruzamento de temas como desenvolvimento, soberania nacional e novos cenários estratégicos.

Cada vez mais, a Amazônia vem sendo objeto de discussões que transcendem as fronteiras nacionais e gerando debates apaixonados e, muitas vezes, pouco informados. As Forças Armadas brasileiras têm, historicamente, assumido a missão de manter uma presença militar na Amazônia. Isso contrasta com a baixa e desorganizada presença de outros setores do Estado brasileiro na região. Desse modo, muitas vezes os militares tendem a se achar os principais responsáveis pela Amazônia, na tarefa de cuidar de seu desenvolvimento e defendê-la do que percebem como "cobiça internacional". A discussão sobre uma possível internacionalização da região está sempre presente nos debates.

Nas últimas décadas, essa missão assumiu diferentes formas. Durante o período da ditadura militar (1964-85), executaram-se grandes projetos na região, como a construção de rodovias e usinas hidrelétricas e a exploração de jazidas minerais. No período democrático iniciado em 1985 (a chamada "Nova República"), essa missão traduziu-se na implantação de grandes projetos, como o Calha Norte — de "vivificação" da fronteira amazônica através, entre outros aspectos, do aumento da presença militar — e o Sistema de Vigilância Aérea da Amazônia (Sivam). Além disso, as Forças Armadas têm atuado freqüentemente em funções de assistência social às populações ribeirinhas, combate ao narcotráfico e ao contrabando, e intervenção em conflitos sociais, como os relacionados à reforma agrária e aqueles entre garimpeiros e populações indígenas. Finalmente, nos últimos anos aumentou sensivelmente a transferência de unidades militares para a Amazônia, e chega-se mesmo a discutir uma eventual participação das Forças Armadas brasileiras no combate aos grupos guerrilheiros que atuam na Amazônia colombiana, conflito que poderia facilmente cruzar a fronteira brasileira.

Apesar da importância da atuação das Forças Armadas brasileiras na Amazônia — e independentemente do valor positivo ou negativo que a ela se atribua —, conhece-se ainda muito pouco a respeito do pensamento militar sobre a região e mesmo sobre suas ações concretas. O objetivo da pesquisa é justamente aumentar e disseminar o conhecimento sobre esse assunto. A principal fonte de dados é composta por cerca de 20 horas de entrevistas realizadas com sete comandantes militares da Amazônia das últimas duas décadas. Além de utilizar o método da história oral como via de acesso ao pensamento militar sobre a região, também serão examinadas fontes publicadas (revistas militares e matérias de jornais) e documentos militares. Ao final do projeto, todas essas fontes documentais inéditas serão postas à disposição do público, como tem sido a prática do Cpdoc.

Por sua vez, Maria Celina D'Araujo iniciou uma pesquisa sobre a percepção que os chefes militares têm das questões de gênero dentro das Forças Armadas brasileiras. A América Latina, região onde as Forças Armadas tiveram no último século preeminência política e social em muitos países, vem passando por dois processos simultâneos e igualmente cruciais. O primeiro diz respeito à redefinição das relações civis-militares, passando-se, na maioria dos casos, de uma situação de tutela para outra de autonomia ou de subordinação dos militares ao poder civil. O segundo relaciona-se à ampliação dos direitos civis, políticos, econômicos e sociais. No que toca às relações de gênero, acompanhando o que já se verifica em vários países do hemisfério Norte, leis sobre pederastia e sodomia passam a ser questionadas, a união civil entre homossexuais entra na agenda política, e as constituições começam a afirmar a igualdade de direitos entre os sexos.

A incorporação de mulheres e homossexuais às Forças Armadas só pode ser devidamente considerada quando as sociedades estabelecerem para si que a liberdade de escolha e os direitos iguais para todos são parte inviolável da soberania individual, ou seja, quando os princípios de igualdade e democracia se tornarem a gramática da política.[12] De toda forma, o que fica claro é que o acesso das mulheres às Forças Armadas é de mais fácil assimilação que o dos homossexuais. Nesse caso as restrições tornam-se mais rígidas por estar o homossexualismo ainda repleto de conotações negativas do ponto de vista social, moral, religioso e até sanitário. A homossexualidade, em praticamente todos as partes da América Latina, é vista como desvio ou depravação moral, uma doença, uma anomalia ou indignidade social. Diferente, portanto, da condição feminina, associada à fraqueza física, à vocação maternal, mas não a aspectos reprováveis do ponto de vista moral ou religioso.

Vários países já promoveram a incorporação de mulheres e homossexuais às Forças Armadas. Essa incorporação corresponde, na pós-modernidade, ao processo de democratização das sociedades e à expansão dos direitos de igualdade entre etnias, crenças, sexos e gêneros. As Forças Armadas não são instituições isoladas da sociedade e estão intrinsecamente conectadas ao processo social e ao projeto que cada sociedade estabelece para si em termos de defesa e de construção de direitos de cidadania e de soberania.[13] A partir daí pode-se sustentar que tal incorporação é fato importante na definição das relações civis-militares. Isto porque, em princípio, se um país estabelece o alinhamento das Forças Armadas ao poder civil democrático, as Forças Armadas devem expressar o perfil da sociedade à qual servem e obedecem.

A integração de mulheres nas Forças Armadas do Brasil começou em 1980, na Marinha, com a criação do Corpo Auxiliar Feminino da Reserva, para atuar na área técnica e administrativa. Em 1998, esse corpo foi extinto, e a

---

[12] Sobre como o tema está sendo abordado em vários países do mundo, ver Moskos, Williams e Segal (2000).
[13] Sobre a idéia de Forças Armadas como um microcosmo da sociedade, ver Segal e Segal (1983).

participação se estendeu aos corpos de engenheiros e intendentes, bem como aos quadros médicos, de cirurgiões-dentistas e de apoio. Na mesma época, foi permitida a presença feminina em missões nos navios hidrográficos, oceanográficos e de guerra e em tripulações de helicópteros.

A Aeronáutica foi a segunda força a inovar nessa questão. Em 1982, formou-se a primeira turma de mulheres da Força Aérea Brasileira (FAB), graduadas como segundos-tenentes, terceiros-sargentos e cabos. Em 1996, 17 mulheres ingressaram como cadetes na Academia da Força Aérea (Pirassununga-SP), nos quadros de intendência (área administrativa e financeira). Três anos depois teríamos a primeira turma de oficiais militares femininas, formada em uma academia militar no país.

Finalmente, em 1992, o Exército constituiu a primeira turma, com 29 mulheres, a ingressar na Escola de Administração do Exército (Salvador-BA). Cinco anos depois, 10 mulheres ingressaram no respeitado Instituto Militar de Engenharia (Rio de Janeiro-RJ), e em 2001 foi criado o Curso de Formação de Sargentos de Saúde (auxiliar de enfermagem). Além da formação dessas militares de carreira, o Exército iria também promover a formação de mulheres militares para funções temporárias. Assim, foi instituído em 1996, para uma turma de 290 mulheres, o Serviço Militar Feminino Voluntário, destinado a médicas, dentistas, farmacêuticas, veterinárias e enfermeiras de nível superior. Dois anos depois criou-se o Estágio de Serviço Técnico para profissionais de nível superior em direito, contabilidade, administração, análise de sistemas, engenharia, arquitetura e jornalismo, entre outros. Finalmente, em 1998, foi implantado um projeto piloto para prestação do Serviço Militar Voluntário feminino, na função de "atiradoras", na região Amazônica, projeto desativado em 2002.

A incorporação das mulheres às Forças Armadas do Brasil foi um caso de sucesso, apesar de cuidados iniciais superdimensionados e das limitações na carreira. Quanto aos homossexuais (*gays* e lésbicas), o debate emergente mostra claramente que se trata de tema ainda delicado na América Latina, dentro e fora dos quartéis. A maioria dos países da região já incorporou as mulheres em alguns de seus quadros. Porém, apenas alguns países iniciaram o debate acerca da possibilidade de descriminalizar a homossexualidade na instituição — entre eles, Argentina, Brasil, Colômbia, Chile, Bolívia, Peru, México e Uruguai.

No Brasil, em 2002, o Executivo encaminhou projeto de lei ao Congresso Nacional sobre direitos humanos, propondo alterar o art. 235 do Código Penal Militar de 1969, que prevê punições para práticas "libidinosas", homossexuais ou não, em dependências militares. A proposta é abolir as palavras "pederastia" e "homossexuais" dos regimentos de disciplina militar. Eis como se pronunciou a respeito o deputado e ex-militar Jair Bolsonaro, representante da linha conservadora dentro da Forças Armadas:

> Com mais este passo dado em relação à liberalização sexual dentro das Forças Armadas, seria compelido a lutar contra o serviço militar obrigatório. Nenhum pai estaria tranqüilo ao saber que seu filho, durante cinco dias de acampamento, foi obrigado a dormir numa minúscula barraca com um recruta homossexual sem poder reclamar, pois se assim procedesse seria punido por crime de discriminação sexual! (...) Conta-se que um comandante da Marinha inglesa precocemente pedira transferência para a reserva e, indagado sobre o motivo, já que tinha tudo para uma longa carreira, respondeu: "quando entrei para a Marinha, o homossexualismo era proibido; agora que passou a ser tolerado, vou embora antes que se torne obrigatório".[14]

Por tudo o que foi visto na pesquisa, podemos dizer que a presença de homossexuais nos quartéis ainda é um problema delicado e difícil de ser assimilado. Nessa questão, o argumento não se relaciona a características físicas de força e capacidade, mas unicamente a comportamento e a valores. O homossexual freqüentemente é associado a uma ameaça à tranqüilidade da tropa, dos cadetes e dos conscritos, pois não seria capaz de controlar impulsos nem de respeitar padrões morais condizentes com a profissão.[15] De toda forma, o tema está em debate no Brasil e em vários países da América Latina, no âmbito de uma discussão maior sobre direitos civis e sobre banimento de leis que condenam opções sexuais.

Considerações finais

Como vimos, o desenvolvimento dessa linha de pesquisa fez surgirem, desde o início, novas questões que certamente levarão a novas pesquisas. Os

---

[14] Apud Pereira, Carlos Frederico de O. Homossexuais nas Forças Armadas: tabu ou indisciplina? Disponível em: < http://campus.fortunecity.com/clemson/493/jus/m06-021.htm >.
[15] Vários países da Europa já aceitam a entrada de homossexuais (*gays* e *lésbicas*); outros, como os Estados Unidos, não mais consideram o homossexualismo crime regimental. Várias políticas a esse respeito vêm sendo formuladas e discutidas em diversas partes do mundo.

estudos sobre as Forças Armadas, aliás, ainda são escassos, considerando a importância que a instituição assumiu na história e na sociedade brasileiras.[16]

Por outro lado, o que conseguimos ao longo desses anos em nossas pesquisas já trouxe resultados importantes. Em primeiro lugar, podemos destacar o importante acervo documental que se tornou disponível ao público, quer em forma de arquivos, quer de entrevistas ou de livros e outros trabalhos publicados. O impacto público dessas pesquisas também foi significativo, através da divulgação na mídia e da participação em seminários. Devemos ressaltar a importância do trabalho de equipe (com a participação ativa de 20 bolsistas, estagiários e assistentes de pesquisa, em diferentes períodos) para que se pudessem obter esses resultados.

O desenvolvimento da pesquisa levou igualmente à interação acadêmica com outros pesquisadores e grupos de pesquisa dedicados ao tema, no Brasil e no exterior. Houve também momentos de diálogo com a própria instituição militar. Se durante muito tempo houve entre militares e pesquisadores civis certa dose de evitação ou desconfiança mútuas, esperamos que esforços de pesquisa como os que vimos desenvolvendo contribuam para melhorar a qualidade das relações civis-militares no Brasil, dentro de um contexto democrático.

Referências bibliográficas

CASTRO, Celso. *A invenção do Exército brasileiro*. Rio de Janeiro: Jorge Zahar, 2002.

_____; KRAAY, Hendrik; IZECKSOHN, Vitor (Orgs.) *Nova história militar brasileira*. Rio de Janeiro: FGV/Bom Texto, 2004.

D'ARAUJO, Celina; CASTRO, Celso (Orgs.). *Ernesto Geisel*. Rio de Janeiro: FGV, 1997.

_____; _____. *Democracia e Forças Armadas no Cone Sul*. Rio de Janeiro: FGV, 2000.

_____; _____. *Militares e política na Nova República*. Rio de Janeiro: FGV, 2001.

_____; _____. *Dossiê Geisel*. Rio de Janeiro: FGV, 2002.

---

[16] Para um balanço recente da bibliografia, ver Castro, Kraay e Izecksohn (2004).

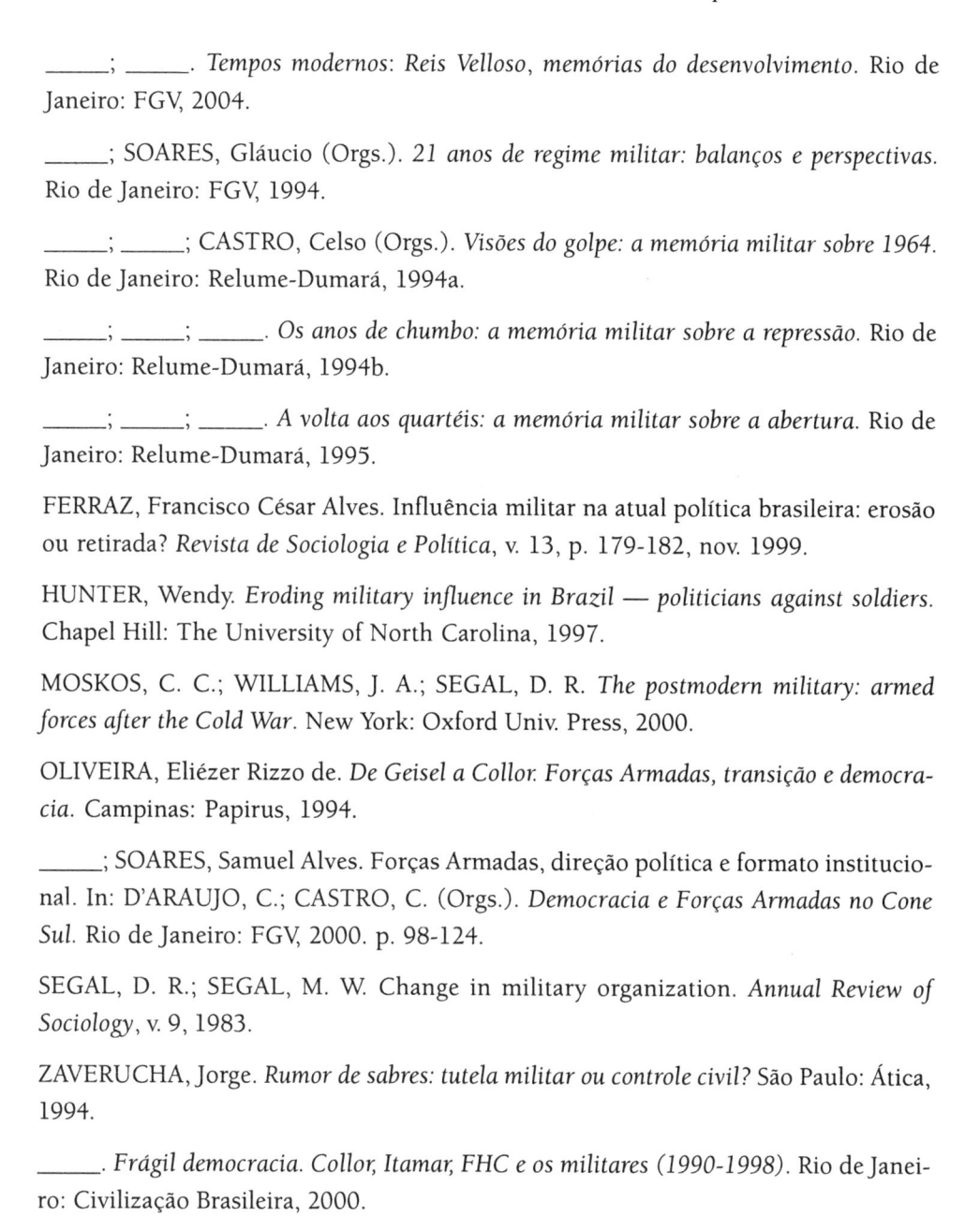

_____; _____. *Tempos modernos: Reis Velloso, memórias do desenvolvimento*. Rio de Janeiro: FGV, 2004.

_____; SOARES, Gláucio (Orgs.). *21 anos de regime militar: balanços e perspectivas*. Rio de Janeiro: FGV, 1994.

_____; _____; CASTRO, Celso (Orgs.). *Visões do golpe: a memória militar sobre 1964*. Rio de Janeiro: Relume-Dumará, 1994a.

_____; _____; _____. *Os anos de chumbo: a memória militar sobre a repressão*. Rio de Janeiro: Relume-Dumará, 1994b.

_____; _____; _____. *A volta aos quartéis: a memória militar sobre a abertura*. Rio de Janeiro: Relume-Dumará, 1995.

FERRAZ, Francisco César Alves. Influência militar na atual política brasileira: erosão ou retirada? *Revista de Sociologia e Política*, v. 13, p. 179-182, nov. 1999.

HUNTER, Wendy. *Eroding military influence in Brazil — politicians against soldiers*. Chapel Hill: The University of North Carolina, 1997.

MOSKOS, C. C.; WILLIAMS, J. A.; SEGAL, D. R. *The postmodern military: armed forces after the Cold War*. New York: Oxford Univ. Press, 2000.

OLIVEIRA, Eliézer Rizzo de. *De Geisel a Collor. Forças Armadas, transição e democracia*. Campinas: Papirus, 1994.

_____; SOARES, Samuel Alves. Forças Armadas, direção política e formato institucional. In: D'ARAUJO, C.; CASTRO, C. (Orgs.). *Democracia e Forças Armadas no Cone Sul*. Rio de Janeiro: FGV, 2000. p. 98-124.

SEGAL, D. R.; SEGAL, M. W. Change in military organization. *Annual Review of Sociology*, v. 9, 1983.

ZAVERUCHA, Jorge. *Rumor de sabres: tutela militar ou controle civil?* São Paulo: Ática, 1994.

_____. *Frágil democracia. Collor, Itamar, FHC e os militares (1990-1998)*. Rio de Janeiro: Civilização Brasileira, 2000.

Capítulo 2

Corporativismo, liberalização e democratização: um estudo a partir dos serviços do Sistema S*

Eduardo R. Gomes**
Caren Addis***

Este capítulo analisa os impactos dos recentes processos de liberalização econômica e democratização do país nas organizações corporativistas dos empresários, por meio do estudo de três serviços de apoio às empresas dessas entidades, o Senai (Serviço Nacional de Aprendizagem Industrial), o Sesi (Serviço Social da Indústria) e o Sebrae (Serviço Nacional de Apoio às Micro e Pequenas Empresas). Instituições políticas vitais para a articulação entre o Estado e o setor privado no processo de desenvolvimento brasileiro desde os anos 1940, as organizações corporativistas patronais passaram a enfrentar sérios desafios com o recente processo de abertura e desregulação da economia e com o retorno do país à democracia (Dagnino, 1994).

Como resultado da liberalização econômica, as organizações corporativas perderam a possibilidade de articular políticas em benefício de firmas ou grupos empresariais específicos, uma vez que o Estado desfez-se de seu papel regulador e intervencionista. Isto, evidentemente, foi reforçado pelo processo de privatização das empresas públicas e pelo enxugamento da máquina estatal. Tal relação foi muito bem identificada por Maria Hermínia Tavares de Almeida (1994:56), ao assinalar que

---

* Os autores agradecem a Otavio Dulce pela leitura e sugestões.
** Professor do Departamento de Ciência Política da Universidade Federal Fluminense.
*** Pesquisadora do projeto Brasil em Transição.

a crise econômica dos anos 80 (...) está levando de forma dolorosa e espasmódica à redefinição das funções e atribuições do Estado, diminuindo sua capacidade de intervenção e regulação da vida econômica e de promoção de arranjos de tipo corporativo ou neocorporativo.

Por outro lado, com o revigoramento dos valores e práticas democráticas diante dos órgãos públicos e semipúblicos em geral, as instituições passaram a sofrer sérias críticas pelo seu baixo grau de representatividade, pela sua falta de *accountability*, o que também contribuiu para sua decrescente importância e legitimidade. Seus membros — efetivos ou potenciais — passaram a se organizar em outras associações, estruturadas sob outros princípios provavelmente mais atrativos, como valores (nos institutos liberais), *issues* (no Instituto de Estudos para o Desenvolvimento Industrial), objetivos políticos circunscritos (na União Brasileira dos Empresários), objetivos políticos amplos (Pensamento Nacional das Bases Empresariais), cadeias produtivas (Organização Nacional da Indústria do Petróleo), entre outras possibilidades.[1]

Por todas essas razões, começa a se configurar um cenário muito mais pluralista do associativismo empresarial, sem que este tenha ganhado uma definição muito precisa, como observou Eli Diniz, para quem "ainda não é possível detectar com clareza a formação de um novo empresariado". De qualquer forma, Diniz (1997:33) não deixa de reconhecer que

> rompeu-se a rigidez da estrutura legada pelo velho estilo de industrialização tributária do Estado, delineando-se novas configurações no sentido de maior abertura e intercâmbio com atores externos, aí incluindo as relações com outros segmentos das elites, como as lideranças políticas, além de setores do sindicalismo operário.

Assim, boa parte da literatura sobre essas instituições entendeu que elas teriam poucas condições de sobreviver no novo cenário político-econômico brasileiro, liberalizado e democratizado, ainda que outros tenham aventado algumas possíveis redefinições para elas no futuro, em regra com um peso circunscrito.[2]

---

[1] Ver Diniz e Boschi (2002); Almeida (1995).
[2] Ver Tapia (1994); Costa (1994).

Ainda que logicamente justificada e empiricamente verificável, a reflexão corrente, acima delineada, centrou-se exclusivamente na função das organizações corporativas de articular politicamente os interesses de classe, atividade que vem perdendo espaço no Brasil liberalizado e democratizado. Tendo estado de fato tradicionalmente voltadas para a articulação dos interesses de classe junto aos centros decisórios do Executivo central, as associações corporativas perderam seus interlocutores do "poder público" com as reformas neoliberais, o que possibilitou inferir sua decrescente relevância no processo de *policy making*, como o fazem os autores mencionados. Tal declínio pode ter sido acirrado com o processo de democratização, que acabou também por solapar a privilegiada posição política das entidades corporativas empresariais.

As associações de classe, contudo, podem desempenhar outras funções para seus membros, além da articulação política de seus interesses, e é nessa perspectiva mais ampla que queremos enfocar as instituições corporativas, eventualmente chegando a conclusões um pouco distintas das da bibliografia anteriormente referida. Além dessa atuação político-econômica, as associações podem, por exemplo, prestar serviços de assessoria e consultoria, fornecendo treinamento de mão-de-obra, apoio técnico e assistência social às firmas membros, como constantemente o fazem. Assim, pode-se supor que elas serão tanto mais importantes quanto melhor desempenharem essas e outras funções correlatas, as quais não deixam de alimentar a sua função mais propriamente política.[3]

Com essa perspectiva, portanto, queremos basicamente verificar em que medida as organizações corporativas estão proporcionando, através de seus serviços de apoio às empresas, condições para uma bem-sucedida inserção de seus membros no novo cenário democrático e liberalizado. No caso aqui estudado, este é um desafio ainda mais crítico porque, de um lado, as empresas estão a enfrentar uma enorme competição econômica doméstica e internacional, fruto exatamente das reformas econômicas liberalizantes. De outro lado, é preciso reconhecer que, nessa situação especialmente crítica — e por causa dela —, os serviços estão enfrentando o desafio adicional de sobreviver. Isso porque, além de receberem críticas semelhantes àquelas dirigidas às instituições corporativas, os serviços estão sofrendo uma significativa e crescente diminuição de seus recursos (recolhidos compulsoriamente sobre a folha de pa-

---

[3] Ver Hollingsworth et al. (1994).

gamento das empresas), em função de alguns impactos da liberalização na economia local. Assim é que, buscando fazer frente à internacionalização da economia, muitas firmas pequenas passam à economia informal, enquanto as médias e grandes terceirizam suas atividades, fazendo com que os recursos recolhidos para custear os serviços diminuam irreversivelmente.

Com base nessas preocupações estaremos examinando, em termos substantivos, as mudanças nos serviços voltados para dois dos setores mais vulneráveis às transformações por que tem passado o Brasil: a indústria e as micro e pequenas empresas, respectivamente através do Serviço Nacional de Aprendizagem Industrial/Serviço Social da Indústria (Senai/Sesi) e do Serviço de Apoio às Micro e Pequenas Empresas (Sebrae).

Após analisar esse material, estaremos argumentando em síntese que, depois de um certo imobilismo, os serviços do Sistema S têm-se reformulado para proporcionar melhores condições de adaptação das firmas ao novo cenário político-econômico do país, possivelmente contribuindo para que as instituições corporativas sobrevivam aos desafios da democratização e da liberalização.

O Senai e o Sesi e os desafios da indústria

O Senai é um órgão da entidade de cúpula dos industriais, a Confederação Nacional de Indústria (CNI), tendo sido fundado em 1942 para atender à obrigação legal de que as firmas com mais de 500 empregados deveriam ter cursos de aperfeiçoamento profissional para adultos e menores.[4]

Ao longo de suas seis décadas de existência, o Senai expandiu-se tal como a indústria brasileira, tanto horizontal quanto verticalmente. Ou seja, por um lado, a entidade foi progressivamente cobrindo todo o território nacional; por outro, passou por uma série de mudanças no seu perfil institucional.[5]

Neste último aspecto, o Senai foi adotando uma formação profissional cada vez mais abrangente e diversificada, pouco se afastando, contudo, do paradigma fordista/taylorista, pois até recentemente enfatizava "aspectos como respeito à hierarquia, ajustamento aos cargos e obediência às regras, valorizando-se o saber como fazer e não o por que fazer".

---

[4] Ver Lopes (1992).
[5] Ver Bologna (1971).

Sua mais recente missão, adotada em 1995, estipula como seus objetivos "contribuir para o fortalecimento da indústria e o desenvolvimento pleno e sustentável do país, promovendo educação para o trabalho e a cidadania, assistência técnica e tecnológica, a produção e disseminação de informação e a adaptação, geração e difusão de tecnologia", rompendo assim com orientações anteriores que incluíam apenas o ensino do conhecimento técnico e viam o trabalhador como um simples executor de tarefas, sem poder de iniciativa.[6]

A nova missão é parte de um processo lento de mudança do Senai, acelerado em meados dos anos 1990. Após um esforço inicial de planejamento em 1993, que foi deixado de lado, o Senai apresentou em 1996 um plano estratégico de longo prazo até 2010, envolvendo diferentes cenários para o futuro, com claros impactos para a entidade em cada situação prevista e ligando suas mudanças às necessidades das firmas clientes e de desenvolvimento do país.

Assumindo, nessa proposta, a heterogeneidade da base industrial do Brasil e os desafios da globalização, o Senai projetou para si mesmo um papel muito flexível, acrescentando consultoria e prestação de serviços especializados para seus clientes, de acordo com cada caso. O plano também explicitou que essa mudança de enfoque envolveu um "desafio interno" de substituir "o modelo administrativo centralizado e paternalístico" por um modelo "empresarial, flexível e dinâmico",[7] e poderíamos acrescentar que este sentimento foi capturado durante as entrevistas feitas em várias ocasiões e departamentos da instituição.

O pano de fundo escolhido para desenhar as "opções estratégicas" para o futuro da organização foi a transição de uma situação de "instabilidade e crise" para outra de "estabilidade integrativa" em 2010, passando por um cenário de "estabilidade excludente". Nessa trajetória, foi recomendado que o Senai se orientasse cada vez mais "para o mercado", enfatizando a qualidade e a diferenciação de seus serviços, tendo em conta o processo de reestruturação produtiva por que passa a indústria — uma orientação, enfim, que não poderia ser mais adequada para as empresas nesse momento do país.[8]

Após desenhar o plano estratégico geral, nacional, o Senai dedicou-se em 1997 a adaptar esse plano às diferentes regiões socioeconômicas do país. Daí resultaram cinco planos regionais, nos quais foram selecionadas as mais promissoras "cadeias produtivas" de acordo com o seu potencial econômico local,

---

[6] Bologna (1971). Ver também Senai (1997). Entrevista com assessor técnico, Senai-DN.
[7] Senai, 1997:12.
[8] Ver Senai (1997:26).

parecendo-nos desnecessário enfatizar que isto pode abrir oportunidades econômicas para as firmas membros.

Tais mudanças, na verdade, já se desdobram pelos vasos capilares do Senai, que são suas escolas. Em ordem descendente de importância, elas são categorizadas como centros tecnológicos (Cenatecs), reunindo ensino sofisticado, pesquisa, consultoria e assistência técnica em torno de uma atividade ou setor industrial (como soldagem e artes gráficas, por exemplo); centros de treinamento profissional, que podem ou não ser dedicados a um setor particular, tecnologia ou atividade, oferecendo principalmente ensino até de 2º grau; agências de treinamento profissional, visando oferecer cursos variados; e unidades móveis que oferecem cursos específicos de curto prazo em locais que não contam com instalações da entidade.[9]

Os centros tecnológicos fazem parte das novas iniciativas do Senai, desenvolvidas ainda na década de 1980, que congregam em uma mesma unidade ensino, consultoria e assistência técnica, com os mais sofisticados recursos disponíveis, muitas vezes conseguidos através de parcerias de diversos tipos com as firmas do setor.

Por exemplo, o Centro de Tecnologia da Indústria Química e Têxtil (Cetiqt) oferece assistência às firmas, no que concerne ao controle de qualidade das cores de tecidos, através de um laboratório ótico, além de sua atividade educacional mais tradicional. Promove também um espetáculo anual de moda, com a produção de seus alunos, contribuindo assim para que as indústrias se programem para as estações de moda vindouras a partir das tendências apresentadas. Além disso, o Cetiqt começou a coletar dados de produtividade sobre a produção têxtil, com base em questionários respondidos pelas empresas, prestando uma inestimável ajuda para que as firmas se auto-avaliem no conjunto da indústria.

Preocupado com a constante melhoria de seus serviços, assim como outros Cenatecs, o Cetiqt está participando das competições nacionais pelo prêmio interno de qualidade, concedido, como nas Olimpíadas, através de medalhas de ouro, prata e bronze e baseado, em grande parte, no grau de satisfação das firmas clientes. O Senai, portanto, está usando técnicas que as firmas do setor privado usam para avaliar a si mesmas e sua posição no conjunto da entidade, e cujo efeito-demonstração para elas não deve ser pequeno.[10]

---

[9] Entrevista com José Maria Simas de Miranda.
[10] Entrevista com Zalda Costa Gueiros.

Na verdade, as escolas profissionais que originalmente formaram a coluna vertebral do Senai também estão sendo remodeladas, dentro da mesma orientação que enfatiza flexibilidade e qualidade no atendimento das necessidades das empresas clientes. Sugestivamente, tiveram seu nome trocado para Centros Modelo de Educação Profissional (Cemeps) e submetem-se a avaliações com um sistema de medalhas semelhante àquele dos Cenatecs.

Em virtude dessas mudanças, o número de matrículas nos níveis de aprendizagem e treinamento, que formam o centro da missão original do Senai, diminuiu, enquanto o de inscrições em cursos especializados para adultos aumentou. De 1992 a 1996, por exemplo, a matrícula no aprendizado caiu quase 7%. Já a inscrição em cursos de qualificação (profissionalizante de 2º grau), habilitação (educação profissional plena em nível secundário) e treinamento aumentou 3%, 8% e 17%, respectivamente. Os cursos para tecnólogos também tiveram crescimento global.

De fato, em conformidade com suas amplas reformas, o Senai passou a se ocupar com a educação de terceiro nível e abriu alguns cursos universitários em suas unidades — por exemplo, um de engenharia da indústria têxtil no Cetiqt e um de tecnologia gráfica em um Cemep de São Paulo.[11]

Disponibilizar tecnologia sofisticada e criar centros de treinamento avançados são duas das estratégias de alto nível do Senai, porém o mais importante projeto é talvez a criação de uma rede de computadores online conectando estes e todos os outros recursos da entidade, tornando-os disponíveis em qualquer ponto da instituição onde haja um terminal de computador. Com essa rede chamada Infovia, que é base da Rede Nacional de Tecnologia, supervisionada pelo Centro Internacional para Trabalho e Transferência de Tecnologia (Ciet), os recursos da instituição serão maximizados, o que é importante nesse momento de racionalização dos recursos.

O Serviço Social da Indústria (Sesi) é também um órgão da Confederação Nacional da Indústria, tendo sido fundado em 1946 pelos mesmos empresários que criaram o Senai, com o claro objetivo de assegurar "paz social" à classe operária que se formava no Brasil. Essa meta original foi desenvolvida mediante o estabelecimento de uma rede de serviços de bem-estar para o trabalhador e sua família, com o propósito subjacente de socializá-los nos valores do capitalismo e da "sociedade de livre mercado".[12]

---

[11] Ver Senai (1997:32).
[12] Ver Trevisan (1986); Weinstein (1996).

Nesse sentido, o Sesi se tornou encarregado de prover uma variedade de serviços e atividades nas áreas de saúde, educação, cultura e lazer através de instalações como clubes desportivos, colônias de férias, consultórios médicos e dentais, creches, restaurantes industriais, estádios e centros culturais, construídos por todo o país ao longo dos anos.

Essa ampla presença do Sesi no território nacional derivou de um esforço da instituição para fazer parcerias com prefeituras, empresas, fundações e outras associações, iniciativas assumidas como uma valiosa abertura à comunidade para atingir suas metas eficazmente.[13]

O papel socializador foi de fato a *raison d'être* do Sesi desde sua fundação, e essa função foi avaliada positivamente por seus mentores, os empresários, em muitas ocasiões. Em 1960, por exemplo, um dos diretores da entidade reconheceu explicitamente que o Sesi tinha prevenido o aparecimento de tensões de classe durante a industrialização do Brasil, contrariando a previsão de muitos.[14]

Nos anos 1990, respondendo aos mesmos desafios de liberalização e democratização, o Sesi começou a passar por um processo de modernização que alcançou seu ponto máximo com a formulação de seu primeiro plano de longo prazo, o plano trienal de 1993 a 1995 (Sesi, 1993). Já naquela ocasião, o Sesi se comprometeu a se "tornar uma instituição cada vez mais eficiente, pela introdução de conceitos de qualidade e produtividade", em sua estrutura física, nos seus recursos humanos e, principalmente, na sua filosofia administrativa, o que indica sua adaptação aos novos tempos.

A esse plano seguiram-se um segundo e um terceiro, que é o atual, agora cobrindo um período de cinco anos (2000-04) e consolidando as iniciativas iniciais de um completo projeto de modernização (Sesi, 2000). Nessas mudanças, o Sesi também reconheceu explicitamente a existência de alguns obstáculos internos a essa transformação. Por outro lado, reconheceu também as dificuldades para continuar sendo financiado pela receita da contribuição compulsória, abrindo-se para a cobrança de alguns de seus serviços.

A nova definição de missão já refletia um pouco essas mudanças, tanto assim que, em 1993, o Sesi estabeleceu como suas principais metas a promoção social — por meio de ações para aumentar o nível de bem-estar de sua clientela (por exemplo, trabalhadores) e para estimular a prática da cidadania (pelos trabalhadores) —, a convergência de interesses dos agentes produtivos e a expansão da produtividade industrial.

---

[13] Ver Sesi (1994, 1995, 1999).
[14] Ver Trevisan (1986:165).

No atual plano estratégico (2000-04), porém, sua missão se amplia, a fim de "contribuir para o fortalecimento da indústria e o exercício de sua responsabilidade social, provendo serviços integrados de educação, saúde e lazer para a melhoria da qualidade de vida do trabalhador e para o desenvolvimento sustentável".

Ao longo desse novo caminho, a administração do Sesi está sendo reformada e suas atividades reestruturadas — por exemplo, ampliou-se significativamente o investimento em educação a distância e multimídia, e a entidade criou a sua própria universidade, não só para formar seus quadros, como também para ser o *think tank* da instituição. Em termos gerais, os serviços do Sesi foram reorganizados a partir de um novo e inclusivo programa de saúde e bem-estar do trabalhador, algo bem distinto da preocupação exclusiva com saúde profissional. Todas essas mudanças refletem bem as necessidades das empresas nos novos tempos de internacionalização econômica e democratização do país.[15]

Mas esta não é toda a história, e tais modificações já foram levadas um passo mais à frente, pois os altos escalões das instituições corporativas estão implementando uma divisão de trabalho entre o Sesi e o Senai nos estados, de modo que ao primeiro caberá a educação elementar dos trabalhadores e o segundo será responsável por todo tipo de treinamento mais especializado (além de pesquisa aplicada, consultoria etc.). Tais mudanças complementam muitas das que foram aqui apontadas e devem contribuir para a sobrevivência dos órgãos corporativistas, indubitavelmente reformados.

Micro e pequenas empresas e o Sebrae

O Sebrae tem suas origens no Centro Brasileiro de Apoio à Pequena e Média Empresa (Cebrae), criado em 1972 para auxiliar as micro e pequenas empresas a aproveitarem as vantagens oferecidas por novas linhas de crédito do então Banco Nacional de Desenvolvimento Econômico (BNDE) e de outros organismos. O Cebrae era subordinado ao Ministério de Planejamento e Coordenação Geral, tendo como órgãos fundadores o próprio BNDE, a Financiadora de Estudos e Projetos (Finep) e a Associação Brasileira de Bancos de Desenvolvimento (ABDE). Em 1976, o Instituto de Planejamento Econômico e Social (Ipea) passou a integrar a diretoria do Cebrae.[16]

---

[15] Entrevista com assessor técnico, Sesi-SP.
[16] Entrevista com Lucio Abreu. Ver Coelho (1996).

O Cebrae se dedicava essencialmente a melhorar a gerência, a tecnologia e as finanças das micro e pequenas empresas, a identificar novos clientes para elas e a promover a exportação de seus produtos, em estreita cooperação com os bancos de desenvolvimento. Desde a sua criação, o Cebrae se caracterizou por uma estrutura federativa, com centros de assistência gerencial em cada estado brasileiro, os Ceags, que transferiam e implementavam nos estados programas nacionais e tinham em sua diretoria bancos de desenvolvimento estaduais, federações industriais, federações e associações comerciais, universidades e outras instituições com atividades ligadas às micro e pequenas empresas.[17]

Contudo, outra prioridade do Cebrae sempre foi fazer *lobby* para conseguir tratamento diferenciado e preferencial para as micro e pequenas empresas, e assim ele agiu nos debates da Assembléia Constituinte de 1987/88. Naquela ocasião, o Cebrae deslanchou uma forte e bem-sucedida campanha para conseguir a garantia constitucional de tratamento diferenciado para as micro e pequenas empresas, assim abrindo caminho para uma carga tributária mais simples e mais leve para essas empresas, além de outros benefícios.

Pouco depois, porém, o Cebrae se tornou uma vítima potencial da chamada "Operação Desmonte", uma de várias tentativas do governo Collor de reduzir o aparato estatal. Em grande parte por causa dos protestos de seus técnicos e funcionários e das pressões dos vários integrantes de sua diretoria, ou seja, das instituições horizontalmente conectadas, o Cebrae acabou sendo reformado e se transformou em mais uma entidade do chamado Sistema S, passando a chamar-se Sebrae.

Assim, o Cebrae passou da condição de entidade pública para a de entidade privada, semipública, financiada por contribuições compulsórias pagas por todas as empresas, com base nas suas respectivas folhas de pagamento, mas fiscalizada pelo Tribunal de Contas da União. Portanto, o Sebrae assumiu o mesmo *status* legal dos "serviços autônomos", como o Serviço Nacional de Aprendizagem Industrial (Senai), o Serviço Nacional de Aprendizagem Comercial (Senac) e outros criados a partir do sistema corporativista montado no primeiro período Vargas.

O Sebrae sobreviveu graças às pressões das entidades horizontalmente conectadas (associações de empresas, bancos de desenvolvimento) e de seu

---

[17] Ver Nylen (1992).

corpo de funcionários, mas para isso também contribuiu o fato de existir um modelo alternativo prontamente disponível, ou seja, o dos serviços autônomos do sistema corporativista.

Depois dessas reviravoltas iniciais, que renderam ao Sebrae um enorme montante de recursos que a entidade ainda não tinha estrutura para administrar, chegou-se a uma definição da sua missão: "desenvolver e consolidar a força empreendedora nacional voltada para o segmento dos pequenos negócios, contribuindo para o desenvolvimento econômico e social do país".[18]

Tal orientação derivou também do diagnóstico que o Sebrae fez das tendências econômicas e sociais internacionais. O documento *Sebrae 2000*, redigido em 1994, sustentava que as mudanças aceleradas que caracterizam o mundo estão cheias de oportunidades e de perigos para as micro e pequenas empresas. Já um documento estratégico publicado mais tarde assim descreve a situação corrente: economia globalizada, mudanças profundas e rápidas na tecnologia, na economia e na sociedade; formação de grandes blocos com interesses convergentes; práticas voltadas para um índice cada vez maior de quarteirização; emergência acelerada de organizações produtivas; maior disponibilidade de informações; crescimento de operações empresariais com grande conteúdo agregado de serviços. Fica claro também que, para o Sebrae, as pequenas empresas brasileiras são fracas e precisam se preparar para obter vantagens em face dessas mudanças revolucionárias. As micro e pequenas empresas, segundo o Sebrae, estão "preocupadas apenas com o lucro financeiro, sem pensar nos meios de alcançá-lo". Segundo a entidade, contudo, elas precisam aprender a diagnosticar os seus problemas e a desenvolver soluções eficazes.

É importante notar que o Sebrae tenta alcançar padrões internacionais de excelência. Seu ideal é ser uma organização voltada para a geração de conhecimento em níveis de excelência, com uma posição de vanguarda mundial. Esse conhecimento deve ser disseminado de maneira a contribuir para o desenvolvimento econômico e social do país.

Coerentemente com o modelo de serviço autônomo, o Sebrae é hoje um sistema federal com uma sede nacional (Sebrae-NA) e 27 escritórios em cada um dos estados da Federação, como o Sebrae-RJ, o Sebrae-SP etc. Em princípio, a administração central formula as diretrizes gerais, e as seções estaduais

---

[18] Sebrae, 1996.

as implementam. A diretoria compõe-se de representantes do setor privado e do governo, incluindo associações de empresários, instituições tecnológicas e representantes oficiais de organismos governamentais.[19] A composição das diretorias estaduais é similar, embora alguns observadores afirmem que elas são mais afinadas com as organizações de classe dos empresários nos estados.

A administração nacional estuda continuamente as experiências estaduais e freqüentemente dá caráter nacional a algumas iniciativas estaduais. Como parte desse processo, as seções estaduais apresentam propostas e pedidos de financiamentos extras à sede nacional. Se e quando os programas são adotados, o escritório nacional apóia o desenvolvimento de metodologias, materiais, e outros componentes necessários para lançar e implementar esses programas.[20] Embora essa estrutura federativa possa às vezes atrasar a inovação dos programas, a administração central do Sebrae está sempre procurando novos meios para dar apoio a programas que levem à inovação contínua.

Com base nessa estrutura descentralizada, os escritórios regionais do Sebrae também criam programas novos. Prosseguir é um programa criado pelo Sebrae-RJ para ajudar os empregados de grandes empresas (que estão reduzindo os seus quadros) demitidos ou precocemente aposentados. Ele ajuda os ex-empregados a descobrirem se têm a vocação para se tornar empresários, consultores ou outro tipo de profissão ligada a pequenos negócios. Esse programa pretende também criar novos clientes para o Sebrae.

Mas o Sebrae tem diversos tipos de programas de apoio às micro e pequenas empresas, abrangendo as áreas de administração (para melhorar continuamente a sua própria organização e as suas próprias ações); de educação e treinamento (para formar e aperfeiçoar micro e pequenos empresários); de negócios (organizando feiras de negócios e iniciativas similares para ajudar as micro e pequenas empresas a encontrar novos clientes); de informação (para disseminar informações relevantes para as micro e pequenas empresas); de financiamento (para fazer com que mais crédito esteja disponível para micro e pequenas empresas); de políticas públicas (para fazer *lobby* em favor das micro e pequenas empresas); e de ações internacionais (feiras internacionais de negócios e seminários).

---

[19] Decreto nº 99.570, de 9 de outubro de 1990.
[20] Entrevistas com técnicos do Sebrae, Rio de Janeiro e Brasília, 1997 e 1998.

Os Balcões Sebrae foram uma conhecida iniciativa de disseminação do Sebrae. Eram pequenos *stands* de cerca de 15m², com alguns funcionários e material informativo da instituição. Tinham por objetivo recrutar pequenos empresários interessados ou potencialmente interessados em iniciar seus negócios com ajuda do sistema Sebrae, oferecendo informações sobre os diversos produtos do Sebrae, desde pequenos manuais que ensinam como abrir diversas espécies de negócios (por exemplo, sorveterias, fábricas de roupas, fábricas de sandálias), até cursos sobre legislação trabalhista, formação de preços e qualidade total.

Esse era um dos mais visíveis programas do Sebrae, tendo sido instalados até em *shopping centers*, como no caso das cidades do Rio de Janeiro e Niterói em 1994 (*Folha de S. Paulo*, 20 fev. 1994). Enfatizava-se tanto o Balcão que em São Paulo ele foi complementado por um balcão "itinerante", que abarcaria cidades não atingidas pelo Balcão tradicional (*Folha de S. Paulo*, 10 abr. 1994). No entanto, ainda que tenha sido uma das principais fontes de informações sobre os mais de 43.800 cursos, seminários e aulas oferecidos pelo Sebrae no ano de 1997, os Balcões acabaram sendo desativados em função de considerações de custo/benefício que não os justificavam, tendo a entidade optado por uma *hot line*.

A maior parte dos programas e produtos educacionais do Sebrae tem o objetivo de apresentar o sistema Sebrae a pequenos empresários e atraí-los para ensinar-lhes como criar micro e pequenas empresas e como administrá-las de forma eficiente.

Além disso, quase todos os produtos do Sebrae estimulam os instrutores e os consultores a direcionar os micro e pequenos empresários para outros produtos do Sebrae. Por exemplo, o Programa de Capacitação de Fornecedores orienta estes empresários para outros programas que subsidiam consultores que tratam de problemas específicos (Patme ou Empretec), ou para outros produtos tecnológicos, ambientais e informáticos, para mencionar apenas alguns.

O Sebrae mantém uma série de programas cujos objetivos são a transformação das micro e pequenas empresas em firmas eficientes e dinâmicas. Produtos como Qualidade Total, D'Olho (implantação de sistemas de manutenção de Ordem, Limpeza, Higiene e Organização), e outros ensinam as firmas a melhorar a sua qualidade e a sua produtividade. Por outro lado, vários escritórios regionais (principalmente os do Rio de Janeiro e Rio Grande do Sul), contando com o apoio financeiro e logístico do escritório nacional, desenharam um programa para ensinar fornecedores a melhorar a sua qualidade e produtividade através da descentralização das decisões, ou seja, do seu fortalecimento.

Um destes, o Programa de Capacitação de Fornecedores, tem um formato inovador que lida com as grandes firmas compradoras, grupos de micro e pequenas empresas fornecedoras e o próprio Sebrae. Com a finalidade de mudar a cultura e os procedimentos operacionais dos pequenos fornecedores, o programa representou uma grande mudança na abordagem do Sebrae às micro e pequenas empresas porque as considerou no contexto mais amplo em contato com a grande empresa, abrindo um novo enfoque para o apoio à micro e pequena empresa. Aí talvez se situem as raízes das posteriores preocupações do Sebrae de apoiar as micro e pequenas empresas dentro de *clusters*, políticas setoriais e projetos locais de desenvolvimento, como veremos.

De qualquer forma, neste caso do Programa de Capacitação de Fornecedores, trata-se de uma atividade com um ano de duração, combinando alguns dos produtos originais do Sebrae acima mencionados com a consultoria individualizada e *in loco*. O objetivo principal é mudar a cultura do pequeno fornecedor e fazê-lo adotar práticas que, acima de tudo, levem à implementação da qualidade total e de sistemas de aperfeiçoamento permanente. Um dos mais importantes princípios do processo é ensinar o pequeno dono de empresa a descentralizar a tomada de decisões e a aceitar as sugestões dos seus empregados. Os resultados, medidos em termos de produtividade e qualidade, têm sido impressionantes: algumas micro e pequenas empresas tiveram enormes ganhos de produtividade e de qualidade, tipicamente em torno de 20%, mas às vezes ultrapassando os 50%. Algumas micro e pequenas empresas alcançaram ainda reduções significativas de custos, na média de 8%; o retrabalho caiu, em média, 10%; os defeitos de produção também diminuíram, em torno de 15%. As vendas cresceram de forma notável, em torno de 14%.[21] Além disso, as micro e pequenas empresas se sentiram mais confiantes e capazes de dialogar com as grandes empresas com as quais negociam.[22] Enquanto algumas empresas conseguem reter as vantagens alcançadas no correr do programa, muitas outras perdem fôlego quando ele chega ao fim.

---

[21] Documentação de treinamento do Sebrae.
[22] Entrevistas com diplomados pelo programa, 1998 e 1999.

Saindo das iniciativas isoladas, o Sebrae criou o Programa de Emprego e Renda (Proder) que é ao mesmo tempo um programa de fomento e de fortalecimento de micro e pequenas empresas, visando também enfrentar questões derivadas de desigualdades regionais. O programa se volta para os municípios mais pobres e pretende incentivar a geração local de renda através da criação de pequenos negócios e de um órgão governamental auto-sustentado capaz de lidar com o desenvolvimento local. Esse programa é executado em conjunto com uma série de órgãos locais e nacionais. Em 1997, o Proder atuava em 827 municipalidades brasileiras.

Embutido no Proder está a intenção de fortalecer esses municípios de forma a que eles passem a decidir o seu próprio futuro. Apesar dos seus elevados ideais, fomos informados de que, "infelizmente, tudo desaparece" depois que o Sebrae se retira.[23]

Mais do que isso, o Sebrae lançou o Projeto Ideal (Instituto para o Desenvolvimento de Administradores e Empresários Líderes), que é uma sofisticada iniciativa voltada para identificar e aperfeiçoar líderes empresariais nos setores de micro e pequenas empresas, cooperativas e organizações não-governamentais nos ramos do comércio, serviços, indústria e agricultura.

Tem também o objetivo de desenvolver lideranças que possam assumir a direção de associações, sindicatos e outras entidades que representem micro e pequenas empresas, ou com elas interajam, a fim de formar, a médio e longo prazos, uma nova força social e política capaz de contribuir efetivamente para a reorganização e o desenvolvimento da sociedade, e assim acelerar o processo de renovação das elites brasileiras.[24] Recentemente, na cerimônia de formatura de uma das turmas, o porta-voz dos estudantes disse explicitamente que o curso do programa Ideal tinha dado a ele e aos seus colegas "uma consciência da cidadania".[25]

Como já deve ter sido percebido, as atuações se interpenetram e promoção envolve desde as políticas de desenvolvimento local até o financiamento de participações de micro e pequenas empresas em feiras e exposições, inclusive no exterior.

---

[23] Entrevista com técnico do Proder, Brasília, 12 dez. 1998.
[24] Direcionamento Estratégico, p. 37, Sebrae, Resolução do Conselho Deliberativo do Sebrae, 24 abr. 1997.
[25] Discurso de formatura de uma turma do Sebrae/Ideal, Niterói, 17 maio 1999.

Até a criação do Simples em 1997, o Sebrae notabilizou-se pela sua atividade lobista, que marcara sua origem. Em março de 1995, por exemplo, o Sebrae simplesmente lançava um manifesto contra os juros altos (*Folha de S. Paulo*, 29 mar. 1995), fazendo nesta como em outras ocasiões à crítica aos efeitos danosos dos juros altos para a produção e em especial para as micro e pequenas empresas. A tais posicionamentos, seguia-se sempre — ou quase — a demanda por algum tipo de crédito subsidiado.

Não distante dessas notas recorrentes, havia o reclamo por menos impostos para micro e pequenas empresas, tributação especial, bandeira que acabou sendo viabilizada, em nível federal, pela criação do Simples em 2001. Resolvida esta pendência, abriu-se uma nova que foi o tratamento semelhante em níveis estadual e municipal. Neste campo o cenário é muito complexo e diferenciado, cabendo registrar que muitas cidades e Estados acompanharam o governo federal. Outros tantos, contudo, não o fizeram. São Paulo foi pioneiro nesse aspecto: depois da prefeitura ter seguido o exemplo do governo federal no que tange à simplificação dos impostos para pequenas empresas, foi a vez de o estado fazer o mesmo. Em novembro de 1998 foi anunciada a criação do Simples do estado, válido a partir de 1999 para empresas do comércio varejistas (*Folha de S. Paulo*, 22 nov. 1998).

Estas iniciativas, portanto, refletem bastante o que alguns dos serviços do Sistema S estão fazendo diante dos desafios da liberalização e da democratização. Como será que podem ser entendidos?

À guisa de conclusão

Visto portanto pelo prisma desses dois serviços, o sistema corporativista está respondendo aos desafios políticos e econômicos a que seus membros têm sido submetidos. Considerando o *timing* dessas mudanças, não se pode deixar de reconhecer que se trata de um processo de mudança relativamente lento e que demorou para ter início. Lembrando que já no final dos anos 1970 a Fiesp manifestava-se contra o intervencionismo do Estado e por uma relação menos tutelada com os trabalhadores, o deslanche das reformas no Senai apenas em meados dos anos 1990 não deixa de chamar a atenção.

Uma vez começado, hoje observa-se que se trata de um processo sustentado, envolvendo praticamente todos os serviços do Sistema S, dentro de uma grande preocupação racionalizadora. Exemplo maior dessa orientação é uma divisão de trabalho entre o Senai e o Sesi, Serviço Social da Indústria em alguns estados, ficando este com a parte mais social da educação (alfabetização), além de suas atividades sociais mais tradicionais, mas funcionando sob o mesmo teto e, não raro, sob um único diretor.

Estes — e outros serviços do Sistema S — continuam contudo a passar por crises de identidade e de *accountability*, assumindo naquele caso funções distantes de suas missões e, neste, passando ainda por denúncias de uso indevido dos recursos que têm disponíveis.

No entanto, a mudança é inquestionável e, dessa forma, sinaliza para uma renovação institucional que pode contribuir para sustentar a estrutura corporativa como um todo. Em termos mais gerais, portanto, acreditamos que essas mesmas organizações podem ser usadas para trabalhar positivamente com a liberalização, diferentemente de outros cientistas sociais que alegam que as instituições corporativas brasileiras são um problema para um bem-sucedido processo de liberalização.

A despeito de sua estrutura rígida, hierárquica, o potencial de renovação do sistema corporativista pode ser encontrado em uma série de interligações com instituições afins aos seus objetivos, que podemos chamar de conexões horizontais e que são especialmente importantes nos casos dos serviços autônomos. As diretorias destas entidades incluem representantes de instituições relacionadas entre si, por exemplo, associações e federações comerciais, bancos de desenvolvimento, instituições tecnológicas, para mencionar apenas alguns integrantes dos setores público e privado, que são capazes de promover a formulação de políticas que refletem uma ampla gama de interesses (Montero, 2002).

Finalmente, pensamos ainda que crises — ou as ameaças de crises — podem ter um impacto salutar na instituição *per se*, trazendo nesse caso a possibilidade que os impostos pagos por empresas particulares para sustentar o sistema corporativista venham a ser extintos.

Duas características importantes do sistema Senai e Sebrae são a sua natureza federativa e a autonomia dos escritórios estaduais, pois cada um deles é organizado de uma forma particular. O Sebrae-RJ, por exemplo, recentemente reduziu drasticamente o número de centros de informações (os "Balcões"), alegando que muitos deles tinham sido criados por motivos puramente políticos ou clientelísticos. Além disso, este Sebrae criou 12 Agências Regionais de Desenvolvimento, para melhor coordenar e racionalizar os recursos e os programas, de acordo com o perfil econômico das várias regiões do estado.

Essa "capilaridade", juntamente com as conexões horizontais com outros órgãos desenvolvimentistas, empresariais e públicos, promete um bom futuro para o Senai/Sesi e Sebrae. Os programas podem ser criados e adaptados às condições locais, indo assim ao encontro das necessidades regionalmente diversificadas dos seus clientes. Finalmente, a natureza horizontal do Senai e Sebrae propicia aliados adicionais entre as organizações parceiras. Por exemplo, o Senai e o Sebrae trabalham em conjunto com órgãos governamentais, universidades e muitas outras instituições. Ao mesmo tempo que ampliam a sua participação e envolvem um volume maior de interesses nas suas atividades, o Senai e Sebrae também ampliam as suas fontes de aliados.

Além de suas iniciativas educacionais, o Senai/Sesi e Sebrae evidentemente procuram gerar recursos de diversas outras maneiras: intermediação financeira, organização de feiras de negócios, venda da logomarca Senai/Sesi e Sebrae.[26] Estas são apenas algumas das possibilidades. Eles poderão também tentar ampliar os seus esforços de gerar recursos via prestação de serviços através de contratos específicos nas áreas federal, regional, estadual e municipal, assim como através do desenvolvimento de outras atividades, como o Programa de Capacitação de Fornecedores. Esses programas têm a vantagem adicional de que o grande fornecedor freqüentemente paga uma parte dos custos da intervenção do Senai e Sebrae.

Dito tudo isso, o que pode acontecer com o Senai/Sesi e Sebrae se for eliminada a "contribuicão sindical" que lhe dá base de sustentação financeira? O Senai/Sesi e Sebrae certamente poderão contar, tal como outras entidades corporativas, com contratos governamentais para executar certos tipos de programas educacionais. Eles também explorarão novas opções para trabalhar com clientes mais ricos, isto é, como no caso do Programa de Capacitação de Fornecedores, cujos custos são em parte cobertos pelos grandes clientes.

Além de buscar novos clientes e fontes de renda, o Senai e Sebrae estão criando também novas formas de lidar com os clientes atuais. Nesse contexto, a estratégia de fortalecimento pode ter uma dupla vantagem. Ela não apenas ajuda micro e pequenos clientes — e até grandes — a lidarem com os desafios da globalização, mas ajuda a criar uma base ampliada de clientes para a organização.

---

[26] Direcionamento Estratégico, p. 32, Sebrae, Resolução do Conselho Deliberativo do Sebrae, 24 abr. 1997.

Referências bibliográficas

ALMEIDA, Maria Hermínia Tavares de. O corporativismo em declínio? In: DAGNINO, E. (Org.). *Anos 90 — política e sociedade no Brasil.* São Paulo: Brasiliense, 1994. p. 51-58.

_____. Além do corporativismo: interesses organizados e democratização. In: SOLA, L.; PAULANI, L. M. (Orgs.). *Lições da década de 80.* São Paulo: USP, 1995. p. 171-192.

BOLOGNA, Italo. *Formação profissional na indústria: o Senai.* Rio de Janeiro: Senai-Departamento Nacional, Divisão de Relações Públicas, 1971.

COELHO, Franklin Dias. A organização institucional das MPMEs. In: FUNDAÇÂO FRIEDRICH EBERT. *Modelos políticos do setor de micro e pequenas empresas.* Rio de Janeiro: Serviços e Estudos de Realização Empresarial Social/Fundação Friedrich Ebert, 1996. p. 8-35.

COSTA, Vanda Maria Ribeiro. Corporativismo societal: interesse de classe *versus* interesse setorial. In: DAGNINO, E. (Org.). *Anos 90 — política e sociedade no Brasil.* São Paulo: Brasiliense, 1994. p. 59-64.

DAGNINO, Eevelina (Org.). *Anos 90 — política e sociedade no Brasil.* São Paulo: Brasiliense, 1994. p. 59-64.

DINIZ, Eli. *Crise, reforma do Estado e governabilidade: Brasil, 1985-95.* Rio de Janeiro: FGV, 1997.

_____; BOSCHI, Renato. Brasil: um novo empresariado? Balanço de tendências recentes. In: ENCONTRO ANUAL DA ANPOCS, 26. Anais... Caxambu: 23-26 out. 2002.

HOLLINGSWORTH, J. Rigers et al. *Governing capitalist economies performance and control of economic sectors.* New York: Oxford, 1994.

LOPES, Stenio. *Senai 50 anos — retrato de uma instituição brasileira.* Senai/Universidade da Paraíba, 1992.

MONTERO, Alfred. *Shifting states in global markets.* University Park: Pennsylvania State University, 2002.

NYLEN, William. *Small business owners fight back: non-elite capital activism in democratizing Brazil.* PhD (Thesis) — Dept. of Political Science, Columbia University, 1992.

OLIVEIRA, Maria T. C. de. *Da formação profissional à educação para o trabalho e a cidadania — uma reflexão sobre as recentes transformações do pensamento do empresariado brasileiro sobre a capacitação profissional.* Dissertação (Mestrado em Educação) — PUC-Rio. Rio de Janeiro, 1997.

SEBRAE. Plano Diretor. In: _____. *Atos legais da constituição e transformação do Sistema Sebrae.* Brasília: Sebrae, 1994. p. 81-91.

_____. *A fase II do Projeto Sebrae-Ideal.* [s.d.].

_____. Presidência e Assessoria de Planejamento. *Relatório de realizações físicas e financeiras do sistema Sebrae.* Sebrae, 1996.

SENAI. *Relatório de atividades 1991.* Brasília: Senai, 1992.

_____. *Relatório de atividades 1993.* Brasília: Senai, 1994.

_____. *Relatório de atividades 1994.* Brasília: Senai, 1995.

_____. *Relatório de atividades 1996.* Brasília: Senai, 1997.

_____. *Relatório de atividades 1998.* Brasília: Senai, 1999.

_____. Departamento Nacional. *Relatório do sistema Senai.* Rio de Janeiro: Senai, 1997.

SESI. *Relatório de atividades 1991.* Brasília, Sesi, 1992.

_____. *Plano Plurianual Nacional (1993-1995).* Brasília: Sesi, 1993.

_____. *Relatório de atividades 1993.* Brasília: Sesi, 1994.

_____. *Relatório de atividades 1994.* Brasília: Sesi, 1995.

_____. *Plano Plurianual Nacional (1996-1998).* Brasília: Sesi, 1996.

_____. *Relatório de atividades 1996.* Brasília: Sesi, 1997.

_____. *Relatório de atividades 1998.* Brasília: Sesi, 1999.

_____. *Plano Estratégico (2000-2004).* Brasília: Sesi, 2000.

_____. *O Sesi nas décadas de 80 e 90.* Brasília: Sesi [s.d.].

TAPIA, Jorge Rubem Biton. Corporativismo societal no Brasil: uma transição incompleta? In: DAGNINO, E. (Org.). *Anos 90 — política e sociedade no Brasil.* São Paulo: Brasiliense, 1994. p. 65-80.

TREVISAN, Maria José. *A Fiesp e o desenvolvimentismo*. Petrópolis: Vozes, 1986.

WEINSTEIN, Barbara. *For social peace in Brazil: industrialists and the remaking of the working class in São Paulo, 1920-64*. Chapel Hill, NC: The University of North Carolina Press, 1996.

Entrevistas

Sebrae

Araguacy Affonso Rego: diretor de Pesquisa (Brasília, 3 dez. 1997).

Mauro Motta Durante: presidente (Brasília, 12 nov. 1998).

Mario Cesar Pinto: coordenador de Qualidade, Produtividade e Energia (13 jun. 1997).

Jorge C. Fernández Rincón: diretor, ITC; coordenador de SCP (24 fev. 1997).

José Antonio Cardoso Pereira: Cooperativa de Desenvolvimento Empresarial Ltda.; instrutor de programas SCP (9 abr. 1997).

Renato Dias Regazzi: Coordenação de Produtividade (14 fev. 1997).

Senai/Sesi

Elaine Pinto Cesário Melo: bibliotecária; Núcleo Especializado de Informação Tecnológica de Confecção; Cetiqt (Rio de Janeiro, 11 jun. 1997).

José Maria Simas de Miranda: Setor de Estudos Técnicos; Cetiqt (Rio de Janeiro, 11 jun. 1997).

Zalda Costa Gueiros: coordenadora, Núcleo Especializado de Informação Tecnológica de Confecção; Cetiqt (Rio de Janeiro, 11 set. 1998).

Assessor técnico, Senai-DN (Rio de Janeiro, 11 nov. 1999 — confidencial).

Levi Cirqueira Santos: diretor, Centro de Formação Profissional (Resende, 10 abr. 1997).

Sérgio Campos de Alcântara: gerente do Núcleo de Pesquisas (Rio de Janeiro, 23 maio 1999).

Assessor técnico, Sesi-SP (São Paulo, 11 jun. 2000 — confidencial).

Capítulo 3

Uma instituição ausente nos estudos de transição: a mídia brasileira*

Alzira Alves de Abreu**
Fernando Lattman-Weltman**

A transição política brasileira, pela qual deixamos o regime militar instaurado em 31 de março de 1964 e voltamos à democracia, em novos patamares, vem sendo exaustivamente estudada e interpretada por um extenso e altamente qualificado grupo de pesquisadores, do Brasil e do exterior, há cerca de duas décadas.

Nessa vasta produção, é possível localizar várias interpretações acerca dos sentidos e significados dessa transição. São também complexas as variáveis invocadas não apenas para dar conta desse processo, como para diagnosticar as condições, limites e eventuais entraves impostos à consolidação da democracia no Brasil, em função mesmo do modo como se caracterizam a própria transição, suas especificidades e vicissitudes.

Chama a atenção nesse universo, contudo, a ausência sistemática de uma variável do processo político contemporâneo cuja relevância tem-se mostrado cada vez mais evidente, principalmente nas análises mais recentes sobre o funcionamento da democracia construída a partir do regime militar. Essa variável é a intervenção política da mídia.

O que se segue é, portanto, uma primeira aproximação teórica das possibilidades que se abrem com a tentativa de incorporação dessa variável à in-

---

* Os autores agradecem a Argelina Figueiredo pela leitura e comentários.
** Pesquisadores do Cpdoc/FGV.

terpretação histórica da transição. E, ao mesmo tempo, uma abertura de agenda de pesquisa e a promessa de uma melhor compreensão do objeto em questão.

A transição e suas interpretações

A interpretação dos processos políticos que marcaram a experiência política brasileira do final do século XX — iniciada em 31 de março de 1964, "recrudescida" em 1968 com a promulgação do Ato Institucional nº 5,[1] desviada (ou redirecionada) rumo à liberalização por volta de 1974, democratizada ao final dos anos 1980, e finalmente entregue às promessas e às vicissitudes da "consolidação" daí por diante — vem sendo feita, tentativa e coletivamente, num movimento teórico pendular que oscila entre um certo estruturalismo econômico e social (mais ou menos determinista) e a operacionalização (mais ou menos econômica e eficaz) de modelos institucionais baseados no chamado individualismo metodológico ou paradigma da escolha racional.[2]

Sem entrar no mérito intrínseco de cada pólo teórico, nem numa análise consistente de seus rendimentos e carências na literatura sobre o período, sem nem mesmo abordar sistematicamente os pontos mais ou menos evidentes de contato e inter-relação possíveis entre ambos, vamos aqui manter a disputa em suspensão (provisória) e nos deter naquelas que nos parecem as principais interpretações produzidas sobre o significado histórico da transição. Não com o intuito de explicá-la definitivamente — e assim julgar do mérito real de cada perspectiva —, mas tentando perceber o que muda em termos de interpretação histórica quando inserimos sistematicamente a variável mídia na narrativa em questão.

Acreditamos que é possível, *grosso modo*, restringir as interpretações do sentido histórico da transição em torno de três grandes linhas:

- "retorno do filho pródigo" — de acordo com essa interpretação, a abertura política iniciada em 1974 se fez, essencialmente, como um retorno ao espírito reformista, "democraticamente" restritivo, do movimento de 1964. Ela pressupõe, portanto, uma certa *continuidade* de espírito no regime e sua fide-

---
[1] Em 13 de dezembro de 1968.
[2] Uma resenha útil dessa literatura é a de Arturi (2001).

lidade a valores que, mesmo mal compreendidos, talvez, e certamente postos em suspensão ou em segundo plano ao longo da ditadura — em função de urgências e desvios eventualmente não previstos e/ou desejados, em termos de manutenção da segurança nacional e do cumprimento da agenda política básica da "Redentora"[3] —, mantiveram-se de algum modo sempre presentes no cálculo e na perspectiva dos líderes do regime;

❏ "correção de rumo"— aqui a abertura e a transição passam a ser pensadas como resposta, originalmente não prevista, a desfuncionalidades geradas involuntariamente pelo próprio sistema autoritário em seu desenrolar; o que se enfatiza, nesse caso, é muito mais a *ruptura* ocasionada no espírito do movimento pelos efeitos perversos do sucesso incontestável da "Revolução" no combate à chamada ameaça subversiva, de par com o seu criticável desempenho na extirpação da corrupção administrativa; ao mesmo tempo, contudo, a ênfase da análise continua recaindo sobre as escolhas e iniciativas dos líderes do regime;

❏ "reforma pactuada"[4]— neste último caso, o processo seria basicamente motivado, mantido e desdobrado por pressões das forças de oposição; ainda que iniciadas "por cima", a abertura e a transição teriam sua dinâmica influenciada predominantemente por um conjunto de forças mais amplo; aqui a *continuidade* e a *ruptura* podem ser dosadas de diversos modos, de acordo com os atores, movimentos e instituições privilegiados em cada análise ou descrição.

Quais os pressupostos, implicações, riscos e rendimentos de cada uma dessas interpretações?

À primeira vista, enfatizar ao mesmo tempo a continuidade e a grande autonomia do movimento de 1964, como propõe a tese do "filho pródigo", pressupõe a existência e a manutenção entre os líderes militares (ou num certo grupo deles), ao longo de pelo menos uma década, de um conjunto de valores e objetivos — consubstanciados numa certa reforma da democracia brasileira — suficientemente fortes (normativa e/ou cognitivamente) para permanecerem inalterados diante dos desafios colocados pela experiência da polarização e da autocracia, ou — o que pode ou não dar no mesmo — suficientemente eficazes

---

[3] Eliminação da ameaça comunista e da corrupção "populista" no Estado brasileiro.
[4] A expressão "reforma pactuada" se refere tipicamente a processos de transição que se dão através de negociações entre grupos moderados do governo autoritário, de um lado, e da oposição, de outro. O modelo clássico é o da transição espanhola pós-Franco. Ver Linz e Stepan (1996:55).

como elementos retóricos manipuláveis em arenas de confronto discursivo e formação de novas alianças e consensos.[5]

Embora aparentemente restrinja em muito o campo de iniciativas à discrição dos militares, essa interpretação parece fazer referência a motivos — valores, justificativas, identidades — cujo poder simbólico seguramente os transcendem: ou porque envolvem (e retomam) a justificativa original para o golpe, ou porque propõem, desse modo, uma agenda e um *telos* para o "regime de exceção". São motivos que direcionam e (re)mobilizam, enfim, também interesses e forças não-militares que estiveram na origem do movimento e, forçosamente, estariam no seu fim.

Ao que parece, o principal risco dessa perspectiva é fazer tábula rasa de todas as importantes transformações operadas na sociedade e no Estado brasileiro já na primeira década do novo regime, como se as variáveis de cálculo e as motivações ideológicas e sociológicas que, no limite, as prefiguram ou limitam não se tivessem alterado significativamente no período.

Por outro lado, por suas características distintivas, essa interpretação pode favorecer a recuperação de processos políticos, culturais e ideológicos de mais ampla duração que eventualmente atuaram antes, durante e depois da ditadura, e que, de um modo ou de outro, ainda podem ser atuantes em nossa *polis*.

A tese da "correção de rumo", embora não seja tão antitética à anterior — já que a correção de rumo em questão pode ser referida a algum tipo de retorno a rotas desviadas com relação a um objetivo final "democrático" —, de qualquer modo chama a atenção mais decisivamente para as mudanças, ou rupturas, trazidas pelo próprio regime. Se mantém o registro de autonomia dos líderes militares, por outro lado insere na esfera mesma de exercício dessa autonomia um elemento de incerteza, descontrole ou frustração, que relativiza o poder real dos autocratas e faz justiça às contradições internas do próprio regime e ao dinamismo das forças que ele pôs em movimento.

Ao mesmo tempo em que pressupõe mais riscos, insere traços de maior inconsistência e miopia na imagem que projeta dos atores em questão — principalmente os que, paradoxalmente, pareciam gozar de maior autonomia —,

---

[5] A distinção, na verdade, não é pouco importante. Principalmente porque pode, talvez, nos ajudar a minimizar — se não superar — o próprio problema teórico da "autonomia" dos militares; isto é: faz referência a processos em que eles se vêem forçados a negociar apoios, em especial para contornar problemas internos à corporação.

abrindo, portanto, novos campos de interpretação acerca dos eventuais caminhos alternativos para a própria transição, seus ritmos e destinos.

Assim, a dinâmica entre estruturas e conjunturas parece poder ganhar aqui mais flexibilidade e dinâmica (o que bem pode contribuir, talvez, para superar as supostas dicotomias entre os dois paradigmas predominantes de explicação do período).[6]

Nesse sentido, a terceira linha de interpretação — a da "reforma pactuada" — abriria perspectivas ainda mais alentadoras de dinamização do processo, uma vez que a autonomia relativa dos líderes militares seria significativamente reduzida em prol da inserção no drama de outros protagonistas. Estes, em primeiro lugar, demandariam a liberalização e em seguida ocupariam tentativamente os espaços porventura obtidos, alavancando assim novas "concessões" que, mesmo diante de eventuais contramarchas e recuos, tornariam talvez inexorável a superação do arbítrio.

À parte a saudável e freqüentemente rendosa tendência de se procurar pensar os processos políticos sempre em termos de confrontos e acomodações — como se costuma dizer, como "vias de mão dupla" —, a linha de interpretação centrada na idéia de pactos não é isenta de riscos. Em primeiro lugar, há a possibilidade de se converter a análise a partir de confrontos entre o regime e as oposições numa espécie de dialética ordinária cujo resultado — freqüentemente tentador — é a reafirmação de continuidades mais ou menos profundas, numa nova "síntese" que justifica histórica e estruturalmente o regime militar ou como evento necessário do processo evolutivo político, (socio)econômico e/ou institucional brasileiro, ou (o que pode ser ainda mais arriscado) como um grande e trágico acidente de percurso. Assim, ou o confronto em questão estaria a serviço de alguma "astúcia da razão", desembocando afinal, para nossa redenção, em um novo "pacto" (estruturalmente necessário), ou as forças de oposição, atuando como autênticas portadoras do "devir", teriam se desincumbido da tarefa histórica de eliminar a aberração (ou "doença infecciosa") militar e repor o Brasil em seu devido rumo. A continuidade deixou de habitar a consciência e a prática da liderança militar e bandeou-se unilateralmente para as "forças democráticas".

---

[6] Como teremos oportunidade de explorar melhor, estamos aqui diante de duas versões para a transição brasileira — "retorno" e "correção de rumo" — que se referem à espécie de transição classificada por Linz e Stepan (1996:55) como "desprendimento" (no original, *extrication*).

Ao apelo sedutor da filosofia da história, presente em potencial no argumento do pacto, poderia ainda acrescer o risco adicional de, ao mesmo tempo, minimizar-se em excesso a autonomia relativa dos líderes do regime e superestimar-se de modo caracteristicamente voluntarista o peso das pressões opositoras e sua capacidade de "arrancar concessões" dos autocratas. A abertura e a transição ganhariam novas dimensões épicas,[7] com a vitória final dos derrotados de outrora (ou mesmo de suas teses).

Seja como for, fica de todo modo evidente que as três linhas compartilham uma série de elementos comuns — ou possibilidades de intercâmbio — e que suas diferenças de ênfase e implicações historiográficas e políticas podem ser apenas de grau.

Dado que, como já podemos perceber, a adoção privilegiada de uma ou outra interpretação pode estar a reboque de motivações não puramente, ou não exatamente, intelectuais, talvez o mais importante aspecto desta primeira aproximação seja a impressão de que, como é comum, a transição, suas variáveis, sucessos e fracassos parecem estar sendo pensados, primordialmente, a partir das urgências presentes da "consolidação" democrática e suas promessas.

Antes de avançar neste ponto, porém, vejamos como a evolução da mídia brasileira ao longo do regime militar pode nos ajudar a pensar os limites e rendimentos das interpretações disponíveis sobre a transição e a consolidação.

Quando se observa o Brasil através da mídia ao longo do período, o que se vê?

Não é demais lembrar que os meios de comunicação de massa, ao longo do período autoritário (1964-85), sofreram forte intervenção dos militares, que aplicaram uma política deliberada de modernização do setor. Ao lado da imposição da censura, a modernização da mídia fez parte de uma estratégia ligada à ideologia da segurança nacional. A implantação de um sistema de informação capaz de "integrar" o país era essencial dentro de um projeto em que o Estado era entendido como o centro irradiador de todas as atividades fundamentais em termos políticos.

---

[7] Para não dizer mesmo milenaristas.

Um dos símbolos desse projeto foi a criação, em setembro de 1965, da Empresa Brasileira de Telecomunicações (Embratel), que deu início à instalação da rede básica de telecomunicações, implantando os sistemas de microondas em visibilidade e em tropodifusão na Amazônia (nesse caso ainda não era possível a transmissão de televisão, que só chegaria à região em 1975). Em 1965, foi também criado o Ministério das Comunicações, e em 1972, a Telecomunicações Brasileiras S.A. (Telebrás), empresa pública federal responsável pela coordenação dos serviços de telecomunicações em todo o território nacional.

A criação da Embratel, com um plano de estações repetidoras e canais de microondas, permitiria a formação e a consolidação das redes de televisão no país. Embora o Brasil tivesse entrado na era da televisão em 1950, só a partir da década de 1970 a TV se tornaria um veículo de comunicação de massa. Foi com a entrada no mercado da TV Globo, em 1965, que ocorreu a grande transformação da televisão — é quando ela se torna uma grande empresa capitalista.

Outro aspecto a ser ressaltado é que o período ditatorial investiu na propaganda política utilizando técnicas modernas de comunicação de massa. Houve um esforço no sentido de mobilizar a sociedade em torno de um projeto nacional de desenvolvimento, projeto que daria legitimidade ao regime em nome da racionalidade da administração e da eficácia da economia. Difundiu-se uma visão otimista, ufanista, do país e propagou-se a crença de que o Brasil, em curto espaço de tempo, poderia integrar a categoria das nações desenvolvidas.[8] O modelo econômico então adotado levaria o Brasil a se tornar uma grande potência mundial. As campanhas publicitárias se destacavam por ter um cunho educativo ou cívico. Os militares utilizaram largamente o "poder das imagens", em especial a televisão, para difundir suas propostas do "Brasil Potência".

Em 1968, o presidente Costa e Silva criou a Assessoria Especial de Relações Públicas (Aerp), com o objetivo de difundir uma melhor imagem do governo para a opinião pública. Em 1970, o general Emilio Médici instituiu o Sistema de Comunicação Social do Poder Executivo, com a incumbência de "formular e aplicar a política capaz de, no campo interno, predispor, motivar e estimular a vontade coletiva para o esforço nacional de desenvolvimento e, no campo externo, contribuir para o melhor conhecimento da realidade brasileira". Em 1976,

---

[8] Ver Fico (1997).

o general Ernesto Geisel criou a Assessoria de Relações Públicas (ARP), para "coordenar e orientar a política de comunicação social do governo", subordinada não à Casa Militar, como as assessorias anteriores, mas à Assessoria de Imprensa.

Os empresários da mídia, dentro do projeto de modernização dos meios de comunicação, foram beneficiados pelos militares. Através do Grupo Executivo da Indústria de Papel e Artes Gráficas (Geipag), vinculado ao Ministério da Indústria e Comércio e que tinha por objetivo analisar e aprovar os pedidos de importação de equipamentos gráficos, foram dadas facilidades para a obtenção de empréstimos em bancos oficiais e para a compra de equipamentos, o que permitiu a modernização das redações. Por outro lado, foram concedidos financiamentos para a construção de novos prédios, agora necessários para abrigar novas máquinas e permitir a expansão das redações. A publicidade dos órgãos oficiais também beneficiou largamente a mídia — basta lembrar que em torno de 30% das receitas dos jornais eram obtidos dos clientes oficiais, o que significava uma dependência econômica considerável do Estado. As concessões de estações de rádio e de televisão muito beneficiaram os empresários da mídia.

É verdade que no momento da derrubada do governo constitucional, em 1964, os proprietários dos meios de comunicação, com algumas exceções — é o caso de Samuel Wainer, do jornal *Última Hora*, do *Diário Carioca* e do *Diário de Notícias* —, tinham apoiado o movimento militar. Alguns jornais chegaram a participar ativamente da articulação da derrubada do governo de João Goulart, como por exemplo *O Estado de S. Paulo*.[9] Ruy Mesquita, um dos proprietários do jornal, integrou um grupo de civis e militares que, em São Paulo, conspirou contra o governo. Outro representante da família, Júlio de Mesquita Filho, foi o autor de um documento conhecido como "Roteiro da Revolução", que teria inspirado e orientado algumas das primeiras medidas do regime militar. O documento foi redigido em colaboração com o advogado Vicente Rao, professor de direito civil da Universidade de São Paulo, e sugeria medidas como a dissolução do Senado, da Câmara e das assembléias legislativas, anulação do mandato dos governadores e prefeitos, e a suspensão do *habeas corpus*.[10]

O ônus desse apoio e desses benefícios foram a censura e a repressão aos meios de comunicação. Mas os militares atuaram de forma contraditória em

---

[9] Ver Mesquita (1984).
[10] Ver Gaspari (2002:122).

relação à censura. Na busca de legitimidade política, o discurso dos militares tinha o sentido de justificar sua permanência no poder como forma de restabelecer a democracia, ameaçada pelo governo Goulart e pelos comunistas. Os militares não assumiam abertamente a censura nem a repressão à liberdade de expressão. Era proibido denunciar a censura.

A imprensa foi-se afastando do governo à medida que a censura foi-se tornando uma prática comum no novo regime, em especial após o Ato Institucional nº 5. A posição de *O Estado de S. Paulo* é um exemplo dessa situação. O jornal desencadeou uma campanha contra as medidas do governo, o que lhe valeu a censura prévia a partir de setembro de 1972.[11] A prisão de vários jornalistas desencadeou o medo nas redações, determinando a prática da autocensura.

Os proprietários dos meios de comunicação se submeteram à censura em grande parte devido à dependência econômica que tinham do Estado, o que funcionou como amortecedor de uma possível oposição. Outro ponto a ser ressaltado é que não se formaram alianças entre os vários proprietários dos meios de comunicação nem entre estes e os jornalistas, como mostra Smith (2000:170-171):

> Em vez de aliar-se para enfrentar o regime, membros da imprensa com freqüência se ocupavam em atacar-se e criticar-se mutuamente. Múltiplas clivagens, inclusive divisões de classe, concorrência empresarial e diferenças políticas e pessoais impediram a formação de uma identidade comum e bloquearam alianças potenciais.

Mas a censura prévia, com os censores dentro das redações — o que feria a autoridade e o poder dos proprietários —, criou as condições para o afastamento da mídia em relação aos militares e para maior aproximação dela com os jornalistas que lutavam pela liberdade de imprensa. Ainda assim, o comportamento dos jornais não foi homogêneo. Alguns cederam às pressões da censura, outros usaram fórmulas criativas para denunciar a repressão e a falta de liberdade. Entretanto, as análises, quando se ocupam da mídia, em geral só dão conta da autocensura e da subordinação da mídia às determinações dos militares.

---

[11] A censura prévia foi instituída pelo Decreto-Lei nº 1.077, de 20 de maio de 1970. A Lei de Segurança Nacional e o Ato Institucional nº 5, de dezembro de 1968, já permitiam esse tipo de violência contra a liberdade de imprensa.

É importante lembrar que, até os anos 1970, a empresa jornalística era controlada por seu proprietário (ou por sua família), o que lhe dava a possibilidade de um total domínio sobre a orientação política e o noticiário. As transformações técnicas, acompanhadas de novos métodos racionais de gestão, incentivaram uma renovação na direção empresarial e na direção das redações. A partir das décadas de 1970 e 1980, o poder nas empresas adquiriu outra dimensão: não estava mais na mão de um só dono. O controle acionário passou a ser exercido por um número maior de membros da família, e quem dirigia eram os herdeiros da segunda geração ou novos proprietários. Os proprietários dos meios de comunicação se tornaram homens de organização submetidos à racionalidade da empresa e dotados de diversas especializações profissionais: eram agora economistas, administradores, engenheiros de produção, engenheiros de informática, submetidos a conselhos de administração, a comitês de diretoria e coordenação.

Como empresa comercial, a mídia atuou de acordo com as regras do mercado e com a lógica do capitalismo, em busca do lucro. Os empresários da mídia, para enfrentar a concorrência, fizeram grandes investimentos em novos equipamentos de impressão e transmissão e na informatização dos estúdios e das redações. Os altos investimentos na modernização da produção exigiram uma rentabilidade maior, fazendo com que os empresários buscassem aumentar a venda de espaço publicitário, o que passou a ser um objetivo prioritário dentro das empresas.

O perfil dos jornalistas também mudou. Eles foram assumindo uma posição de prestígio junto ao público, tornaram-se figuras capazes de atrair leitores ou audiência para a mídia. Tornaram-se conhecidos nomes como Cid Moreira, Paulo Henrique Amorim, Lilian Witte Fibe, entre outros, que atuaram nos jornais de televisão, e Carlos Castello Branco, Villas-Boas Corrêa, Márcio Moreira Alves, Oliveiros Ferreira, Fernando Pedreira, entre tantos mais, que se destacaram (ou ainda se destacam) na imprensa escrita. A profissionalização da categoria também ocorreu durante o regime militar, com a ampliação da grande indústria cultural. A exigência do diploma universitário de jornalismo, a dedicação em tempo integral à atividade jornalística e a regulamentação da profissão são indicadores da profissionalização.

Esses novos profissionais muitas vezes tinham posições políticas divergentes das dos empresários para os quais trabalhavam. Desse modo, é importante estabelecer a diferença entre os interesses dos empresários da mídia e a atuação autônoma de muitos jornalistas.

De qualquer maneira, é possível identificar exemplos de atuação independente da mídia, assim como de sua participação na luta em favor da volta à democracia.[12] Mídia e jornalistas utilizaram diversas estratégias para denunciar a censura, a opressão dos militares e a política econômica então adotada. A imprensa alternativa, as charges, as editorias de economia, as páginas de opinião e as telenovelas foram vetores de crítica ao regime. Esses espaços expressavam o descontentamento de uma parcela da população com as medidas de repressão e com a política então adotada. A imprensa alternativa foi um dos canais mais importantes da crítica ao modelo econômico e às violações dos direitos humanos.[13] Essa imprensa foi também responsável pela formação de uma nova geração de profissionais que ganhou espaço e poder nas redações após a abertura política. As charges publicadas nos anos posteriores a 1974 no *Jornal do Brasil*, em *O Estado de S. Paulo* e na *Veja* transmitiam ao público informações sobre a política e os políticos que não eram divulgadas por outros meios.[14] Evidentemente essas informações atingiam um público politizado ou aqueles que buscavam conhecer melhor a realidade. Esse público, em geral, é o formador de opinião. As páginas de opinião, criadas a partir de 1976 nos jornais de maior circulação,[15] tiveram inicialmente como objetivo pressionar e criticar o regime político vigente. Nessas páginas escreviam pessoas de grande prestígio nas suas áreas de competência e que não pertenciam aos quadros da empresa. Essa foi uma estratégia para abordar determinados assuntos que normalmente provocavam a censura, mas que, tratados por especialistas, tinham chance de ser divulgados.

As editorias de economia também exerceram influência política significativa, na medida em que iniciaram uma campanha contra a orientação dada à economia, antes mesmo dos empresários se manifestarem. As editorias de economia se constituíram no canal de expressão das críticas à política econômica do regime militar a partir de 1974, apresentando dados e informações sobre

---

[12] Ver Abreu et al. (2003).
[13] Ver Araújo (2000).
[14] Ver Grinberg (2004).
[15] Em 1976 foram criadas as páginas de opinião da *Folha de S. Paulo* e do *Jornal do Brasil*. Em 1977 foi criada a página Opinião no *Correio Braziliense*.

taxa de inflação e indicadores econômicos que até então eram ignorados pelo público, o que permitiu análises sobre um comportamento da economia que não coincidia com as informações divulgadas pelo governo. Foram apresentados os resultados de pesquisas econômicas, elaboradas nas universidades e institutos de pesquisa, que continham críticas à política econômica adotada, críticas à distribuição de renda, à pobreza, à questão do emprego, entre outras. O modelo econômico foi utilizado como foco para a contestação ao regime e para questionar a continuidade dos militares no poder. Essa atuação provocou respostas de outros atores que até então não se haviam manifestado, como os empresários e sindicatos.

A televisão, em especial a TV Globo, que apoiava o regime militar, incorporou, contudo, aos seus quadros intelectuais e produtores culturais que se manifestavam contrários ao regime, muitos pertencentes ao Partido Comunista Brasileiro. Estes produziram telenovelas ou programas dando ênfase a cenas da realidade brasileira. Na trama das novelas foram introduzidas críticas às condições sociais em que viviam os personagens, assim como temas políticos, para divulgar idéias políticas de transformação da sociedade. A sátira política tratava de questões próximas do cotidiano do telespectador, como a especulação imobiliária, o jogo do bicho, o coronelismo e suas conseqüências políticas. São inúmeros os exemplos dessa atuação da televisão: as novelas *O bem amado* (1973), de autoria de Dias Gomes, *Irmãos Coragem* (1970/71), de Janete Clair, *Os deuses estão mortos* (1971/72), de Lauro César Muniz, e a adaptação de romances de Jorge Amado, romances de denúncia e crítica à sociedade capitalista.

Pode-se perguntar se esses vários estratagemas usados pela imprensa para denunciar a falta de liberdade não foram um fator de enfraquecimento da legitimidade do Estado, vindo a favorecer a redemocratização do país.

Seja como for, a transição do regime militar para a democracia teve início a partir de 1974, quando o general Ernesto Geisel assumiu a Presidência da República com uma proposta de liberalização política lenta e gradual, controlada pelos dirigentes autoritários. Essa proposta tinha como objetivo recuperar a legitimidade do regime e a capacidade decisória do Estado. Como mostram Amaury de Souza e Bolívar Lamounier (1981), o alto grau de concentração do poder conduzia a um estado de paralisia nas decisões e à perda de eficiência do Estado. Assim, tornava-se necessário abrir e ampliar os canais de informação como instrumento para reverter essa situação.

O projeto de abertura política tinha como um de seus pontos estratégicos a liberalização da imprensa, em especial da imprensa escrita — só um pouco mais tarde a televisão seria atingida. Entretanto, durante todo o período de governo do general Geisel, continuou em vigor toda a legislação que impedia a liberdade de expressão, fator que incentivou a autocensura. Nesse período, houve avanços e retrocessos nesse setor. Se por um lado o governo suspendia a censura prévia ao jornal *O Estado de S.Paulo* (janeiro de 1975), por outro estabelecia no mesmo período a censura prévia na revista *Veja*, que só teve essa medida suspensa em junho de 1976. O ministro da Justiça, Armando Falcão, se identificava mais com o pensamento dos militares contrários à liberdade de expressão e de pensamento do que com a proposta de liberalização do regime. Falcão, que centralizava em seu ministério as questões relacionadas ao controle da imprensa, levou ao general Geisel a proposta de um levantamento das dívidas que as empresas jornalísticas tinham com o Ministério da Fazenda e com bancos estaduais e privados, como instrumento de pressão e controle sobre os proprietários da mídia. Geisel mostrou-se favorável à proposta.[16]

Ao mesmo tempo, o Serviço Nacional de Informação (SNI) transmitia ao presidente Geisel preocupação com a mídia, que, "infiltrada" de comunistas, estaria propagando, através de todos os jornais do país, especialmente os do Rio e de São Paulo, além da Associação Brasileira de Imprensa, orientações do movimento comunista internacional que atingiam e influenciavam a opinião pública nacional.[17]

O longo caminho que a sociedade brasileira percorreu para chegar à democracia teve que enfrentar, além da censura à mídia, o enfraquecimento das instituições representativas, como os partidos políticos, os sindicatos, as associações civis. Todos sofreram enorme desgaste ou desagregação durante o regime autoritário.

A reconstrução política do país exigiu a constituição de novos atores políticos. A modernização da economia durante o chamado "milagre econômico" (1968-74) permitiu o surgimento de associações de interesse, ligadas principalmente aos setores médios urbanos, que tiveram enorme crescimento no período. Foram esses setores que participaram ativamente das reivindicações

---

[16] Ver D'Araujo e Castro (1997:27).
[17] Ibid., p. 50.

pelo fim do regime militar, em aliança com o movimento sindical. As manifestações da Igreja, dos sindicatos, das associações profissionais, do partido de oposição e da mídia, esta atuando como formadora de opinião e como frente política de oposição, pressionaram o regime autoritário, defendendo a volta à democracia, e respaldaram as ações do governo Geisel em prol da abertura política, principalmente nos momentos em que este sofria resistências dos militares.[18] Ao contrário dos presidentes anteriores, Geisel levou para a imprensa a disputa que estava sendo travada entre seu governo e os militares que se opunham à abertura política. Essa era uma forma de impedir a manipulação de informações por parte dos militares da linha dura no interior do regime.

A liberalização da imprensa contribuiu para que o governo Geisel controlasse os órgãos de segurança e a burocracia estatal. Esta, acobertada pela censura, cometeu inúmeros abusos administrativos. O controle da corrupção tornou-se uma das preocupações do governo Geisel, e nesse contexto a imprensa abriu espaço para a publicação de reportagens de denúncia das "mordomias" existentes na administração pública. Foi o jornalista Alberto Dines que introduziu na *Folha de S. Paulo* (4 ago. 1975) a palavra "mordomia" para indicar o mau uso do dinheiro público. O governo incentivou, assim, a valorização na imprensa brasileira do jornalismo investigativo, o qual ao longo do processo de redemocratização foi adquirindo as características do "denuncismo".

As eleições legislativas de novembro de 1974 tiveram papel-chave na liberalização do regime,[19] e a mídia foi coadjuvante nesse sucesso. A oposição teve livre acesso aos meios de comunicação, tanto ao rádio e à televisão como aos jornais, e isso possibilitou uma ampla mobilização do partido de oposição, o Movimento Democrático Brasileiro (MDB). A mídia, como parte da oposição, soube utilizar esse momento para levar ao público as críticas e denúncias contra o regime militar e para lutar pela redemocratização. O jornal *O Globo*, por exemplo, que apoiou o regime militar, deu ampla cobertura à campanha do MDB.[20] Essa atitude do jornal deve ser interpretada, por um lado, como o apoio de Roberto Marinho à política de abertura do governo Geisel; por outro, como

---

[18] Duarte (1987) apresenta uma excelente síntese do papel que a imprensa desempenhou durante esse processo.
[19] Ver Lamounier (1980).
[20] Entrevista com José Augusto Ribeiro (Rio de Janeiro, 22 jul. 1998).

uma modernização da imprensa, o que exigia uma atitude desvinculada das posições políticas do proprietário.

O resultado das eleições deu ao MDB ampla vitória sobre a Arena, o partido de apoio ao governo. A atuação da mídia na vitória da oposição ficou evidente, em grande parte devido ao aumento considerável da população urbana. De acordo com dados do IBGE, em 1960 a população rural ainda era majoritária, correspondendo a 55,3% da população total. Em 1980 os centros urbanos já abrigavam 67,6% da população. O aumento da população urbana significou um aumento do acesso à televisão — basta lembrar que 10% dos domicílios brasileiros tinham aparelhos de televisão em 1964, índice que saltou para 75% em 1984. Os militares entenderam o valor estratégico da mídia naquela eleição, e sua reação foi evitar nova derrota nas eleições municipais de 1976, com a edição da chamada Lei Falcão, que estabeleceu rígidos controles sobre a propaganda eleitoral no rádio e na televisão. Com isso, a Arena conseguiu ampla vitória eleitoral sobre o MDB.

Outro fator que não pode ser esquecido na decisão dos militares de iniciar o processo de redemocratização do país foi a chegada do democrata Jimmy Carter à presidência dos Estados Unidos, em janeiro de 1977. Sua política externa, propondo o afastamento dos Estados Unidos dos países que não respeitavam os direitos humanos, exerceu grande pressão sobre o governo brasileiro, na medida em que vinculava a ajuda militar norte-americana à observância desses direitos no Brasil, em defesa dos princípios democráticos.[21]

No final do governo Geisel e durante o período de governo do general Figueiredo (1979-85), o debate sobre o papel do Estado na economia se torna central entre os opositores do regime. Ao perceberem que a política do governo Geisel, tal como definida no II PND, tendia a aumentar o papel das empresas estatais na dinâmica do desenvolvimento, os empresários começaram a se posicionar ao lado dos outros setores da sociedade que questionavam a permanência dos militares no poder. A imprensa divulgou com grande destaque a insatisfação dos empresários com a política de fortes investimentos estatais e com os investimentos das multinacionais, isso quando se dava uma redução drástica no ritmo de crescimento econômico. A participação dos empresários na contestação ao regime militar se tornou visível através da imprensa, o que

---

[21] Ver D'Araujo e Castro (1997).

possibilitou maior avanço no processo de redemocratização. Na análise de Bresser-Pereira (1978), a retirada de apoio da burguesia à tecnoburocracia estatal representou um golpe decisivo para a continuidade do regime.

Na etapa seguinte do processo de redemocratização, a imprensa assumiu papel dos mais relevantes na divulgação e acompanhamento do atentado do Riocentro, ocorrido em 30 de abril de 1981, durante o governo do general João Batista Figueiredo. A explosão de uma bomba no interior de um carro, matando um sargento e ferindo um capitão, ambos do Exército, teria por objetivo causar pânico e mortes e impedir a continuidade do processo de abertura política. Jornais, rádio e televisão confrontaram dados e informações, ouviram várias pessoas encarregadas da segurança do Riocentro, divulgaram os resultados dos laudos dos médicos e peritos, e produziram uma visão contrária àquela que os responsáveis pelo Inquérito Policial Militar queriam impor como verdadeira, ou seja, que o atentado fora praticado pelos grupos de esquerda.

A mídia voltou a se destacar na campanha das "Diretas Já", movimento político suprapartidário que se iniciou em 1983 em defesa de eleições diretas para a Presidência da República. Em 1984, a campanha pelas "Diretas Já" tomou as ruas das principais cidades do país e teve ampla cobertura da mídia, que exerceu forte influência junto à opinião pública a favor dessa reivindicação. O jornal *Folha de S. Paulo* destacou-se no apoio à campanha. Todas as manifestações públicas pela aprovação da emenda das "Diretas Já" eram divulgadas através da coluna "Roteiro das Diretas", que trazia diariamente um resumo das principais atividades. A TV Globo, que se mostrara reticente no apoio à eleição direta para presidente da República, ao final reconheceu a importância que a campanha havia assumido e a vontade da população que se manifestava pela mudança. No comício realizado na Candelária, no Rio de Janeiro, a TV Globo acompanhou e cobriu todo o evento.

A imprensa, ao divulgar fatos e acontecimentos, provoca reações que tendem a ampliar de forma rápida a participação dos atores políticos no processo. Quando se deu a suspensão da censura, a imprensa tornou-se um elemento-chave para a aglutinação das forças sociais na luta pela redemocratização.

Assim, a mídia exerceu uma influência no processo de transição que perpassou as instituições e os mecanismos representativos clássicos, eleitorais e partidários. Como detentora de uma dimensão simbólica, suas mensagens circularam e foram apropriadas de formas diferenciadas, adquiriram diversos significados, de acordo com as experiências individuais, permitindo a expressão de conflitos de diferentes setores sociais que se encontravam represados pela falta de liberdade.

A censura limitava a atuação da mídia enquanto empresa comercial; por outro lado, a independência jornalística tornava-se fundamental na luta pela concorrência. Esses aspectos devem ser vistos como fatores dominantes, que acabariam por levar os proprietários da mídia a se colocarem a favor da redemocratização do país.

Portanto, a questão é saber em que medida esse jogo de interações entre o sistema de comunicação do país e o regime pode guardar implicações para o processo de transição — e conseqüentemente de consolidação da democracia —, tanto no que se refere a seus significados quanto no que diz respeito à sua qualidade.

Para isso será preciso retomar a problemática relativa a ambos os processos — transição e consolidação — e interpretar suas principais variáveis e arenas, inserindo na análise o papel da mídia.

A transição, a mídia e as urgências da "consolidação"

Dada a conhecida complexidade do tema — por demais evidenciada na vasta e contraditória literatura a respeito —, vamos tentar tornar mais simples nossa tarefa através do recurso à sistematização levada a efeito por Juan Linz e Alfred Stepan em livro relativamente recente, e bem conhecido, sobre o assunto.[22]

Na obra em questão, os autores constroem amplo painel comparativo sobre os processos de transição e consolidação da democracia em países do Leste europeu e da América Latina, fazendo preceder suas descrições, porém, de sistemática revisão teórica e conceitual.

Invertendo a ordem de prioridades do texto, vamos retomar aqui, em primeiro lugar, as variáveis de transição destacadas por Linz e Stepan. Elas seriam sete, ao todo, e atuariam a partir das arenas de consolidação descritas na primeira parte do livro.[23]

---

[22] Ver Linz e Stepan (1996).
[23] As arenas de consolidação são: sociedade civil, sociedade política, sociedade econômica, império da lei e aparato estatal.

Das sete variáveis de transição, duas são macrovariáveis de corte, digamos, "estrutural": a *stateness* e o tipo de regime prévio à democratização. A primeira[24] se refere a precondições básicas relativas ao monopólio do uso legítimo da força sobre um dado território, essencial à caracterização da existência ou não de um Estado — condição *sine qua non* para a existência de democracia, segundo os autores —, e ao grau de aliança ao Estado que se pode esperar do grupo nacional ou grupos nacionais nele contido(s). A segunda diz respeito aos limites, custos e riscos específicos impostos à transição pelo tipo de regime não-democrático de onde se parte,[25] já que, conforme o tipo, as arenas necessárias à consolidação contarão com condições e recursos diferenciados.[26] Assim, por exemplo — e de modo particularmente importante para nós —, quando se parte de um regime de tipo autoritário, as possibilidades de sucesso na transição para a democracia podem ser relativamente favorecidas em função do grau em que tal regime conviveu com margens relativamente significativas de autonomia nas sociedades civil e econômica, assim como dos graus relativos de vigência do "império da lei" e de autonomia do aparato burocrático estatal. Conforme o peso relativo dessas arenas, poderiam ser favorecidas e bem-sucedidas formas de transição para a democracia centradas em processos de "reforma pactuada/ruptura pactuada" e/ou "desprendimento".[27]

Duas outras variáveis têm caráter micro (*actor-centered*), a saber: "quem inicia" e "quem controla a transição". Aqui se trata de averiguar, primeiro, se o processo de transição é deslanchado "internamente", por iniciativa dos próprios líderes do regime, ou de seus subalternos mais ou menos imediatos, ou "externamente", por pressão de uma sociedade civil emergente, um movimento revolucionário, ou mesmo por um colapso súbito. Segundo, se os desdobramentos do momento inicial de transição incluirão a formação de governos provisórios, a convocação de eleições ou referendos, ou um processo de "liberalização" controlado "por cima", dado que, em cada um desses movimentos de, digamos, "estabilização relativa" da mudança inserem-se atores diferenciados e riscos de tipo e amplitude variável para a democratização.

---

[24] Que, à falta de melhor tradução, poderíamos chamar de "estatalidade".
[25] Os autores elaboram uma tipologia em que constam quatro tipos principais de regime não-democrático moderno: autoritarismo, totalitarismo, pós-totalitarismo e sultanismo. Ver Linz e Stepan (1996:38).
[26] Ibid., p. 55.
[27] Ibid.

Finalmente, as três restantes seriam variáveis de contexto: as "influências internacionais", a "economia política da legitimidade e da coerção", e os "ambientes de constitucionalização" (*constitution-making environments*). Nesses casos atuariam, por um lado, elementos como ações diretas de política externa de potências estrangeiras, atmosferas ideológicas internacionais de espectro e duração relativamente amplos (*zeitgeist*), e efeitos internacionais da difusão acelerada de concepções (meta)institucionais alternativas. Por outro lado, haveria que levar em conta, também, a legitimidade do poder coercitivo em termos de percepções "internas" acerca da eficácia econômica do regime em via de mudar, assim como, finalmente, o específico ambiente de constitucionalização, ou reconstitucionalização, do novo regime, em particular naqueles aspectos em que o novo marco constitucional — ou sua ausência, ou deficiência — viabiliza ou não o enfrentamento das principais questões e impasses vividos pela democracia nascente.

No que se refere à mídia, à primeira vista seu impacto parece ser mais significativo com relação às variáveis de contexto "influências internacionais" e "economia política da legitimidade e coerção", já que, sem a mediação oligopolizada pelos meios de comunicação contemporâneos, não há como se pensar a formação de consensos em torno dos elementos de qualquer *zeitgeist*, nem a efetivação de processos acelerados de difusão de experiências e mudanças políticas, nem muito menos a conformação de percepções influentes sobre desempenhos de gestão econômica.

No entanto, acreditamos que a mídia não deixa de poder influenciar direta ou indiretamente as outras variáveis — como "quem começa" e "quem controla", ou mesmo a *stateness* —, por atuar sobre as *expectativas* e *concepções* predominantes em cada uma delas. Ou seja, embora aqui interfira mais obviamente uma série de fatores independentes de mecanismos midiáticos, não há como, no contexto informacional contemporâneo:

❑ pensar processos de transição envolvendo "reforma pactuada/ruptura pactuada" e/ou "desprendimento" sem interação dialógica/estratégica e construção de cenários prospectivos influenciados pela oferta *ad hoc* específica de elementos cognitivos e valorativos disponíveis — cada vez mais via mídia[28] — aos atores centrais de cada transição;

---

[28] Ver Lattman-Weltman (1994).

□ pensar as dinâmicas complexas da *stateness* nos quadros do Estado contemporâneo sem atentar para processos identitários e/ou de formação de juízos sobre a eficácia estatal no cumprimento de "suas" funções, também mediados pela mesma oferta midiática.[29]

No caso brasileiro, em particular, levando-se em conta que o tipo de regime não-democrático que se estabeleceu a partir de 1964 seria classificado aqui como um certo autoritarismo, pode-se dizer que até mesmo a definição básica do nosso tipo de transição "de volta" para a democracia — se "reforma pactuada/ruptura pactuada" e/ou "desprendimento" — envolve disputas de caráter tanto valorativo quanto cognitivo. Sem desmerecimento de quaisquer variáveis mais "objetivas", tais disputas se referem claramente a processos coletivos de formação de consensos precários, cenários e expectativas cujo caráter "subjetivo" não nos exime de tentar compreendê-las em seus sentidos e radicações institucionais mais "estruturais". Quer dizer, têm de ser pensadas em relação a confrontos ideológicos cuja magnitude, "eficácia simbólica" e representatividade histórica dependem de forças sociais mais amplas: de instituições que procuram reservar para si recursos de legitimidade e coerção moral, social e politicamente eficientes, numa economia simbólica onde a mídia desempenha papel estratégico.

A influência, aqui, de nossa instituição específica — a mídia —, ficará ainda mais fácil de compreender se acrescentarmos às variáveis de transição a descrição das cinco arenas de consolidação democrática definidas por Linz e Stepan. Principalmente se levarmos em conta que o projeto dos autores pretende chegar a uma definição sistemática e "econômica" desse tipo de processo, sem no entanto deixar de atentar para a complexidade do tema, sobretudo naqueles aspectos que demandam atenção a variáveis metainstitucionais:

---

[29] E vamos parar por aqui, para não falar do próprio "ambiente constitucional", onde, para além das tradições jurídicas específicas de cada país, não seria despropositado mencionar também o jogo de escolhas e predisposições dos decisores — sobre como (re)constitucionalizar a democracia, com que métodos e elementos jurídicos — igualmente afetado por conjuntos de percepções e expectativas contingentes e contingentemente informadas. Basta, a este respeito, lembrar dos processos de convocação, instalação e organização de nossa Assembléia Constituinte, de 1985 a 1988, para visualizar o complexo jogo de antecipações e temores que influenciou os principais atores daquele jogo, àquela época. Ver, a esse respeito, o verbete "Assembléia Nacional Constituinte de 1987/88" (Abreu et al., 2001). Processos similares são descritos por Linz e Stepan (1996), principalmente no Leste europeu.

Muitos estudiosos, ao propor definições de consolidação democrática, enumeram todas as características de regime que aprimorariam a *qualidade absoluta* da democracia. Nossa perspectiva, ao invés disso, favorece uma definição mais estreita da consolidação democrática que, não obstante, combina dimensões constitucionais, comportamentais e de atitude. Essencialmente, compreendemos uma democracia consolidada como uma situação política na qual, em resumo, a democracia se tornou o "único jogo disponível".[30]

Assim, dados esses imperativos de se pensar a democratização em suas dimensões essenciais — mesmo que complexas —, as arenas de consolidação, que podem ou não fazer da democracia "o único jogo disponível", são descritas desse modo:

- sociedade civil — "arena da *polis* onde grupos auto-organizados, movimentos e indivíduos, relativamente autônomos diante do Estado, procuram articular valores, criar associações e solidariedades, e levar adiante seus interesses";[31]
- sociedade política — "arena onde a *polis* se organiza de modo específico para disputar o direito legítimo de exercício do controle sobre o poder público e o aparato de Estado";[32]
- império da lei — "um consenso relativamente forte em torno da constituição e, em especial, um compromisso com procedimentos governativos autoconstritores que requerem maiorias excepcionais para se modificar. Requer também uma clara hierarquia de leis, interpretadas por um sistema judiciário independente e apoiado por forte cultura legal na sociedade civil";[33]
- aparato estatal — "para proteger os direitos de seus cidadãos e prover os outros serviços básicos que estes demandam, um governo democrático precisa estar apto a exercer de modo eficaz sua aspiração ao monopólio do uso legítimo da força em um território. (...) A moderna democracia, portanto, necessita da capacidade efetiva de comandar, regular e taxar. Para isso preci-

---

[30] Linz e Stepan, 1996:5 (tradução livre e grifos nossos).
[31] Ibid., p. 7.
[32] Ibid., p. 8.
[33] Ibid., p. 10.

sa de um Estado que funcione e de uma burocracia estatal que se considere utilizável pelo novo governo democrático";[34]
- sociedade econômica — "um conjunto de normas, instituições e regulações, construídas e reconhecidas sociopoliticamente, (...) que respondem pela mediação entre o Estado e o mercado".[35]

Dado o caráter interativo intrínseco a estas arenas, para cada uma delas, prosseguem os autores, há um "princípio organizacional primário", um conjunto de "apoios necessários de outras arenas", e cada uma exerce também, ao menos, uma "mediação primária sobre as outras".[36]

Fundamental para nosso argumento é o fato de que não é possível se conceber, na prática, a operação de muitos desses princípios, apoios e/ou mediações, conforme pressupostos pelos autores, sem reconhecer a interferência — por vezes decisiva — do sistema de mídia. Se não, vejamos.[37]

- Nas palavras de Linz e Stepan, o "princípio" da arena "sociedade civil" já pressupõe "liberdade de associação e comunicação". Conforme a melhor tradição liberal,[38] não há como pensar a sociedade civil como *locus* central da sociabilidade racional moderna — onde se estabelece, de um modo ou de outro, a "esfera das pessoas privadas reunidas em um público", que "reivindicam essa esfera pública regulamentada pela autoridade, mas diretamente contra a própria autoridade, a fim de discutir com ela as leis gerais da troca na esfera fundamentalmente privada, mas publicamente relevante, as leis do intercâmbio de mercadorias e do trabalho social"[39] — sem o concurso de instituições que dêem forma e conteúdo público, e portanto eficácia política, a essas reivindicações e demandas por reconhecimento surgidas do espaço privado (individual ou coletivo). Instituições que agenciem discursos privados no mercado comum de discursos públicos.[40]

---

[34] Linz e Stepan, 1996:11.
[35] Ibid..
[36] "*We believe that consolidated democracies need to have in place five interacting arenas to reinforce one another in order for such consolidation to exist*" (Ibid., p. 7, destaques nossos).
[37] Todas as citações subseqüentes de Linz e Stepan (1996) se referem ao quadro sinótico da p. 14.
[38] Presente, por exemplo, no reconhecimento do papel estratégico da imprensa e sua liberdade em obras clássicas de autores como Tocqueville ou John Stuart Mill.
[39] Habermas, 1984:42.
[40] Ver Lattman-Weltman (1994).

❏ Por sua vez, prosseguem os autores, a sociedade civil atua — comunicativamente — sobre as outras arenas através de seus "interesses e valores", que são "os maiores geradores da sociedade política", o que faz também com que esta dependa de legitimação aos olhos da primeira. Ou seja: uma vez oxigenada pelo potencial da sociabilidade democrática (mesmo sob regimes autoritários),[41] a sociedade civil poderá fornecer, ao menos, muitos dos conteúdos da agenda de transição; de modo mais amplo, os insumos simbólicos necessários à legitimação da sociedade política; e, de modo particularmente relevante em nosso caso, as armas retóricas para o confronto dela — seja através de "pactos" ou "rupturas" — com o autoritarismo.

❏ Do mesmo modo, cabe em grande medida à sociedade civil gerar "idéias" e ajudar a "monitorar o aparelho de Estado e a sociedade econômica". Como poderá ela tornar públicas tais idéias e efetivar na prática aquela função sem o concurso da mídia?

❏ Por sua vez, a sociedade política "molda a Constituição e as leis principais", "dirige o aparelho de Estado" e produz o "quadro regulatório geral da sociedade econômica". Não podendo fazê-lo sem subsídio substantivo da sociedade civil *discursivamente ativada*, nem tampouco sem o referendo — concreto ou simbólico[42] — do público, terá forçosamente a sociedade política que recorrer à mídia, mesmo nos seus eventuais momentos de maior autonomia relativa.

❏ O "império da lei", segundo os autores, depende de uma "cultura legal com raízes na sociedade civil e respeitada pela sociedade política e pelo aparelho de Estado", além de estabelecer "uma hierarquia de normas que faz as ações de (e sobre as) outras arenas legítimas e previsíveis". "Cultura legal" e "hierarquia de normas" que, por sua vez, serão função não apenas de arranjos legais específicos e tradições culturais-políticas mais ou menos duradouras, mas também, em grande medida, de eventuais expectativas acerca da eficácia do sistema jurídico, o que, por sua vez, dependerá do caráter e do conteúdo

---

[41] Aquilo que Tocqueville (1979:238) chamava de "atividade inquieta (...) força superabundante (...) energia" da democracia.
[42] Seja através de eleições — em especial as "plebiscitárias" (Lamounier, 1986) —, seja através da repercussão de atos políticos (como a campanha das "Diretas Já").

de sua visibilidade, umas e outra afetadas diretamente pelas coberturas que a mídia produz sobre a Justiça e seu funcionamento.[43]

- Já o aparato de Estado, segundo Linz e Stepan, depende de "suporte normativo da sociedade civil para a autoridade racional-legal e para suas pretensões ao monopólio do uso legítimo da força". Novamente aqui estamos diante de processos complexos de construção de formas de legitimidade que se referem sempre, de um lado, a valores e ao seu poder de sedução; de outro, a como se constroem percepções sobre a eficácia específica desse mesmo Estado em face das finalidades que lhe são atribuídas.

- Finalmente, há que se atentar para o fato de que a mídia também intervém necessariamente sobre os princípios organizacionais destacados pelos autores, como os casos da "contestação eleitoral livre e inclusiva" (na sociedade política), e do "mercado institucionalizado" (na sociedade econômica). Ou seja: sem demérito das variáveis institucionais específicas a cada uma dessas arenas, a influência da mídia se fará notar aqui também por, em primeiro lugar, favorecer ou não a competitividade eleitoral e seus graus de lisura e capacidade de inclusão, e, em segundo lugar, por contribuir ou não para a legitimidade dos valores, práticas e instituições do mercado.[44]

Ao lembrarmos os traços anteriormente destacados da evolução geral do sistema de mídia brasileiro ao longo do regime militar, não é difícil perceber o quanto podem ser mais bem compreendidos à luz do quadro conceitual dos autores.

Assim, em primeiro lugar, tanto a política de integração do território nacional via telecomunicações e iniciativas referentes à criação de um aparato de emissoras públicas (com programação educativa e cultural orientada também para a integração e modernização do país) quanto os jogos de mobilização/despolitização/cooptação levados a efeito pela ditadura — particularmente os que envolveram o próprio sistema de mídia e, através dele, os setores mais organizados da sociedade brasileira como um todo — podem ser perfeitamente

---

[43] E que, aliás, no caso brasileiro contemporâneo, em particular, nos parecem ter implicações preocupantes para a democracia. A este respeito, ver Lattman-Weltman (2003).

[44] Ambas as temáticas têm sido bastante exploradas em nosso país, com suas repercussões sobre a construção de uma sociedade democrática e economicamente dinâmica, inserida num mercado cada vez mais global. Ver, por exemplo, Lattman-Weltman et al. (1994).

pensados como tarefas de um esforço de construção ou reconstrução de uma nova unidade e legitimidade para o Estado brasileiro — de um novo patamar de *stateness*, portanto —, num contexto seriamente polarizado e traumatizado pelo caráter forçosamente guerreiro e salvacionista intrínseco à intervenção institucional dos militares a partir de 1964. Poderia tratar-se, portanto, de uma específica tentativa de se estabelecer uma nova unidade — em torno do "Brasil Grande", que deveríamos "amar ou deixar" — através de um novo modelo de interações viabilizado por uma nova e poderosa tecnologia de comunicação, com base num ideal comum de desenvolvimento, e sem os ruídos e cizânias trazidos pela política e pelas ideologias "alienígenas".

Nesse sentido, a (re)construção em novas bases de uma "estatalidade" ameaçada pela luta fratricida de brasileiros contra brasileiros — divididos "artificialmente" por uma "luta de classes importada" — implicaria também a reorganização estratégica das sociedades política e econômica brasileiras, transformando-as em arenas aptas a contribuir *disciplinadamente* para esse esforço nacional, e não, como no passado recente, em fontes de discórdia e antagonismo social e político. Isto pôde ser tentado — e até certo ponto conseguido —, de um lado, através de uma abrangente reordenação da estrutura econômica e empresarial do país, levada a efeito pelo regime militar desde os seus primeiros movimentos — processo do qual também foi chamado a participar o setor de comunicação (tendo em grande medida aquiescido ao convite);[45] de outro, pela manutenção do sistema de representação política — o qual, embora severamente manietado pela legislação de exceção e pela imposição do bipartidarismo, foi chamado a legitimar o regime — e pela manutenção razoavelmente regular de um calendário eleitoral, inclusive, e decisivamente, "via Embratel", com a introdução do horário de propaganda eleitoral gratuita na TV.

Por outro lado, é possível compreender da mesma forma a dinâmica particular do jogo de controle (via censura ou repressão) e de burla do controle (via enfrentamento direto ou simbólico com a censura, ou ainda através dos canais alternativos de imprensa), com atenção para o desenvolvimento específico da arena da sociedade civil no período, onde, ao lado de outras instituições particularmente importantes, a mídia, como é de sua natureza, se fez presente.

---

[45] Sem esquecer de mencionar, ao lado dessa reorganização empresarial e macroeconômica, a necessária contrapartida de repressão ao movimento sindical e demais formas de representação da classe trabalhadora. Ver os verbetes "sindicalismo", "sindicato" e "greves" (Abreu et al., 2001).

Com efeito, se não é possível escrever a história da sociedade civil brasileira que se desenvolve sob o tacão da ditadura sem fazer referência ao papel da Igreja, das novas formas de associativismo — no campo, inclusive — e do próprio movimento sindical renovado, à luz das grandes transformações operadas no Brasil à época,[46] não se pode esquecer que todo esse processo também se refletirá, em seus diversos e contraditórios elementos, nas páginas dos jornais e revistas, e nas transmissões do rádio e da TV — multiplicando-se a partir daí. Principalmente se levarmos em conta que nem todos os conteúdos simbólicos constituintes dessas novas experiências de sociabilidade se apresentavam como necessariamente antagônicos para o próprio regime. De fato, muitos desses movimentos, embora freqüentemente suspeitos aos olhos do aparato de repressão, não deixavam de fazer eco a *rationales* e a símbolos manipulados pelos próprios governos da ditadura, ao pregar formas de solidariedade ou ao procurar a defesa de interesses particulares em registros não necessariamente politizados do modo como o regime desaprovava. Ou, dito de outro modo, fazendo-o através de canais — quer dizer, sob um determinado "império da lei", ou mediante um específico "aparato estatal" — estabelecidos e considerados adequados pela própria ditadura.[47]

Assim, ao mesmo tempo enfrentando como podia a censura e incorporando estrategicamente as linhas de "pactuação" ou "desprendimento" definidas, ao menos inicialmente, pelo próprio regime, a mídia não deixou de contribuir, de modo contraditório, evidentemente, e com as limitações próprias a todo regime ditatorial, para a (re)articulação prática e ideológica desta sociedade civil. Sociedade civil que, sendo talvez a principal derrotada pela "Revolução", teve assim forçosamente que reconstruir seus parâmetros de juízo e suas estratégias para a superação do arbítrio, "aprendendo" — de modo talvez não inteiramente consciente — a capitalizar novos recursos simbólicos e organizacionais, tornados disponíveis (paradoxalmente) pelo próprio impacto transformador do regime autoritário.

Portanto, não surpreende que, uma vez desencadeado o processo de "abertura", as racionalidades específicas da mídia, dadas as suas prerrogativas "estruturais"[48] e o conjunto de constrangimentos e oportunidades contingentes

---

[46] Ver Santos (1985).
[47] Pense-se, por exemplo, no processo de associativismo rural favorecido pelo Funrural. Ver Santos (1985).
[48] Ver Lattman-Weltman (1994).

que se colocaram para ela ao longo do regime, acabassem favorecendo articulações decisivas entre as arenas das sociedades civil, política e econômica, num movimento que, se até agora pode não nos permitir falar seguramente sobre a "consolidação democrática", por certo acabou sendo fatal para o arbítrio e para sua superação via transição. Articulações certamente contraditórias — e até hoje marcadas por disputas ideológicas e metainstitucionais entre as três arenas[49] —, mas que, sem prejuízo das lógicas e dos interesses, digamos, "estruturais" e específicos a cada uma delas, fluíram conjuntamente ao menos para o mesmo estuário antiautoritário.

Assim, do apoio quase unânime ao golpe de 1964, passando pelos alinhamentos não-automáticos decorrentes do comportamento dúbio e freqüentemente oscilante do regime diante dos veículos, uma vez atingido determinado patamar de evolução empresarial — e alteradas outras variáveis políticas básicas —, a própria mídia, enquanto agente de vários mercados interconectados, cuidou de contribuir decisivamente para a saída do arbítrio.[50]

De certo modo ela o fez, de um lado, ajudada pelo próprio mercado, tão protegido e estimulado pela própria ditadura; de outro, em parceria com a sociedade civil: subjugada e, no entanto, revivida em novo patamar, também em grande parte pelo próprio regime e seus comprometimentos estruturais mais amplos (ou profundos).

A título de conclusão

Desse modo, por um lado, a mídia pode corroborar, cada uma e todas as interpretações mencionadas anteriormente. Em primeiro lugar, sua presença pode ser tomada como índice da primeira explicação, já que, assim como, em sua grande maioria, legitimou o golpe nos próprios termos definidos por este — reforma emergencial da democracia em crise e sob ameaça —, também não teve dificuldades de incorporar e reproduzir, até mesmo ampliando e reforçando, a tese do "retorno do filho pródigo", ou seja, de volta a um quadro de onde o regime não deveria ter saído. Assim, à evolução profissional da mídia ao longo da ditadura, passando de uma fase ainda caracterizada por grande ideologização ou

---

[49] Para não incluir aqui as outras duas.
[50] Com engajamentos diversos, cujas diferenças não devem ser desprezadas.

partidarismo — típico da fase "pré-industrial" da imprensa brasileira até a década de 1960 — para uma etapa marcada por uma despolitização de caráter mercadológico,[51] correspondeu também uma reorganização discursiva de seu ideário liberal-conservador histórico e predominante, que, sem maiores dificuldades, permitiu o reforço de uma narrativa que podia ao mesmo tempo legitimar o golpe de 1964 e criticar o regime subseqüente por seus "desvios".

Por outro lado — ou por isso mesmo —, a "ausência" forçada da mídia (pela ação da censura) justamente no momento de maior "desvio" do regime, após o AI-5, se insere perfeitamente no quadro de efeitos perversos que teriam levado à correção de rumos que sustenta a segunda interpretação. Com efeito, muitos dos males causados pelo sucesso da repressão — em especial o perigoso grau de autonomia obtido pelo aparelho repressivo — e pelo retorno (ou continuidade), com novas roupagens e personagens, do mal endêmico da corrupção não poderiam deixar de se referir à impossibilidade de os meios de comunicação exercerem no período, com a liberdade necessária, a sua função tradicional de vigilância e denúncia dos desmandos usuais do poder. "Corrigir os rumos" implicava, portanto, entre outras coisas, devolver à mídia suas atribuições civis e políticas ordinárias (assim como reinvesti-la de suas prerrogativas informais de ator político, apto a contribuir para o projeto de abertura do grupo palaciano).[52]

Se desse modo fica evidente o quanto se faculta à mídia o poder, de fato, de unificar numa mesma racionalidade narrativa as duas hipóteses anteriores — já que, uma vez apta a colaborar no combate cívico aos processos "desviantes", ajudava a corrigir o rumo do processo e a devolver-lhe seu sentido original[53] —, não é afinal difícil perceber que a mesma mídia (mesmo que apenas enquanto "meio") teve atuação decisiva no processo de "pactuação" advogado pela terceira linha de interpretação. Quem poderia melhor sintetizar — ou simplificar, ou ainda, vulgarizar — a narrativa de uma transição que se dá ou por ruptura ou por retomada da continuidade, e em que se passa do arbítrio de uns poucos para o reconhecimento político de muitos, movimento intrínse-

---

[51] Ver Abreu, Lattman-Weltman e Kornis (2003); Abreu e Lattman-Weltman (2001); Abreu (1996).
[52] Ver Duarte (1983).
[53] Ao menos porque assim pode ser afinal justificado sem culpas o apoio majoritário da mídia à deposição de João Goulart.

co ao enredo épico da democratização como reafirmação histórica — ou revanche — do primado da sociedade civil?

Seja como for, o que nos parece fundamental frisar é que, se a introdução da mídia na análise não altera exatamente as interpretações, pode ao menos, contudo, afetar a percepção que temos dos atores envolvidos, ao nos permitir vê-los não como substâncias a-históricas que paradoxalmente "movem" a história, e sim como resultantes razoavelmente contingentes do mesmo processo de interação, formação, revisão e acomodação de expectativas. Ou seja: incorporar devidamente a mídia pode alterar a forma de imaginação do processo político — no caso, uma "transição" —, por abrir novas perspectivas para a compreensão dos processos coletivos de (auto)construção dos atores em disputa e dos desenhos institucionais conseqüentes.

Desse modo, a incorporação da mídia pode, por suas "mediações", ao mesmo tempo relativizar, ou contingenciar, o estruturalismo dos anos 1970 e 1980, e tornar mais sofisticada e mais concreta a *rational choice* dos anos 1990, ao nos permitir enxergar melhor os processos contingentes de formação de preferências e expectativas. De um lado, por sua própria natureza — "mediática" — ela nos lembra que as "estruturas" só podem atuar na política e exercer suas "determinações" na história através de *mediações*, sejam estas instituições ou atores humanos, individuais e/ou coletivos. Por outro, nos alerta para o fato de que o comportamento racional destes mesmos "meios" nunca se exerce *in abstracto*, sem referência a contextos cognitivos específicos, cultural, ideológica e historicamente delimitados.

Só assim seria possível concordar com Linz e Stepan quando eles se propõem compreender os processos de consolidação da democracia não apenas em termos institucionais, mas também atentando para seus pré-requisitos em termos de "atitudes" e "comportamentos":

> Em poucas palavras, com a consolidação, a democracia se torna rotinizada e profundamente internalizada na vida social, institucional e mesmo psicológica, assim como nos cálculos para a obtenção de sucesso.[54]

De qualquer maneira, o prosseguimento de nossa investigação implicará a necessidade de falar das formas de "presença" e "ausência" da mídia no pensamento sobre o período.

---

[54] Linz e Stepan, 1996:5 (tradução livre nossa).

Para isso, por um lado, será preciso proceder a uma crítica teórica e metateórica da literatura disponível. Embora seja prematuro afirmá-lo, parece-nos coerente supor que as dificuldades para incorporar devidamente a mídia à compreensão do processo se devem, em grande medida, a um certo substancialismo das interpretações, que tendem a reificar seja as categorias sociais invocadas a dar "corpo" e sentido histórico ao drama — como, por exemplo, as "classes" ou os "setores dominados/dominantes" —, seja as instituições evocadas (freqüentemente de modo negativo, por sua "ausência" ou "deficiências") para explicar os porquês de fracassos ou resultados aquém do esperado.

Com efeito, é possível observar sem dificuldades que em sua grande maioria os cientistas sociais vêm concentrando suas análises nas lideranças militares, nos partidos políticos, na competição eleitoral, nas lideranças políticas, nas lideranças da sociedade civil (Ordem dos Advogados do Brasil, Associação Brasileira de Imprensa, Confederação Nacional dos Bispos do Brasil etc.) e nas lideranças sindicais e empresariais.[55] Nas pesquisas sobre a transição feitas na área de ciências sociais, com exceção do trabalho de Celina Rabello Duarte (1983), a mídia não foi objeto de estudo.

A explicação para esse fato pode, portanto, ser buscada na forma como a mídia é percebida pelos estudiosos e pela sociedade. Ela parece ser vista predominantemente como formada por agentes que têm uma posição subordinada em relação às suas fontes, como simples reprodutora de um discurso proveniente de outros atores ou outras instituições. Ela não teria o papel de construtora do fato que divulga. Essa perspectiva está no centro de certas apropriações das teses marxistas que analisam a mídia como aparelhos ideológicos a serviço da classe dominante e como garantidora do seu poder de dominação. Essas análises não dão conta do papel que a mídia desempenha no processo político, parecendo mais meras caricaturas de sua atuação.

Outro fator que pode ser apontado para as razões da lacuna sobre a atuação da mídia no processo de redemocratização é a inexistência, até os anos 1970, de uma produção intelectual que mostre a inserção da mídia no processo político nacional, que reconstitua a sua história, que analise a diversidade de atuação do rádio, dos jornais, revistas e televisão. Constata-se a precariedade de estudos sobre seus profissionais e suas relações com o poder. Deve-se lem-

---

[55] Ver Lafer (1975); Lamounier (1980); Souza e Lamounier (1981); Cardoso (1983).

brar que sempre existiu uma literatura produzida por jornalistas que relatava as experiências e atividades da imprensa. Esses ensaios muitas vezes embasaram a elaboração de estudos acadêmicos. Os cientistas sociais também usaram extensamente as informações da mídia para construir suas análises sobre a abertura política e a redemocratização. Mas o fato é que não se encontram análises ou mesmo indicações da posição que ela ocupou nesses processos.

Foi a partir dos anos 1980-90 que os cientistas sociais se interessaram pela mídia, especialmente pela televisão e sua influência nos resultados eleitorais, e foram principalmente os cientistas políticos que se voltaram para esse campo. A televisão tornou-se um espaço relevante de atuação do ator político e da política, onde se travavam os debates e se dava a mediação entre o público e os políticos. Os antropólogos, os sociólogos, os historiadores e os críticos literários começaram a se preocupar com as mudanças ocorridas nas últimas décadas, focalizando seus estudos na forma de construir a notícia, na linguagem, na modernização das redações e nas alterações introduzidas na estrutura das empresas. Pouco foi feito em relação ao papel dos jornalistas e dos repórteres e às alianças que se estabeleceram entre eles e o poder constituído. Os especialistas da comunicação, igualmente, pouco contribuíram para o entendimento da influência da mídia na transição, pois até os anos 1970 não analisavam a atuação dos meios de comunicação de um ponto de vista interdisciplinar. Essa situação veio se alterar principalmente a partir de 1980, quando esses especialistas introduziram um tratamento diferenciado em seus estudos, sendo então a mídia analisada dentro de um contexto político onde as eleições, a televisão e o *marketing* político tornaram-se fenômenos explicativos do processo político.

As deficiências nas análises podem talvez ser explicadas por um obstáculo: a dificuldade de acesso aos arquivos dos jornais, revistas, estações de rádio e canais de televisão, que estavam e continuam fechados aos pesquisadores. Esses estudiosos só têm acesso às coleções dos jornais e revistas e à programação de algumas estações de rádio e televisão. Essas deficiências têm sido contornadas, algumas vezes, mediante a obtenção de depoimentos orais de jornalistas envolvidos no processo de redemocratização.

Outro argumento que também justificaria o silêncio sobre a atuação da mídia nesse processo é que ela teria sido conivente com o regime autoritário, mera difusora das propostas dos militares, inclusive na fase de abertura política.

Seja como for, o prosseguimento da investigação também tornará necessário "denunciar" a dialética, algo contraditória, de sempre se fazer referência à mídia no período enfatizando ou sua cumplicidade — moralmente condenada, sem maior referência às condições efetivas de exercício da atividade profissional do meio — ou sua resistência heróica à censura ou à cooptação. Tornará necessário superar o universo referencial traumático (e neurótico) da dicotomia moral cúmplice/resistente, aproveitando justamente o que os modelos objetivistas têm de melhor: a proposta de inserção dos atores, no caso também a mídia, em jogos estratégicos — mais ou menos estruturados e macroestruturais — que provocam resultados freqüentemente não-previstos, resultados distantes de ideais normativos ou de cenários mais desejados, mas que mudam a realidade política e nos permitem falar seja de abertura, seja de recrudescimento, de transição, enfim, de ditadura e democracia (embora, talvez, tornem sempre problemático falar de "consolidação").

Mais importante do que fazer "justiça" ao eventual papel histórico desempenhado pela mídia no processo em questão é compreender melhor o complexo jogo de construção, manutenção e, quem sabe, aprimoramento da democracia. Principalmente, porque, como nos lembram Linz e Stepan:

> quando dizemos que um regime é uma democracia consolidada não excluímos a possibilidade de que em algum momento futuro ele possa entrar em colapso. Mas nós asseveramos definitivamente que tal colapso não estará relacionado a fraquezas ou problemas específicos ao processo histórico de consolidação *per se*, e sim a uma *nova* dinâmica na qual o regime democrático não consegue resolver um conjunto de problemas; uma alternativa não-democrática obtém apoio significativo; e aqueles que eram leais ao regime democrático começam a se comportar de um modo constitucionalmente desleal, ou "semileal".[56]

Referências bibliográficas

ABREU, Alzira Alves de (Org.). *Imprensa em transição: o jornalismo brasileiro nos anos 50*. Rio de Janeiro: FGV, 1996.

_____. *Transição em fragmentos: desafios da democracia no final do século XX*. Rio de Janeiro: FGV, 2001.

---

[56] Linz e Stepan, 1996:6 (tradução livre nossa).

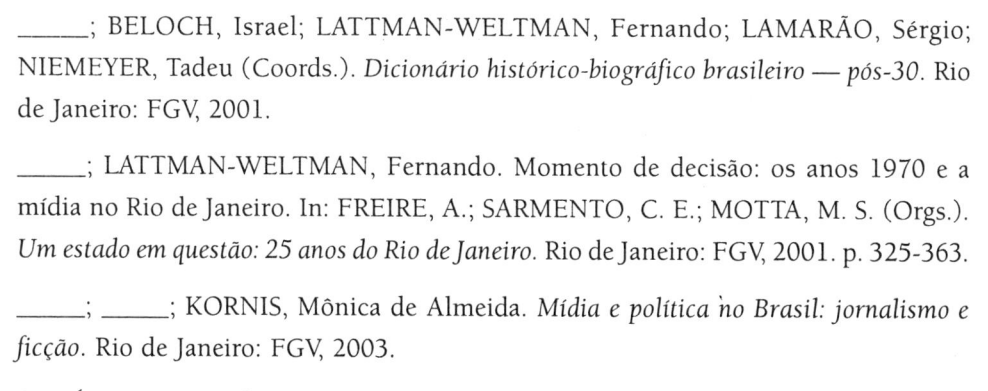

_____; BELOCH, Israel; LATTMAN-WELTMAN, Fernando; LAMARÃO, Sérgio; NIEMEYER, Tadeu (Coords.). *Dicionário histórico-biográfico brasileiro — pós-30*. Rio de Janeiro: FGV, 2001.

_____; LATTMAN-WELTMAN, Fernando. Momento de decisão: os anos 1970 e a mídia no Rio de Janeiro. In: FREIRE, A.; SARMENTO, C. E.; MOTTA, M. S. (Orgs.). *Um estado em questão: 25 anos do Rio de Janeiro*. Rio de Janeiro: FGV, 2001. p. 325-363.

_____; _____; KORNIS, Mônica de Almeida. *Mídia e política no Brasil: jornalismo e ficção*. Rio de Janeiro: FGV, 2003.

ARAÚJO, Maria Paula Nascimento. *A utopia fragmentada: as novas esquerdas no Brasil e no mundo na década de 1970*. Rio de Janeiro: FGV, 2000.

ARTURI, Carlos. O debate teórico sobre mudança de regime político: o caso brasileiro. *Revista Sociologia e Política*, Curitiba, n. 17, nov. 2001.

BRESSER-PEREIRA, Luiz Carlos. *O colapso de uma aliança de classes*. São Paulo: Brasiliense, 1978.

CAPELATO, Maria Helena R.; PRADO, Maria Lígia. *O bravo matutino. Imprensa e ideologia: o jornal* O Estado de S. Paulo. São Paulo: Alfa Ômega, 1980.

CARDOSO, Fernando Henrique. O papel dos empresários no processo de transição: o caso brasileiro. *Dados. Revista de Ciências Sociais*, Rio de Janeiro, v. 26, n. 1, p. 9-27, 1983.

D'ARAUJO, Maria Celina; CASTRO, Celso (Orgs.). *Ernesto Geisel*. Rio de Janeiro: FGV, 1997.

DASSIN, Joan R. The Brazilian press and the politics of abertura. *Journal of Interamerican Studies and World Affairs*, v. 26, n. 3, p. 385-414, Aug. 1984.

DOBRY, M. Les transitions démocratiques. Regards sur l'Etat de la "transitologie". *Revue Française de Science Politique*, v. 50, n. 4-5, aug./oct., 2000.

DUARTE, Celina Rabello. Imprensa e redemocratização no Brasil. *Dados. Revista de Ciências Sociais*, Rio de Janeiro, v. 26, n. 2, p. 181-195, 1983.

_____. *Imprensa e redemocrarização no Brasil: um estudo de duas conjunturas, 1945 e 1974-1978*. Dissertação (Mestrado) — Programa de Estudos Pós-Graduação em Ciências Sociais da PUC-SP, São Paulo, 1987.

FICO, Carlos. *Reinventando o otimismo. Ditadura, propaganda e imaginário social no Brasil.* Rio de Janeiro: FGV, 1997.

FIGUEIREDO, Marcus; CHEIBUB, J. A. Borges. *A abertura política de 1973 a 1981: quem disse o quê e quando — inventário de um debate.* São Paulo: Cortez/Anpocs, 1987. v. 2.

GASPARI, Elio. *A ditadura envergonhada.* São Paulo: Cia. das Letras, 2002.

GRINBERG, Lúcia. *Partido político ou bode expiatório: um estudo sobre a Aliança Renovadora Nacional — Arena (1965-79).* Tese (Doutorado) — Universidade Federal Fluminense, Niterói, 2004.

GUILHOT, Nicolas; SCHMITTER, Philippe C. De la transition à la consolidation. Une lecture rétrospective des democratization studies. *Revue Française de Science Politique,* v. 50, n. 4-5, aug./oct. 2000.

HABERMAS, Jürgen. *Mudança estrutural da esfera pública.* Rio de Janeiro: Tempo Brasileiro, 1984.

LAFER, Celso. *O sistema político brasileiro.* São Paulo: Perspectiva, 1975.

LAMOUNIER, Bolívar. Ideologia em regimes autoritários: uma crítica a Juan J. Linz. *Estudos Cebrap,* n. 7, p. 67-92, jan./mar. 1974.

_____(Org.). *Voto de desconfiança: eleições e mudança política no Brasil, 1970-79.* Rio de Janeiro: Vozes, 1980.

_____. Authoritarian Brazil revisitado: o impacto das eleições na abertura política brasileira, 1974-82. *Dados. Revista de Ciências Sociais,* v. 29, n. 3, p. 283-317, 1986.

LATTMAN-WELTMAN, Fernando. Imprensa e sociedade: a economia do discurso público. *Arché Interdisciplinar,* Rio de Janeiro, v. 3, n. 8, 1994.

_____. Mídia e transição democrática: a (des)institucionalização do panóptico no Brasil. In: ABREU, A.; LATTMAN-WELTMAN, F.; KORNIS, M. de A. *Mídia e política no Brasil: jornalismo e ficção.* Rio de Janeiro: FGV, 2003.

_____ et al. *A imprensa faz e desfaz um presidente.* Rio de Janeiro: Nova Fronteira, 1994.

LINZ, Juan J. The future of an authoritarian situation or the institutionalization of an authoritarian regime: the case of Brazil. In: STEPAN, A. *Authoritarian Brazil.* New Haven: Yale Univ. Press, 1973.

_____; STEPAN, Alfred. *Problems of democratic transition and consolidation*. Baltimore: John Hopkins Univ. Press, 1996.

MESQUITA, Ruy. Entrevista. O "Estadão" e o golpe de 64. *Lua Nova*, v. 1, n. 2, p. 26-31, jul./set. 1984.

MUNCK, Geraldo L.; LEFF, Carol Skalmik. Modos de transição em perspectiva comparada. *Lua Nova*, n. 40-41, p. 65-95, 1997.

O'DONNELL, G.; SCMITTER, P. C. *Transições do regime autoritário: primeiras conclusões*. São Paulo: Vértice, 1988.

_____; _____; WHITEHEAD, L. (Eds.). *Transições do regime autoritário: América Latina*. São Paulo: Vértice, 1988.

SANTISO, Javier. La démocratrie incertaine. La théorie des choix rationnels e la démocratisation en Amérique Latine. *Revue Française de Science Politique*, v. 43, n. 6, déc. 1993.

SANTOS, Wanderley Guilherme dos. A pós-revolução brasileira, In: JAGUARIBE, Hélio (Org.). *Brasil, sociedade democrática*. Rio de Janeiro: José Olympio, 1985.

SMITH, Anne-Marie. *Um acordo forçado. O consentimento da imprensa à censura no Brasil*. Rio de Janeiro: FGV, 2000.

SOARES, Gláucio Ary Dillon. A censura durante o regime autoritário. *Revista Brasileira de Ciências Sociais*, v. 4, n. 10, jun. 1989.

SOUZA, Amaury; LAMOUNIER, Bolívar. Governo e sindicatos no Brasil: a perspectiva dos anos 80. *Dados. Revista de Ciências Sociais*, v. 24, n. 2, 1981.

THOMPSON, John B. *A mídia e a modernidade. Uma teoria social da mídia*. Rio de Janeiro: Vozes, 1998.

TOCQUEVILLE, Aléxis de. *A democracia na América*. 2. ed. São Paulo: Abril, 1979. (Os pensadores).

Capítulo 4

A Rede Globo e a construção da história política brasileira: o processo de retomada democrática em Decadência*

*Mônica Almeida Kornis**

Aspectos e momentos da história brasileira foram incorporados à programação ficcional televisiva a partir do ano de 1984, quando a Rede Globo colocava no ar as chamadas minisséries, integrando as *Séries brasileiras*, exibidas a partir das 22h. Foi numa conjuntura de retomada democrática, ao final do regime militar, que a história nacional passou a ser contada pela televisão, inclusive seus acontecimentos mais recentes. Do ponto de vista de suas construções narrativas, as minisséries viriam a seguir a mesma tendência já firmada nas telenovelas da emissora desde o início dos anos 1970, quando uma linguagem realista trouxe para a pequena tela temas da realidade brasileira colocados no ar em rede nacional. Ao abrir essa linha de programação, a Rede Globo lançava um novo produto ficcional, visando atingir um público mais sofisticado e pretensamente mais exigente, audiência típica das produções destinadas àquele horário.

A história política nacional passava a ser tematizada por essa programação, articulada a dramas familiares, embalados preferencialmente por relacionamentos amorosos, conflitos geracionais e mudanças comportamentais, segundo os moldes da produção ficcional televisiva. A importância conferida a essa temática em particular na programação das minisséries foi recentemente demonstrada no programa *TV Globo — 35 anos* (1999), que, num balanço so-

---

* A autora agradece à professora Esther Hamburgera pela leitura atenta e comentários. Os problemas porventura existentes são, contudo, de sua total responsabilidade.
**Pesquisadora do Cpdoc/FGV.

bre a teledramaturgia da emissora, mostrou em suas primeiras cenas as questões políticas abordadas por sua programação ficcional através de uma de suas minisséries de maior sucesso, *Agosto*, e em seguida, temas tabu, referenciados sobretudo a questões sexuais.

Há portanto o intuito da emissora de construir uma memória da história brasileira, intensificando assim a sua já marcante presença no cenário nacional como agente construtor de uma identidade cultural e nacional. Numa escala certamente maior, vários estudos norte-americanos mostram o que foi e continua sendo o cinema produzido por Hollywood, do ponto de vista de afirmação da história daquele país. No Brasil, a Rede Globo, ao longo dos últimos 20 anos, vem igualmente construindo um verdadeiro imaginário da história brasileira nas suas minisséries. A audiência dessa programação amplia-se ainda mais à medida que seus programas são não só reexibidos em outros horários — inclusive no Canal Futura —, mas também veiculados posteriormente em vídeo e mais recentemente em DVD, como é o caso de *Anos dourados* e *Anos rebeldes*. Acrescente-se ainda a força da teledramaturgia da Rede Globo como um todo, considerando a sua potente intervenção em rede nacional desde o início dos anos 1970 enquanto agente de construção de um imaginário da sociedade brasileira.

De um conjunto de minisséries voltado para a história recente brasileira, a única que abordou os momentos finais da transição do regime militar para o democrático e, depois, a ascensão e queda do governo Collor foi *Decadência*, escrita pelo dramaturgo Dias Gomes, com produção e exibição no ano de 1995. Em realidade, essa minissérie discutiu questões emergentes no contexto democrático daquele ano, partindo de dois fenômenos decisivos: a revelação de episódios de corrupção que se aprofundaram sobretudo durante o governo Collor e o aparecimento de seitas evangélicas ao longo dos anos 1980. O questionamento político seria ainda maior a partir de 1993, quando Collor foi afastado da Presidência da República, momento em que Dias Gomes começava a escrever *Decadência*. Assim, foi nessa perspectiva que a história da democracia brasileira recente veio a ser problematizada nessa minissérie.

Dias Gomes e a trama de Decadência

Autor de *Decadência* e um dos mais importantes dramaturgos da Rede Globo, Dias Gomes ali ingressou em 1970 e foi um dos responsáveis pelas transformações na programação ficcional da então nascente emissora. Quatro anos após ser criada, em 1969, a então denominada TV Globo passara por transformações decisivas nos seus dois segmentos mais importantes, telejornalismo e teledramaturgia. Entrava em rede nacional o *Jornal Nacional*, noticiário das 20h, ao mesmo tempo em que a teledramaturgia voltava-se para temas ligados à realidade do país num tratamento coloquial, tendo à frente Janete Clair, esposa de Dias Gomes, e Daniel Filho. O fato de a telenovela adotar a partir desse momento uma perspectiva realista, voltada sobretudo para o resgate dos mais variados aspectos da nacionalidade brasileira, permitiu que dramaturgos ligados ao Partido Comunista Brasileiro e a experiências culturais ao longo dos anos 1950 e 1960 ingressassem na emissora, sob a justificativa de que seus trabalhos poderiam dessa forma atingir um público amplo. Procuravam reciclar assim, no interior da indústria do entretenimento que se tornaria uma das mais importantes do mundo, os ideais do projeto nacional-popular que marcara o debate político e cultural nos anos 1950 e início dos anos 1960, e cujo objetivo central era levar a arte ao povo como forma de conscientizá-lo sobre sua realidade.

Esse projeto marca sem dúvida o trabalho de Dias Gomes tanto nas telenovelas quanto nas minisséries, e a aguda sátira social e política ali contida está intimamente referenciada à questão nacional. Em *Decadência*, seu único trabalho para a televisão no qual resgata um período da história recente do país, Dias Gomes discorre sobre a crise ética e política nacional através do drama de uma família, elemento condutor da trama. Personagens e situações ficcionais expressam metaforicamente a história do país, e o universo de decadência tratado pela minissérie refere-se não só à família Tavares Branco e à conjuntura política na construção ficcional, mas também às atividades de Mariel, que, na condição de poderoso líder evangélico, explora a pobreza e a ignorância da população mais humilde.

Demarcando de forma bastante nítida a intenção de traçar um retrato do país entre os anos de 1984 — a partir da mobilização nacional em torno das Diretas Já — e 1992, com breve recuo para o início de 1970, a história procura mostrar a decadência moral, econômica e ética de uma tradicional família entre a morte de Tancredo Neves e o *impeachment* do presidente Fernando Collor — da crença no Plano Cruzado à eleição de Collor, passando pelo confisco bancário, pelas denúncias de corrupção e tráfico de interesses e pela mobilização dos "caras-pintadas" —, entrelaçando os acontecimentos históricos no campo ficcional com a crise pela qual atravessa a família Tavares Branco. A decadência desta é acompanhada pela ascensão do motorista da família, ex-menino de rua que em 1970 passa a ser criado pelo patriarca da família, vindo depois a se tornar um poderoso líder evangélico. Consoante com sua pretensão de estimular uma reflexão sobre a realidade do país através de um veículo de comunicação de massa, mesmo valorizando o caráter de entretenimento da ficção, Dias Gomes destaca a "crise de esperança" que leva as pessoas a se entregarem a líderes carismáticos.[1] Tendo como cenário o conflito que se instaura entre a família Tavares Branco e o líder evangélico Mariel — que nutre um sentimento de vingança contra a família por ter sido expulso da casa, devido à revelação da paixão entre ele e a neta rebelde e contestadora do patriarca —, a narrativa se volta para a descrição da hipocrisia e dos falsos valores que sustentam a união familiar num mundo de aparências. O conflito se desdobra na demonstração da degeneração da família por oposição ao enriquecimento financeiro do líder evangélico, cujo sonho maior é a compra da própria mansão dos Tavares Branco.

Um olhar sobre a história recente

> *Acho que a palavra que mais se adequa ao nosso momento histórico é decadência. Nós vivemos um período decadente não só no Brasil. Decadência ética, crises econômicas, nas artes, nós vivemos um momento de transição.*

Estas considerações do dramaturgo Dias Gomes em depoimento à imprensa[2] durante a produção da minissérie *Decadência* situa a problemática deste seu trabalho em mais uma experiência na televisão. De acordo com suas palavras, decadência identifica-se com um momento de transição, de passagem, sem que estejam traçados nesta sua fala os pontos de partida e de chegada. A construção narrativa da minissérie confere, porém, à história política brasileira a delimitação temporal e espacial da trama, pontuando os acontecimentos históricos importantes do período tratado, além do fato de ela ser indissociável da construção dos personagens e da própria trama. Assim, exami-

---
[1] Boletim de programação da Rede Globo, 2-8 set. 1995.
[2] *Jornal do Brasil*, Rio de Janeiro, 19 abr. 1995.

nar como se faz a reconstrução da história brasileira recente na minissérie significa articular a visão do momento em que ela é produzida com uma análise de sua construção narrativa, num processo que nos fornecerá os parâmetros e limites dos termos em que esse processo se realiza.

Decadência começou a ser concebida por seu autor em 1993, num momento, segundo ele, de questionamento da "Nova República", o qual identifica também como de transição. No entanto, o texto final, a produção e a exibição datam de 1995, quando o país vivia um momento de promessas de renovação trazidas pelo novo presidente da República Fernando Henrique Cardoso, graças ao sucesso do Plano Real, que, implementado no ano anterior por ele próprio enquanto ministro da Fazenda, conseguira estabilizar a economia do país. É pois nessa perspectiva que é construída a narrativa da minissérie, formulando assim um diagnóstico dos rumos e impasses do processo de retomada da democracia após 20 anos de regime militar.

A análise da minissérie propriamente dita permite-nos estabelecer, por outro lado, os parâmetros pelos quais se definem os sinais de transição, de agravamento de uma situação, de dificuldade de rupturas, nos diferentes momentos históricos abordados na trama. Muito embora *Decadência* não aborde especificamente aspectos da transição entre os regimes militar e democrático no Brasil, sua narrativa reconstrói três momentos significativos de nossa história recente, os quais, dentro da diegese, podem ser igualmente pensados como de transição, posto que são definidos dentro de problemáticas e momentos históricos distintos: o auge do regime militar, em 1970; os momentos finais desse regime em 1984, a partir da mobilização pelas "Diretas já"; e os impasses e desafios da retomada da democracia entre 1985 e 1992. É assim que a trajetória da família Tavares Bastos e a ascensão de um líder evangélico — dois movimentos fundamentais da trama da minissérie —, mais do que percorrerem a história recente, com ela interagem na construção ficcional, reafirmando que história na diegese e ficção propriamente dita são elementos indissociáveis nesse processo. Nessa perspectiva, não se sustenta a noção de que a história é um simples pano de fundo ou que estaria referenciada aos fatos tal qual ocorreram.

Produção, difusão e contexto histórico

Após as minisséries *O pagador de promessas* (1988) e *Noivas de Copacabana* (1992) — esta última escrita juntamente com Ferreira Gullar e Marcílio Moraes

— e inúmeras telenovelas, Dias Gomes escreveu *Decadência*, com duração de 12 capítulos e cuja estréia se deu em 5 de setembro de 1995. A minissérie iria ao ar inicialmente entre os anos de 1993 e 1994, mas não há uma posição clara em relação às razões do adiamento para 1995.[3] Segundo Ferreira Gullar, que afirma ter discutido com o autor a definição do projeto, essa teria sido uma decisão do próprio presidente das Organizações Globo, Roberto Marinho, temeroso de uma reação da parte dos evangélicos — detentores de uma importante bancada no Congresso — num momento em que era votada nova legislação a respeito das concessões de rádio e televisão.[4] Já segundo Dias Gomes, a minissérie não fora ao ar em 1994, conforme previsto, por questões orçamentárias.[5]

Desde a época das gravações, que transcorreram entre os meses de abril e julho, o material informativo da emissora sobre a minissérie destacava a estreita ligação entre fatos da história brasileira e a ficção, da mesma forma que Dias Gomes reiterava a sintonia de seu trabalho com a conjuntura recente nacional. Com livro homônimo concluído na época em que se iniciavam as gravações, Dias Gomes afirmou que o título "decadência" expressava acima de tudo a sua visão do momento atual, tanto econômico quanto moral e ético e também no campo das artes, refletindo uma perda de valores e de identidade não só no país, mas em todo o mundo. Ao mesmo tempo em que dizia ser aquele um momento de transição, o autor acreditava que o final da minissérie apontava para um momento de otimismo e de esperança em função das mudanças havidas no país e intimamente relacionado ao compromisso com a realização de reformas econômicas e políticas pelo novo presidente da República Fernando Henrique Cardoso.[6] É possível perceber, contudo, uma posição mais cética do próprio Dias Gomes, que em outro momento afirmara que o movimento ético que havia derrubado Collor não havia punido quase ninguém e que, ademais, o

---

[3] Sem que seja possível por ora indagar sobre as decisões internas da emissora no sentido de produzir e exibir a minissérie em 1995, há um dado que vale ser mencionado e que diz respeito a mudanças ocorridas na emissora naquele ano, especificamente na linha do telejornalismo. Referimo-nos ao convite feito pela Rede Globo ao jornalista Evandro Castro de Andrade para assumir a direção do telejornalismo da emissora, com a orientação de, segundo ele, "praticar um jornalismo isento, independente, que não levasse em conta nenhum interesse, nem os da Rede Globo, nem os do dr. Roberto, nem os de ninguém" (apud Abreu, Lattman-Weltman e Rocha, 2003:47-48).
[4] Ver Ridenti (2000:330).
[5] Ver *O Estado de S. Paulo*, São Paulo, 5 maio 1995.
[6] Ver *Jornal do Brasil*, Rio de Janeiro, 19 abr. 1995.

presidente Collor fora absolvido.[7] A ambigüidade do autor está igualmente expressa na narrativa ficcional, que em sua seqüência final contrapõe a imagem fixa dos caras-pintadas retratados nos personagens de Carla e do sobrinho Vicentinho a uma voz em *off* que, em tom jornalístico, narra fatos que a partir dali se sucederam, introduzindo uma dúvida sobre as reais possibilidades de instauração de uma nova ordem.

Decadência foi também a produção ficcional que pela primeira vez abordou o fenômeno do crescimento de seitas evangélicas no Brasil, tendo sido esta a marca deixada pela minissérie. O tratamento dessa questão permitiu que o assunto circulasse na imprensa antes mesmo da exibição da minissérie, em função da reação negativa da Igreja Universal do Reino de Deus, que identificava na figura de Mariel o seu líder, o "bispo" Edir Macedo. A questão se acirrou pela veiculação da notícia de que o livro de Dias Gomes repetia frases de entrevista concedida por Edir Macedo à revista *Veja* (14 nov. 1990), embora o autor alegasse ter havido apenas uma coincidência pela recorrência de chavões por parte dessas seitas. Dias Gomes defendeu-se também afirmando que havia outro personagem, igualmente um pastor, que representava um lado positivo da Igreja. As acusações, contudo, se pautavam pela semelhança dos processos que foram movidos contra Edir Macedo e Mariel, assim como pelos gestos teatrais de ambos nas pregações religiosas.

A reação mais forte foi da Rede Record, controlada pela Igreja Universal do Reino de Deus e que já vinha atacando a Rede Globo em seu programa de debates chamado *25ª hora*, em represália ao fato de o *Fantástico* — programa dominical de grande audiência daquela emissora — ter levado ao ar, em fins de julho, imagens de um culto da Igreja Universal mostrando como os pastores induziam seus fiéis a pagar o dízimo.[8] A Rede Globo procurou se esquivar de todo tipo de comentário durante a exibição da minissérie, até mesmo das acusações de estar ligada a setores conservadores da Igreja Católica. Por outro lado, desde 1989, a Rede Globo enfrentava a concorrência da Rede Record, recém-comprada por Edir Macedo, e em 1990 já denunciava no programa *Globo Repórter* a exploração dos fiéis, mostrando membros da Igreja Universal na

---

[7] Ver *O Globo*, Rio de Janeiro, 14 maio 1995.
[8] Para maiores detalhes sobre a polêmica, ver *Veja* (6 set. 1995), bem como os jornais da grande imprensa diária carioca e paulistana — *O Globo, Jornal do Brasil, O Estado de S. Paulo* e *Folha de S. Paulo* — durante o período de exibição da minissérie.

saída de uma grande concentração popular com sacos de dinheiro.[9] Esse debate foi sem dúvida a grande polêmica que marcou na mídia a gravação e a exibição da minissérie.

O tratamento dado à produção de *Decadência* seguiu o mesmo padrão de outras minisséries ao longo dos anos 1990, entre as quais *Agosto* (1993), cuja direção artística esteve a cargo de Carlos Manga, veterano homem das chanchadas nos anos 1950 e responsável pela introdução do chamado padrão cinematográfico na programação das minisséries.[10] Narrativa com ritmo mais pausado e com movimentos de câmara mais lentos, incluindo *travellings*; iluminação sombria como expressão do acirramento da tensão na narrativa; diálogos sintéticos e por vezes solenes em meio a momentos de silêncio; menor utilização dos recursos de campo-contracampo e de planos fechados, tradicionalmente recorrentes nas telenovelas; uso excessivo de *closes* em momentos de tensão, acompanhados por música destinada a gerar suspense; introdução de efeitos de verossimilhança com base nas novas tecnologias então disponíveis, permitindo a reconstrução de época por meio de computação gráfica, por exemplo, eis alguns dos elementos formais que predominam tanto em *Decadência* quanto em *Agosto*, conferindo às minisséries uma semelhança com as produções do cinema.

Com direção geral de Roberto Farias — cineasta cuja trajetória se inicia nas chanchadas e que presidiu a Embrafilme nos anos 1970 — e Ignácio Coqueiro, a minissérie teve poucas cenas gravadas na cidade cenográfica da Rede Globo. Na tentativa de dar maior verossimilhança à reconstituição histórica, utilizando os efeitos eletrônicos obtidos graças ao aprimoramento dos recursos tecnológicos, algumas cenas fundiram personagens ficcionais com personalidades da vida política nacional, fazendo com que os primeiros se apresentassem dentro das imagens de arquivo, numa fusão visual entre ficção e história. A imprensa referiu-se ao uso de tal efeito especial antes mesmo da exibição da minissérie, recorrendo sempre ao exemplo do filme premiado com o Oscar em 1994 e intitulado *Forrest Gump — o contador de histórias*, cujo personagem principal convivia com figuras famosas da história americana recente, inclusive o ex-presidente John Kennedy.[11] Na verdade, a estratégia de estabelecer uma

---

[9] *IstoÉ*, 13 set. 1995.
[10] Para uma análise da minissérie *Agosto*, ver Kornis (1994).
[11] *Folha de S. Paulo*, São Paulo, 18 jan. 1995; *O Globo*, Rio de Janeiro, 17 set. 1995.

interpenetração entre ficção e realidade no campo da política já fora utilizada — embora sem efeitos especiais, numa perspectiva realista — pela telenovela *Os imigrantes*, exibida pela TV Bandeirantes em 1982, quando o ex-presidente Jânio Quadros contracenava com personagem da ficção. A verossimilhança se impôs ainda em *Decadência* pela presença de fatos e acontecimentos históricos na narrativa através dos mais variados meios de comunicação, portadores da realidade na construção ficcional. Este é o caso da forte presença da televisão como veículo de pontuação dos fatos políticos ao longo da narrativa, assim como o uso de manchetes de jornal e eventualmente do rádio, recursos fartamente utilizados em outras minisséries ambientadas na história nacional recente.

A construção da história recente em Decadência: a família no centro da crise ética e política do país

As múltiplas e diferentes formas de inserção dos acontecimentos históricos na construção narrativa e na definição do perfil dos personagens da minissérie *Decadência* não nos permitem reduzir a reconstrução histórica ali realizada a mera ambientação de época. Do nosso ponto de vista, examinar a construção da história num produto ficcional significa atentar para a estreita articulação que se estabelece entre ficção e representação dos fatos históricos — que neste último caso transforma-se em história na ficção — e que se realiza dentro de modelos típicos da indústria do entretenimento.

Nesse sentido, o passado nas minisséries é construído numa linguagem próxima à do cinema, moldado segundo os padrões do melodrama que, juntamente com o folhetim, se configura como matriz da produção ficcional televisiva. Embora não caiba aqui o detalhamento das características daquele gênero, tanto do ponto de vista de seus recursos narrativos quanto da construção dos personagens,[12] é importante registrar que nossa análise aponta para os significados e os limites de uma história reconstruída no campo da moralidade nos termos colocados pelo espetáculo do melodrama, baseada numa dicotomia entre o bem e o mal que pedagogicamente define os personagens — inclusive os personagens reais da história do país — e a própria trama. São esses os

---

[12] Para uma discussão mais detalhada sobre a questão do melodrama como categoria descritiva analítica, ver Brooks (1976); Xavier (2003); Kornis (2003).

parâmetros pelos quais a minissérie constrói a transição do regime militar para a democracia, estabelece os desafios e impasses no processo de retomada democrática, e enquanto tal transmite um "conhecimento" de nossa história recente.

A analogia dos personagens com situações que se desenrolam no campo da política, quase como estereótipos, sustenta um tom didático em *Decadência*, como se estivéssemos diante da história recente do país, apresentada numa polarização entre o bem e o mal. Os personagens mais importantes da trama estão de alguma maneira referenciados à vida política do país, o que por sua vez está intimamente ligado à sua índole e seu caráter. Há assim uma correspondência entre personagem bom/posicionamento político correto e personagem mau/posicionamento político incorreto. Há, por exemplo, uma polarização nos personagens do principal casal romântico na trama: a jovem Carla — integrante do movimento das "Diretas Já", que exibe em seu quarto a bandeira do Partido dos Trabalhadores (PT) e não se conforma com a eleição de Collor em 1990, transformando-se em cara-pintada no movimento pelo *impeachment* daquele presidente em 1992 — personifica o bem, enquanto o ex-menino de rua e depois o inescrupuloso líder evangélico Mariel incorpora o mal — numa escalada que se inicia com a instalação da "Nova República" —, muito embora o conflito entre ambos só deslanche definitivamente quando ela toma conhecimento de que foi ele quem mandou matar seu pai, já no desenlace da narrativa. Por outro lado, as divergências políticas existentes entre eles não se explicitam na relação de ambos e, conseqüentemente, em nenhum momento provocam conflito.

Em *Decadência*, mais do que em todas as outras minisséries da Rede Globo que tematizaram a história política recente — à exceção de *Agosto* (1993) —, a reconstituição histórica se faz por meio de variadas inserções que traçam um verdadeiro painel de parte dos anos 1980 e 1990: imagens de arquivo em preto e branco intercalam quase todos os intervalos para comerciais, dialogando de alguma forma com a construção narrativa propriamente dita; imagens de arquivo em cores são introduzidas na própria narrativa, seja por meio dos aparelhos de televisão presentes nos vários cenários, seja como imagem de cenas com as quais se fundem personagens ficcionais inseridos por meios eletrônicos; menção verbal a acontecimentos históricos importantes ou mesmo o uso de transmissões radiofônicas pontuam os diálogos entre os personagens. Há um esforço de construção de verossimilhança em relação à história brasileira recente ao longo de toda a narrativa, como examinaremos mais adiante. Esse "parecer ser real" nunca se realiza — como já foi dito — de uma forma externa à diegese: pelo contrário, a pontuação da história brasileira em *Decadência*, além de exaustiva, integra ficção e realidade, na criação de uma realidade na ficção que, enquanto tal, deve ser analisada.

Note-se, ainda, que à intimidade estabelecida pelo público com o drama familiar exibido na pequena tela se soma a afetividade com uma história vivida num passado bastante recente, com uma história já vista na mídia — não necessariamente em todos os casos, se recordarmos, por exemplo, a omissão da própria Rede Globo durante as manifestações pelas diretas em 1984 — e que retorna ao público numa construção narrativa distinta do telejornal ou do documentário.

A dramatização da história em *Decadência* se articula ao drama familiar dos Tavares Branco em conflito com um líder evangélico, e é desta forma que ela se integra à construção narrativa, formulando um diagnóstico do país em sua história recente. A correspondência que se estabelece entre situações e personagens ficcionais e a história na construção ficcional transforma metaforicamente o drama da família Tavares Branco no retrato de uma nação em processo de degeneração, traçado ao longo de parte dos anos 1980 e 1990, com a revelação tanto das mazelas da família Tavares Branco e de Mariel quanto da história brasileira. Um conjunto de referências negativas tanto na história ficcional quanto na história nacional na diegese, tais como tráfico de influência e corrupção, está ainda associado na narrativa a perversões sexuais, orgias, alcoolismo e consumo de drogas, acentuando o já mencionado quadro de crise e decadência. Nesse sentido, é possível traçar um paralelo entre *Decadência* e *Agosto* — produzidas entre 1993 e 1995 —, considerando que ambas as minisséries, situadas historicamente em conjunturas marcadas por grave crise política, estabelecem correspondências semelhantes como forma de expressar o drama nacional.

Outro conjunto de questões ligadas a imagens e vinhetas de abertura e fechamento dos capítulos aponta para essa relação metafórica estabelecida pela minissérie. Embora a narrativa de *Decadência* respeite a cronologia histórica, as imagens de arquivo em preto e branco inseridas antes e após os intervalos comerciais não seguem necessariamente essa orientação. Independentemente do momento histórico ao longo da narrativa, há um predomínio de referências ao governo Collor nesse universo de imagens — seja através de sua figura e de seu irmão Pedro, seja do plenário da Câmara dos Deputados, de mobilização diante desse local e de ações fiscalizadoras —, criando a própria identidade da minissérie quanto à problemática e ao tempo histórico em questão. A conjugação desse procedimento com as imagens de abertura e do final de cada capítulo — fachada da mansão da família Tavares Branco, depois os cômodos e os móveis sendo cobertos por lençóis, evocando a idéia de fim de um momento áureo, por último o título *Decadência*, cujas letras desabam como um castelo de cartas, evoca uma correspondência entre aquele momento histórico e a crise de uma família que outrora teve seu apogeu.

Para proceder à análise desse conjunto de questões em *Decadência*, estabeleceremos nove blocos narrativos, definidos segundo os três movimentos básicos do esquema clássico de uma narrativa tripartite: apresentação (blocos 1 e 2), desenvolvimento do conflito (blocos 3, 4, 5, 6 e 7) e desenlace (blocos 8 e 9). A seguir, o conteúdo sintético de cada um desses blocos, visando uma análise posterior:

Apresentação — o apogeu e o início da crise da família Tavares Branco:

❑ bloco 1 — a família Tavares Branco em seu apogeu (1970);
❑ bloco 2 — a revelação da crise financeira familiar e o início do relacionamento entre Carla e Mariel (1984/85).

Desenvolvimento — o conflito entre a família Tavares Branco e Mariel:

❑ bloco 3 — o conflito familiar e a expulsão de Mariel da mansão (1985);
❑ bloco 4 — o ingresso de Mariel no culto evangélico e o início da vitória da ambição (1985/86 e 1989);
❑ bloco 5 — o poderoso Mariel e a investida contra a família Tavares Branco (1990);
❑ bloco 6 — o conflito aberto entre a pureza (Jovildo e Tavares Branco) e a ambição (Mariel) (1991);
❑ bloco 7 — as novas estratégias de Mariel e o recrudescimento do conflito (1991).

Desenlace — a revelação de um impasse:

❑ bloco 8 — o surgimento de provas contra Mariel e o fim do objeto de desejo (1991);
❑ bloco 9 — o rompimento de Carla com Mariel e o *impeachment* (1992).

O apogeu e o início da crise da família Tavares Branco

A apresentação da minissérie se realiza em dois momentos cronologicamente distintos: o primeiro em 1970 e o segundo entre os anos de 1984 e 1985. A abertura, porém, se reporta a cenas que transcorrem ao final da narrativa, com imagens do incêndio de uma mansão. A atmosfera de tensão é favorecida não só pela montagem e pela agilidade na sucessão de planos, mas sobretudo pela intensidade do vermelho do fogo nas cenas, pelos *closes* nos rostos dos personagens de Carla e Mariel diante do incêndio na residência da jovem, e pela tensa locução de repórter que transmite o acontecimento para a televisão. É a voz de Carla em *off* que nos traz algumas lembranças de histórias ocorridas naquela mansão, para em seguida apresentar os membros de sua família. É ela a personagem que indiretamente transmite o ponto de vista do autor, no seu olhar crítico em relação à realidade que a cerca desde esse momento inicial até a última cena da narrativa, quando seu rosto é estampado em imagem fixa como cara-pintada na mobilização pelo *impeachment* do presidente Collor. Carla é uma das netas do jurista Tavares Branco. Numa família conservadora, decadente e por vezes hipócrita, ela é quem deslancha o conflito central da trama ao se apaixonar pelo motorista da família, o ex-menino de rua Mariel, que irá se transformar num poderoso e inescrupuloso líder evangélico.

A narrativa opõe essas primeiras imagens a uma seqüência de apresentação da família décadas antes desse acontecimento. Diferentemente da agitação e do tratamento ágil daquelas primeiras cenas, há uma imagem estática, um retrato fixo da mansão da família Tavares Branco, evocando tranqüilidade e estabilidade, a qual se sobrepõe a legenda "1970", situando cronologicamente aquele momento. Segue-se, com rapidez mas também com precisão, a apresentação dos personagens da família Tavares Branco em pleno ritual de missa e almoço dominicais. O passeio da câmera pelos cômodos da casa e a presença da governanta Jandira, cuidando da arrumação da mesa e da educação das crianças, são elementos que evocam o caráter tradicional e abastado da família em questão.

Entre os personagens da família destaca-se o patriarca, que como tal reitera o espírito de família tradicional católica — oposta "a uma tal de teologia da libertação" —, firme em sua decisão de criar Mariel — menino pobre e órfão — nas dependências da mansão. A conversa com o padre Giovanni sobre o menino e a chegada deste à mansão são os dois momentos iniciais em que a ação é mais lenta e quase didática, como para apresentar Mariel, agora um agregado da família Tavares Branco. A menção ao Brasil como lugar onde transcorre a ação é feita ao mostrar-se a bandeira nacional ao fundo numa cena na igreja, servindo sobretudo como recurso simbólico que evoca a nação na construção narrativa.

A definição do contexto histórico é reiterada pela menção à Copa do Mundo, ao contrário de todas as referências posteriores ao longo da narrativa, as quais se farão estritamente pela história política. Não há nesse momento menção ao regime militar, e as tomadas diurnas em todas as cenas, privilegiando o cenário da mansão e seus cômodos, não insinuam nenhum tipo de tensão ou apreensão na diegese quanto ao momento histórico em curso, certamente pela inexistência de conflito nesse momento da narrativa.

Com tratamento lento e pausado, é a troca de olhares a distância entre a menina Carla e o menino/novo morador Mariel que estabelece na construção narrativa o início da futura relação amorosa entre ambos. Da mesma forma, há uma antecipação do principal traço da personalidade de Mariel — a ambição —, através de seu comentário diante do carro da família — "um dia vou ter um carro igual a esse" —, servindo de fecho a esse primeiro bloco narrativo.

A passagem para o segundo bloco narrativo, ainda a título de apresentação da trama, se dá com o deslocamento temporal para o ano de 1984, rompendo com a narrativa do espaço doméstico familiar. Esse corte cronológico aponta, por sua vez, para um momento decisivo no processo de retomada democrática, de intensa mobilização na luta pelas eleições diretas para a presidência da República — episódio de abertura desse segundo bloco —, nos momentos finais do governo militar. A fusão entre a história ficcional e a história política do país se realiza a partir desse momento, pautando acontecimentos e a própria caracterização dos personagens, que, agora adultos, serão novamente apresentados. O bloco se abre com Mariel, agora na função de motorista da família Tavares Branco, conduzindo o jurista Albano ao encontro de Tancredo Neves, em atenção ao pedido deste para que participasse de um evento, sobre o qual seremos informados, em cena posterior, de que se trata do comício pelas eleições diretas para a Presidência da República.

A montagem estabelece de forma bastante contrastada uma diferença entre os momentos históricos definidos pela apresentação da narrativa: à calmaria do ano de 1970 se opõe a agitação de 1984, com movimentação de pessoas, sons de buzinas, faixas em prol das diretas e mais uma vez bandeira do Brasil, antecedendo a apresentação dos personagens, cujo retrato se fará pela correspondência entre características pessoais e posicionamento político e ideológico. De forma polarizada, essa forma de apresentação dos personagens já traz consigo uma concepção da história na diegese, conferindo desde então conotações valorativas ao processo histórico.

Exceto em relação a Mariel, cuja caracterização não se faz nesse momento via posicionamento político, todos os demais jovens demonstram envolvimento com a mobilização pelas diretas: são eles que, trajados com camisetas das diretas, deixam a mansão rumo ao comício num carro portando bandeiras com diferentes palavras de ordem — entre elas, uma com a sigla do PT —, com som em *off* da música de Milton Nascimento intitulada "Menestrel das Alagoas", um quase hino da campanha das diretas, no trecho que se refere explicitamente à esperança. É utilizado na narrativa o recurso de inserção dos personagens ficcionais em imagens televisivas da época, conferindo pela primeira vez verossimilhança ao momento histórico em que transcorre a ação, quando a imagem dos personagens reais é colocada lado a lado com a de um personagem ficcional: ao retrato da multidão e das bandeiras, segue-se a imagem do palanque do comício, no qual está Albano Tavares Branco juntamente com Tancredo Neves — no momento em que este afirma que "o país tem que eleger o mandatário da nação" —, Franco Montoro, Sobral Pinto e Ulisses Guimarães. A cena se fecha com um dos oradores do comício proclamando que "todo poder emana do povo e pelo povo tem que ser exercido. Este movimento é a favor da cidadania". A identificação desses personagens reais com o comício das diretas realizado na Candelária, com destaque para Tancredo Neves, demonstra os limites dessa verossimilhança ao excluir personalidades políticas que, importantes na mobilização pelas diretas, eram contudo decisivas na vida política nacional no ano em que a minissérie foi produzida, a saber: Fernando Henrique Cardoso — empossado na Presidência da República no ano de produção e exibição da minissérie —, Luiz Inácio Lula da Silva e Leonel Brizola, candidatos derrotados nas eleições presidenciais de 1994. A primeira menção ao regime militar na narrativa virá a seguir, deslocada do tempo, quando Albano revela para o filho sua certeza da vitória de Tancredo Neves nas eleições para a Presidência da República, após o final da ditadura, num diálogo que explicita a postura liberal de ambos os personagens.

Algumas situações e personagens vinculados à trama romântica são esboçados simultaneamente nesse mesmo bloco e ainda no ano de 1984. Mariel, que quando está em casa passa todo o tempo lendo a Bíblia em seu quarto, é assediado pela governanta Jandira. O tratamento do personagem Mariel ao longo do bloco destaca o caráter enigmático de sua personalidade — *close* nos olhos azuis, que ao longo da narrativa irão se satanizando, e destaque para sua expressão impassível, refletindo um comportamento discreto, atento e religioso —, em meio a comentários que denunciam a ambição do personagem. Enquanto isso, a família está mobilizada pela chegada dos Estados Unidos do primo Vítor, um médico de futuro promissor que se apaixonará por Carla, mas que só desperta a atenção de Suzana, irmã de Carla.

A construção da trama romântica se faz paralelamente à caracterização dos personagens em função de seu posicionamento político e moral diante dos acontecimentos históricos. À caracterização de Carla como jovem despojada e desafiadora dos valores cultivados por sua família se acrescenta um comportamento político mais radical, expresso na sua indignação com a rejeição, pelo Congresso, das eleições diretas para a Presidência da República, sendo ela a única a manifestar-se sobre esse acontecimento na narrativa. Por oposição, é apresentado seu irmão, Pedro Jorge, o único neto homem do patriarca e que procura se beneficiar da relação do avô com Tancredo Neves. Em torno da caracterização de seu personagem, reúne-se um conjunto de variáveis negativas: numa residência exótica, acompanhado por duas gêmeas negras e nuas, ele é surpreendido por Irene, mãe de seu filho, apresentada como mulher vulgar que o procura exclusivamente por dinheiro. O filho, de comportamento rebelde, é por sua vez criado na mansão sob os cuidados de Sônia, uma outra irmã, alcoólatra, que o mima, além de ser apaixonada pelo irmão.

Fatos históricos ocorridos no ano de 1985 atualizam a caracterização da família como liberal e próxima ao poder, mais uma vez via posicionamento político. Em meio às imagens de telejornais mostrando a vitória de Tancredo Neves na eleição indireta à Presidência da República, há um diálogo entre o patriarca e seu filho, em que este último valoriza a eleição de Tancredo Neves, não importando se através de eleições diretas ou indiretas, o que demarca politicamente uma posição de centro, considerando a derrota da emenda Dante de Oliveira pelas eleições diretas para a Presidência da República. O pai vai ainda mais além ao destacar a importância do fim da ditadura militar, negando ter sido cogitado para o cargo de ministro da Justiça. As imagens documentais apresentadas pela televisão informam em seguida sobre o estado de saúde de Tancredo Neves, através do porta-voz Antônio Brito, e sobre a posse do vice-presidente José Sarney na Presidência da República. Nesse momento, somente o patriarca Albano e sua idosa irmã estão diante do aparelho de TV, não havendo assim nenhum impacto no acompanhamento do noticiário sobre a doença de Tancredo Neves, o que significa que o episódio é minimizado na narrativa, talvez pela dificuldade em estabelecer uma polarização dos personagens em torno do fato. Ficam assim demonstrados os limites da construção de verossimilhança na referência a tais acontecimentos, se considerarmos a forte intervenção da mídia ao longo de todo o processo de agonia de Tancredo Neves.

A seqüência da festa de aniversário de Carla deslancha ações importantes para o desenrolar da narrativa. A comemoração serve como ponto de confluência de todos os personagens, mais uma vez descritos de forma maniqueísta, e agora diante da presença contida mas marcante do motorista, que pela primeira vez será introduzido no espaço da mansão, a convite de Carla. Em meio a uma sucessão de cenas que sugerem romances não correspondidos entre os mais jovens — o interesse de Vítor por Carla, com a aquiescência da família, e o de Suzana e da amiga Rafaela por ele; a irritação distante da outra filha de Albano, Sônia, que, bêbada, percorre na penumbra as laterais do salão e se manifesta contrariada pela presença de Irene, mãe de Vicente, filho dela com Pedro Jorge, que ameaça tirar a criança da casa em troca de dinheiro —, os termos da crítica de Jandira a Mariel por ter aceitado o convite para a festa reiteram não só o traço ambicioso da personalidade do motorista, mas sobretudo insinuam que algo está por acontecer, numa espécie de antecipação de vingança reiterada até o desenlace da narrativa. Como que corroborando o temor de Jandira, após sucessivas e intensas trocas de olhares durante a festa, se inicia a relação entre Carla e Mariel, cena que culmina com a afirmação dele, destacada em *close*, de que tem premonições em relação a ambos.

A correspondência que se estabelece entre a história ficcional e a história na diegese tem seu auge nesse segundo bloco, no episódio das mortes de Albano Tavares Branco e Tancredo Neves, ocorridas no mesmo dia, estabelecendo uma relação alegórica entre drama familiar e drama nacional. Carla é a personagem em torno da qual os acontecimentos se articulam e se desenvolvem: além de o avô sentir-se mal durante sua festa, será ela quem primeiro receberá a informação da morte de Tancredo Neves, levando toda a família a reunir-se em torno da televisão, onde novamente é mostrada a imagem de Antônio Brito, com som *off*, falando de sonhos de democracia e liberdade. Da mesma forma, Carla é a porta-voz da notícia do falecimento do avô, transmitida a ela por telefone do hospital. A imagem fixa da fachada da mansão enquanto ainda ouvimos a voz de Carla ao telefone estabelece ainda uma identificação entre patriarca e mansão, como símbolos de uma tradição que será abalada a partir daí.

A correlação entre a morte dos dois patriarcas — o da família e o da nação — anuncia a intensificação dos conflitos, como que revelando os reais problemas tanto familiares quanto nacionais, em meio ao que se afirmará a relação entre Carla e Mariel. Quando da leitura do testamento, revela-se a precariedade da situação financeira familiar que levara à hipoteca da mansão, fato ignorado até mesmo pelo filho Albano. À perplexidade estampada nos rostos de cada um dos membros da família, detalhados individualmente, se soma a referência à situação nacional, particularmente à inflação em curso, seguindo-se uma indagação sobre as possibilidades de o presidente Sarney "dar jeito".

Assim, é em meio ao quadro político de fim do governo militar e de retomada democrática, abalada desde seus primeiros momentos com a morte do patriarca da nação — que na narrativa corresponde metaforicamente à morte do patriarca dos Tavares Branco, a qual igualmente provoca um abalo familiar —, que se inicia o relacionamento entre Carla e Mariel. Após irem juntos a uma gafieira, quando então se revelam o encantamento de Carla e o comportamento sempre enigmático de Mariel, Carla dirige-se ao quarto dele, sob os olhares atentos de Jandira. Com um tratamento lento e minucioso na descrição das carícias entre o casal — tendo como pano de fundo um temporal que pode ser entendido como sinal externo do caráter transgressor daquele ato —, tem lugar a sua primeira relação sexual. Pela manhã, em meio à felicidade de ambos, Mariel revela a Carla que a premonição dele se confirmara, e que ela lhe pertence. O sentimento de satisfação de Mariel revela uma dupla face, se considerarmos o caráter ambicioso do personagem, o qual se aprofundará ao longo da trama.

O conflito entre a família Tavares Branco e Mariel

O ressentimento de Jandira, provocado pela bofetada que leva de Mariel por intrometer-se no caso, e a denúncia do relacionamento entre Carla e Mariel feita pela governanta aos pais da jovem deslancham o terceiro bloco narrativo, e os movimentos de aproximação e afastamento de ambos se alternarão até o sétimo bloco, em meio à ascensão social de Mariel e ao empobrecimento dos

Tavares Branco. A ira dos pais de Carla diante do fato e a decisão de expulsar Mariel da mansão fazem emergir os traços hipócritas da família Tavares Branco, condenados continuamente por Carla, que assim se firma como personagem que encarna a defesa dos sentimentos e valores puros, sem preocupação com convenções sociais. Apesar dos problemas com o filho Pedro Jorge, a revolta do pai revela-se mais intensa com a filha — é esse o fato que deslancha a ação contra Mariel —, pois é Carla quem reage à hipocrisia familiar. Nem mesmo a prisão de Pedro Jorge, por uso de drogas, causa tanto abalo na família quanto a notícia de que Carla mantém um relacionamento afetivo com Mariel. A irritação de Albano com o filho, porém, não impede que ele tente manter as aparências, solicitando à polícia que não divulgue o fato à imprensa. O episódio, por outro lado, contém uma crítica não só de costumes, mas da vida política nacional, pois, ao ser preso, Pedro Jorge estava acompanhado de um deputado que havia sido convidado para ministro do governo Sarney e com quem ele procurava fazer *lobby* durante uma festa íntima com mulheres de programa.

Humilhado, Mariel deixa a mansão sem aceitar um cheque da família Tavares Branco e sem procurar Carla, que se revolta contra a sua expulsão. Albano vai outra vez à polícia, agora para incriminar Mariel, mas Carla afirma que o seduziu, e, diante do mal-estar físico de Albano, a polícia promete abafar o caso. Carla vai ao encontro de Mariel na igreja que o abrigara desde criança. Nesse momento, Mariel revela seu desejo de vingança, identificando-se com Deus, ao mesmo tempo em que demonstra a ambição de comprar a mansão, antecipando um movimento que ocorrerá posteriormente.

Ainda ao final desse bloco, Carla denuncia o caráter hipócrita de seus pais, que desejam que ela se case com Vítor por ser ele um profissional financeiramente bem-sucedido, união que não romperia com as convenções sociais como seria o caso de um casamento com o motorista da família. Ao mesmo tempo, uma conversa entre Celeste, mãe de Carla, com Vítor sobre a esperança no Plano Cruzado, implantado àquela época, reitera a pontuação da vida política na narrativa. Será esse o duplo movimento — reação de Carla ao afastamento de Mariel, que passa a demonstrar desejo de vingança, e esperança quanto aos rumos econômicos do país — que delimita a tensão contida nessa passagem.

Em termos cronológicos, o quarto bloco narrativo abrange os anos de 1985 e 1986, e também de 1989 e 1990, cobrindo assim o período que vai do primeiro governo democrático pós-regime militar — marcado na narrativa pela menção ao Plano Cruzado — até o momento do confisco bancário, instaurado imediatamente após a posse de Fernando Collor na Presidência da República. Na construção ficcional, este é o momento em que Mariel se firma como pastor de Igreja Evangélica, ao mesmo tempo em que se afasta de Carla. Bastião da virtude, Carla acaba se voltando para Vítor, embora sofra no início com a decisão de Mariel de também afastar-se dela. Do lado da família Tavares Branco, a decadência moral se explicita sobretudo na figura de Pedro Jorge, que progressivamente irá enriquecer como lobista, enquanto os valores hipócritas emergem nos personagens de Albano e Celeste, que, escravos da tradição, se mantêm num universo de aparências. Todo o desenrolar da narrativa nesse bloco se articula ao processo histórico em curso, seja por referências orais que traduzem diferentes engajamentos políticos, seja por imagens televisivas, abrindo porém espaço para a construção alegórica do próprio personagem Mariel, que passará a identificar-se com o universo de abuso de poder, corrupção, tráfico de influências e exploração do povo explicitados durante o governo Collor, além obviamente da semelhança com os líderes religiosos cujas seitas entram em franca expansão ao longo dos anos 1980 e 1990.

O foco do início do bloco volta-se para Mariel, que vê na Igreja Evangélica a possibilidade de realizar seu ambicioso projeto de enriquecimento. Por isso, a discussão de caráter religioso com o padre Giovanni desvia-se para o esvaziamento da Igreja Católica, em contraposição à imensa audiência de outras igrejas. O fundo musical associado à imagem de cada um desses dois ambientes evoca justamente a diferença entre as igrejas do ponto de vista de seu público: a solidão e a solenidade do ritual da Igreja Católica contrapostos a um espaço que, embalado por uma música agitada e triunfal cantada pelo pastor sob o refrão "Jesus, transforma minha vida", empolga seus fiéis. Porém, na cena que registra esse culto — que ele visita a convite de Jandira — destaca-se em primeiro plano a doação de dinheiro pelos fiéis em nome da fé, aparecendo ao fundo a expressão de fascínio de Mariel.

Já agora na condição de pastor, Mariel passa a animar o culto, e sua pregação é apresentada criticamente por uma associação que se realiza na narrativa entre som e imagem: ao mesmo tempo em que ele proclama ter tido a revelação de Deus, que o incumbiu de trazer a palavra dele, e conclama os fiéis a partirem somente com o dinheiro necessário para o ônibus, como forma de obter as graças desejadas, as imagens mostram os montes de dinheiro deixados no recinto. É dessa maneira que fica registrada a nova atividade de Mariel.

Há um salto para o ano seguinte, 1986, por meio de imagens televisivas que mostram os candidatos ao governo do estado do Rio de Janeiro na campanha daquele ano: Fernando Gabeira, Wellington Moreira Franco e Agnaldo Timóteo. Esse conjunto de referências atua na diegese como registro do alinhamento político de Albano como eleitor do PMDB, o que lhe confere uma identidade política de centro. Ainda na construção ficcional, esse ano será marcado por dois movimentos opostos, centrados nos netos do patriarca: enquanto Carla expressa o amor verdadeiro e a honestidade nas relações afetivas — episódio de rompimento do noivado de quase um ano, liberando Vítor para casar-se com a colega Rafaela, mesmo sem saber do paradeiro de Mariel —, Pedro Jorge, em franca atividade lobista e tendo como assistente Irene, começa a enriquecer recebendo comissões de empresas, o que é demonstrado pela chegada triunfal à mansão em carro de luxo. Secundárias nessa oposição entre Carla e Pedro Jorge, as outras duas irmãs, Sônia e Suzana, manterão um mesmo repertório até o desenlace da narrativa: enquanto Sônia revela a todo momento sua paixão pelo irmão e o sentimento maternal por Vicentinho, Suzana trabalha com o pai no escritório e não admite vender a mansão, além de nutrir uma paixão não correspondida por Vítor.

Carla é a expressão da honestidade e questiona seus próprios pais sobre a possibilidade de um casamento sem amor, impondo-lhes um constrangimento que nos leva a acreditar no caráter hipócrita da união do casal. O peso das convenções sociais é evocado pelo fundo da cena de diálogo entre Albano e Celeste e cujo foco é o retrato do patriarca, apesar da conversa entre o casal deixar entrever essa dúvida. Revela-se então o peso da estrutura familiar — a presença do retrato do patriarca na cena evidencia isso —, numa seqüência que termina com Albano, sozinho, olhando o retrato do pai, como se com ele estabelecesse um diálogo cujo texto estava contido na memória. Por outro lado, prosseguem as tentativas de superar a crise financeira da família, revelada pela decisão de Albano de presentear os noivos Vítor e Rafaela com uma baixela de prata que pertencera a seus pais, como forma de oferecer-lhes um bom presente em troca da obtenção de um empréstimo com o pai da noiva, o banqueiro Emiliano, para livrar a mansão da hipoteca.

Ainda no contexto do ano de 1986, Mariel discorre sobre seu projeto de construção de uma nova igreja, tentando ainda convencer o tesoureiro Jovildo de que a Bíblia não despreza a riqueza material. No intervalo comercial que antecede essa seqüência, imagens de arquivo mostram Fernando Collor — personagem cuja projeção histórica, porém, só se afirmará mais adiante — durante a campanha presidencial de 1989, mas cuja relação com Mariel pode ser entendida na construção ficcional como uma alegoria que virá a se realizar mais adiante, identificada mais uma vez como expressão de abuso de poder, tráfico de influências e exploração do povo. O registro minucioso do ambiente pobre e decadente em que reside Mariel — para onde Jandira se dirige ao deixar o emprego — expõe o despojamento de sua vida até esse momento, por oposição a outro que está por vir, quando se torna um homem rico, dono de sua própria igreja. Esse fato será exatamente revelado na diegese durante os primeiros meses do governo Collor, consagrando em toda a sua plenitude a relação alegórica Mariel-Collor.

Como uma referência que gradativamente se integrará à construção narrativa, a figura de Collor reaparece em imagens de televisão durante o debate da campanha presidencial de 1989, quando acusa Lula de defender a luta armada. Nesse momento, a polarização entre os dois candidatos atualiza uma antiga polarização política entre os membros da família Tavares Branco: Albano defende que Collor irá moralizar o país, mas alguém — possivelmente Carla — diz que a renovação está com um operário, enquanto Suzana defende Roberto Freire.

Fora dessa cena está Pedro Jorge, que, no desempenho de suas atividades como lobista já há três anos e tendo a seu lado Irene, atua como captador de recursos para a campanha de Collor. O personagem de Pedro Jorge se identificará cada vez mais na narrativa com o universo que se realizará plenamente na diegese durante o governo Collor, numa clara analogia com os abusos de poder cometidos por aquele presidente. O contato de Irene com o banqueiro Emiliano Couto Neves, via Pedro Jorge, para angariar recursos para a campanha presidencial, trata de forma irônica e sarcástica os termos nos quais se realiza a estratégia de convencimento para apoio ao candidato. Insinuações sexuais povoam o diálogo entre ambos: enquanto Irene, de forma vulgar, fala de "nosso candidato" como "paladino da moralidade e modernidade", argumentando que ele é jovem e comprometido com o povo, Emiliano expressa com o olhar o seu interesse sexual por ela. A cena se fecha com Emiliano propondo em tom ambíguo que eles discutam política num lugar mais aconchegante, ironizando esse "esforço" na frase "tudo pelo Brasil".

A articulação da história ficcional com a história do país na diegese é reforçada com as imagens documentais que se sucedem no intervalo, apresentando Lula e Collor votando no dia do pleito. Essa montagem reforça o argumento de que há na construção ficcional uma interpretação do país sob várias formas, que atuam inclusive na condução da narrativa. A abertura da cena nos leva a crer assim que as eleições estão quase decididas, pois parte de Albano a esperança no novo governo que se avizinha. Um mesmo Albano que, empobrecido, é pela primeira vez apresentado checando contas, referindo-se ao aperto de sua situação financeira, insinuando a demissão de empregados e identificando-se com a classe média ao criticar os excessivos impostos que sobre ela recaem. A crítica situação apresentada não o afasta do firme propósito de não vender a casa, em atitude que é expressa pelo olhar lançado para o retrato do pai, mais uma vez demonstrando sua submissão à tradição.

O fechamento do ano de 1989 na construção ficcional acena para um novo momento político, mantendo a polarização dos personagens em relação à história na ficção. Carla sai com amigos para um comício do candidato Lula e são inseridas imagens desse comício, havendo aí referência ao PT. Em seguida, durante a transmissão do *Jornal Nacional*, o locutor Cid Moreira anuncia o percentual de votos, donde se conclui a vitória de Collor. Ao contrário de Carla, que se assusta com o resultado, Pedro Jorge irrompe feliz na sala, solidarizando-se com o restante da família, enquanto Suzana demonstra uma posição mais cautelosa. Não há discussão, não há embate entre os irmãos Carla e Pedro Jorge, simplesmente o registro recorrente de um antagonismo que não se aprofunda nem gera conflito, e a própria indignação de Carla é suave. Segue-se a comemoração da vitória de Collor em grande festa da qual participam os personagens corruptos e falsos na narrativa — Pedro Jorge, Irene e Rafaela —, exceto Vítor, ali presente para acompanhar sua esposa Rafaela, apesar da insinuação, na festa, de que ela e Pedro Jorge são amantes.

Há um salto de quatro meses, conduzindo a trama para o ano de 1990, e o aperto financeiro da família se revela pela disposição de Albano de vender a casa. Prepara-se a passagem para o bloco seguinte, quando aparecerá um comprador. Ao mesmo tempo, há uma referência histórica indireta no momento em que Pedro Jorge, às voltas com uma mala cheia de dinheiro que lhe fora trazida, liga para o pai avisando que tirou todo o dinheiro do banco por ter ouvido falar em confisco. A alusão a uma *inside information* reflete a estreita ligação do personagem com o governo, reforçada pela ida dele às pressas para Brasília. A informação oficial é mais uma vez trazida pela televisão, quando toda a família toma conhecimento do confisco bancário implantado pelo governo Collor, e o presidente do Banco Central Ibrahim Eris aparece na pequena tela. O comportamento dos membros da família não revela indignação maior — Suzana manifesta raiva pelo fato de o irmão nada ter avisado, e Carla afirma que vários sabiam de tudo —, mas abre espaço para o comunicado de Albano informando que receberá um pretendente à compra da mansão.

Correspondendo historicamente ao primeiro ano de governo Collor, o quinto bloco organiza a narrativa de forma a estabelecer uma polarização entre personagens e situações, a qual se tornará central no desenvolvimento dos sexto e sétimo blocos com vistas ao desenlace. Novos alinhamentos se explicitam a partir desse momento, quando o comportamento moral se afirma como parâmetro de uma bipolaridade, incluindo o desenrolar da história política na diegese. De um lado, Albano — apesar da defesa de valores hipócritas no conflito com a filha Carla —, o tesoureiro Jovildo e, secundariamente, o padre Giovanni; de outro, Mariel e Pedro Jorge, ambos vinculados a Collor na diegese.

O quinto bloco apresenta-se como o momento em que são revelados o poder e a riqueza de Mariel, quando este é apresentado como o comprador da casa em plena conjuntura de confisco bancário, medida de impacto instaurada pelo Plano Collor. A analogia de Mariel com o presidente Collor se faz inicialmente pela montagem que introduz de forma recorrente imagens do presidente nos intervalos comerciais, assim como os cenários suntuosos e os símbolos de riqueza que agora fazem parte do cotidiano do líder religioso. Mas se aprofunda na revelação da impunidade de ambos com base num amplo apoio/voto dos fiéis/eleitores, quando são identificados como poderosos — Collor na Presidência da República e Mariel um rico líder evangélico. O maior beneficiado na diegese pela proximidade com o poder é Pedro Jorge — chamado pelos mais próximos de PJ, numa evidente alusão ao tesoureiro da campanha presidencial de Collor, PC Farias —, cuja atuação reforça a ironia na narrativa, sobretudo por ser esta a marca do ator Luís Fernando Guimarães nos programas que atualizaram a linguagem do humor nas últimas duas décadas na Rede Globo. Há ainda no universo cafona freqüentado por Pedro Jorge uma evidente analogia com a Casa da Dinda, residência particular do presidente Collor, bastante explorada pela mídia na época, por seus ambientes suntuosos e de mau gosto.

A trama romântica, embora sempre presente, é ofuscada na ruptura dos blocos narrativos desde a passagem para o quarto bloco, quando a ação se concentrará sobretudo na ascensão de Mariel e, depois, na sua defesa estratégica diante da reação tanto de Albano quanto de Jovildo.

A apresentação de Mariel como comprador da casa inicia o quinto bloco, e as primeiras cenas — o ritual da chegada à mansão com motoristas e seguranças em carro de luxo — criam suspense em torno de quem será o desconhecido pretendente, com a descrição detalhada, pela câmera, de seus sinais de riqueza. No momento em que Albano se vê frente a frente com o comprador Mariel, revela-se em toda a sua intensidade a tensão entre a nova riqueza de Mariel, que Albano imediatamente reputa como desonesta, e a decadência financeira dos Tavares Branco, que a partir daí só aumentará, dando margem à decadência também moral. Esse movimento certamente fala de uma alternância de riqueza agora consolidada na construção ficcional: de uma família tradicional decadente para um homem humilde mas ambicioso que enriquece com a exploração da fé dos humildes.

É por intermédio de Carla que se revela a origem da fortuna de Mariel: quando ela vai revê-lo em sua casa, eles se beijam, e ela é levada ao templo para entender o que aconteceu com Mariel, fato por ele justificado pelo encontro com Jesus. São os olhos da íntegra Carla que nos revelam a Igreja de Mariel, numa seqüência que é a mais forte do bloco. Num local grandioso, na forma de um grande espetáculo, fiéis são levados ao delírio sob o comando de Mariel, que canta triunfalmente no palco tendo a seu lado Jandira. Ao final da música, a pregação entusiasmada de Mariel demonstra a liderança e o controle por ele exercidos sobre os adeptos de sua Igreja, aos quais ele enumera tudo quanto pode ser pedido se houver fé em Cristo. A atmosfera de fanatismo religioso é bastante intensa, realçada por *closes* em Carla, com gestos e expressão de perplexidade, por *travelling* nos rostos da audiência inflamada, pelo registro de Mariel discursando aos berros. Carla abandona o local no momento em que Mariel começa a falar sobre o amor ao lado de uma mulher que se despe até ficar nua no palco. O clima de fanatismo chega ao ápice quando ele quebra duas garrafas com bebida alcoólica e, com as mãos sangrando, ateia fogo no líquido. Na saída, Carla percebe a monumentalidade da entrada do templo e, posteriormente, sem maiores explicações dirá a Vítor ser louca de não ter casado com ele, e pedirá desculpas ao pai por ter-lhe trazido aborrecimentos.

Carla não presencia, contudo, o momento em que Mariel arrecada muito dinheiro, dizendo que Jesus o devolverá em dobro. O fanatismo e o charlatanismo do líder são realçados nas tomadas feitas com chamas diante de sua figura, alternando *closes* no seu rosto com os gritos de "aleluia, Jesus!", numa atmosfera quase macabra. Ao fim da cerimônia, a farsa da encenação se acentua quando, após saber por Jandira que Carla se foi, ele revela à assistente seu projeto de compra da mansão, opondo-se a Albano, um "advogadozinho" fracassado, segundo Mariel, que reitera seu poder como proprietário de várias igrejas.

A descrição do espaço doméstico de Mariel é igualmente importante não só como retrato de sua riqueza, mas pela oposição que estabelece por meio da arquitetura e da decoração com a tradicional mansão agora decadente dos Tavares Branco. Pela primeira vez, polarizam-se os cenários mansão/nova casa de Mariel, assim como a antiga casa/nova casa de Mariel, marcando a alternância de situação financeira e conseqüentemente de poder. É no cenário de sua casa/escritório, em reunião com os dirigentes da Igreja, que Mariel apresenta seus projetos de criação de novas igrejas e emissoras de rádio. Instaura-se nesse momento o conflito entre Mariel e Jovildo, expresso na defesa, pelo tesoureiro, da pregação na própria Igreja em contraposição aos projetos de difusão da Igreja por meios eletrônicos e de sua expansão no exterior.

A indignação de Albano soma-se agora à desconfiança de Jovildo em relação a Mariel e, em seguida, do padre Giovanni, após uma conversa com Albano e Celeste em casa deles. A estratégia de enriquecimento ilícito de Mariel é explicitada mais uma vez tanto por Albano, que denuncia a manipulação do povo por charlatães, quanto pelo padre Giovanni, que demonstra ter conhecimento dos processos de cura utilizados por Mariel, além de suas atividades ilícitas, como o contrabando. Ao concluir que o caso de Mariel não é isolado, a fala do padre mais uma vez estabelece um diálogo com a realidade do momento da produção da minissérie, atuando diretamente no processo de construção de uma verossimilhança.

À afirmação do desejo de Albano de ver Mariel preso sucede-se, no intervalo para comerciais, imagem de arquivo do vice-presidente da República Itamar Franco — que assumiria a Presidência da República após o *impeachment* de Collor —, cuja figura pode ser aqui associada à evocação de um momento de revelação completa do enriquecimento ilícito do presidente e da corrupção instalada durante sua gestão. A imagem que reabre a ficção é de Luís Otávio da Motta Veiga, presidente da Petrobras durante o governo Collor e que foi a primeira voz a levantar suspeitas de ações ilícitas dentro do governo. Após a revelação da origem da riqueza de Mariel, essa montagem reitera, do nosso ponto de vista, a plena associação da história na diegese com a ficção propriamente dita.

No quinto bloco, no qual se narra pedagogicamente a origem da riqueza de Mariel e se esboçam as reações que irão advir na construção narrativa, arma-se ainda a ligação do líder religioso com Pedro Jorge. Esse encontro, na casa de Mariel, sela o início de uma relação "profissional" num cenário cuja grandiosidade se reflete na demonstração do aparato de segurança que cerca a casa. Ciente das atividades de Pedro Jorge como lobista, Mariel solicita sua interferência junto à família para que lhe vendam a mansão do Cosme Velho. A narrativa da negociação financeira em torno da operação é feita por uma câmera ágil, que acompanha a discussão do percentual como um pingue-pongue, e mais uma vez percebe-se ironia na fala de Pedro Jorge quando, após o acerto, ele afirma ser esse o primeiro negócio que faz com Deus.

O anúncio do sexto bloco está contido nas imagens apresentadas no intervalo comercial que o antecede: uma reunião de Comissão Parlamentar de Inquérito, certamente em alusão àquela instalada para averiguar as irregularidades cometidas durante o governo Collor. Essas imagens de arquivo atuam na diegese como passagem entre as irregularidades mostradas no bloco anterior — quando se fecha a "rede" dos personagens negativos — e a reação a esse estado de coisas, posto que o sexto bloco começa por mostrar a reação contra Mariel e sua rede. A iniciativa de Albano de procurar a polícia abre esse bloco narrativo — anunciando a tensão em torno de todo o processo de investigação contra Mariel —, que se fecha no segundo semestre de 1991, com os primeiros movimentos da história na diegese de mobilização contra Collor.

Da mesma forma que Carla na seqüência do bloco anterior, quando se mostra chocada ao saber da atividade exercida por Mariel, agora é Albano que, ao recorrer à polícia para denunciá-lo, toma conhecimento das informações que a polícia já havia reunido acerca das atividades do pastor da Igreja da Divina Chama. A tensão das cenas protagonizadas por Albano e pelo policial culmina com a revelação, por parte deste último, de que já havia assistido ao culto e estava ciente de que o poder de convicção de Mariel arrastava multidões. O policial se reconhece impotente diante da dificuldade de abrir processo contra Mariel sem provas e também pelo fato de sua fortuna poder comprar tudo, "inclusive amigos, juízes e deputados". A carga de sua fala é porém atenuada pela afirmação de que não só aqui, mas também nos Estados Unidos, esses cultos mobilizam multidões. A tensão permanece com *closes* em ambos, e Albano termina por afirmar, desesperado, que irá conseguir provas contra Mariel.

Por outro lado, como que aprofundando na narrativa a exposição de um universo decadente em termos morais e éticos, intensificam-se ao longo desse bloco os jogos de interesse e as articulações escusas, mesclando negócios financeiros com sexo e abuso de poder. Inicialmente, Pedro Jorge e Mariel tentam ampliar seus negócios, pois Mariel precisa de *lobby* para construir novas igrejas e também para fazer contato com empresas de comunicação. Já os casos de infidelidade conjugal ficam evidenciados nas relações entre Irene e Emiliano — sobretudo pela desconfiança crescente da esposa Stella — e entre Pedro Jorge e Rafaela, enquanto Mariel insinua ter casos amorosos com mulheres que o cercam na Igreja, para tristeza de Jandira.

Mas é a entrada da polícia em cena que desencadeia na narrativa o processo investigativo contra Mariel, introduzindo novos personagens na trama — o policial e sua esposa —, igualmente caracterizados de forma maniqueísta. O corte de ordem moral estabelece uma divisão no casal: enquanto o policial honesto não aceitará ser subornado por Mariel, sua esposa, a ambiciosa Luísa, questiona o marido ao afirmar que "honestidade nesse país é burrice". Num encontro do delegado com Mariel, há uma demonstração do poder do líder religioso, quando vemos que a entrada do policial na casa é registrada por inúmeras câmeras internas. Indagado sobre suas atividades financeiras, Mariel evoca Deus, aparentemente demonstrando controle total da situação, mas em seguida revelará para Jandira a sua desconfiança de que havia alguém contra ele suspeitando que o inquérito estava parado.

A impotência e a tensão de Albano são enfatizadas pela iluminação soturna nas cenas em sua casa em noites de chuva. Nesse cenário, ele pede a Celeste que convença a filha a não se aproximar de Mariel. Não aceitando intromissão em sua vida, Carla reage mais uma vez atacando a hipocrisia dos pais, que ao seu ver não são felizes e não sabem o que é o amor. Carla mais uma vez encarna a idéia do amor puro e verdadeiro: no seu quarto está pendurada uma bandeira do PT, como que reforçando a vinculação da personagem com a pureza de ideais.

A seqüência de comemoração do aniversário de Pedro Jorge procura deixar patente o ridículo do personagem, como numa alegoria do poder e da impunidade. Há um olhar crítico com relação à forma cafona e abusiva dos festejos e ao comportamento do aniversariante: a seqüência se abre com fogos e uma mulher saindo de dentro de um bolo, mas depois Pedro Jorge torna-se o foco de atenção da câmera. Fantasiado de grego, circula eufórico entre os convidados, confirma com um banqueiro e um deputado que eles ganharam uma concorrência, anda ao encalço da amante Rafaela, ali presente com o marido Vítor, e vai à beira da piscina receber com estardalhaço os cumprimentos pela data, por parte do presidente da República. Em oposição à ternura do amor verdadeiro de Carla por Mariel, que a corteja na festa, emerge a crítica do casamento sem amor entre Rafaela e Vítor, que acabará em tragédia para a amante de Pedro Jorge. A crise dessa relação atinge seu clímax naquela madrugada, quando conta para o marido que está grávida. Este sai de casa, e Rafaela, desesperada, telefona para Pedro Jorge dizendo que está grávida dele. O desprezo de Pedro Jorge ao receber a notícia em plena ressaca ao final da festa a leva a ingerir um frasco inteiro de remédios, o que causa sua morte. Após o enterro, realizado sem grande comoção da parte dos presentes, Vítor decide viajar, e Suzana volta a tentar uma aproximação com o médico.

Nesse mesmo bloco, o tesoureiro Jovildo vai-se tornando cada vez mais crítico e receoso com relação ao comportamento de Mariel na Igreja. O foco recai nas demonstrações de fanatismo religioso durante o culto — um velho cego doa dinheiro na esperança de voltar a enxergar — e no interesse quase obsessivo de Mariel pelo dinheiro dos fiéis. Logo após o culto, há tensão na conversa entre ambos, pois Jovildo se mostra preocupado com o desvio de dinheiro da Igreja para a compra de emissoras de rádio. Há uma polarização entre os discursos de Mariel, que afirma que as emissoras são necessárias para difundir a mensagem de Cristo, e do assustado Jovildo, que aponta a ilegalidade desse procedimento e a existência de US$ 5 milhões depositados nos Estados Unidos para esse fim.

As imagens que antecedem o intervalo comercial mostram o Congresso Nacional, e essa montagem parece recuperar, através do registro visual desse local, um espaço de dignidade e de ação contra as arbitrariedades do poder. Na construção ficcional, isso nos remete à perplexidade de Jovildo diante da autoridade de Mariel e ao reencontro de Albano com o delegado. Mesmo informado pelo policial sobre a decisão da Justiça de arquivar o inquérito contra Mariel, Albano tenta provar que Mariel é um estelionatário levando como testemunha um cego que ingressara na Igreja há dois anos, convencido por Mariel a retirar todo o dinheiro que tinha da caderneta de poupança. A possibilidade de incriminar Mariel e a decisão de Carla, em cena seguinte, de não mais procurá-lo tranqüilizam Albano.

Ao final do sexto bloco, a conjuntura histórica na diegese avança para o segundo semestre de 1991, com o retorno de Vítor ao país após um ano no exterior. Evidenciada pela conversa entre Vítor e Suzana no carro — pois ela vai esperá-lo no aeroporto —, a passagem do tempo é igualmente pontuada pelas informações transmitidas no rádio sobre as denúncias contra o presidente Collor e renúncia de Rosane Collor ao cargo de presidente da Legião Brasileira de Assistência. Suzana comenta que o país piorou em termos de corrupção e inflação. Em seguida, o rádio transmite uma fala de Mariel, e ela informa a Vítor que Mariel já possui 20 emissoras de rádio. É mais uma vez com referência direta a um momento histórico que se fecha o bloco narrativo, associando ficção e fatos históricos: num mesmo contexto, emergem denúncias contra o presidente Collor, enquanto Jovildo e Albano mobilizam-se contra Mariel. Collor e Mariel, representantes do poder na diegese, são assim "desafiados". A volta de Vítor marca uma reaproximação com Carla; por oposição, imagens do casal Rosane e Fernando Collor são inseridas no intervalo comercial.

A estratégia de defesa de Mariel inaugura o sétimo e último bloco, o mais longo deles, quando a narrativa atinge seu clímax, preparando o desenlace. Numa estratégia típica das ficções televisivas, a narrativa torna-se dedetivesca, em meio a uma série de assassinatos e mortes, além de chantagens. A escalada da reação de Mariel contra Jovildo e Albano deixa patente o maquiavelismo do personagem, acentuado por um tratamento visual que, através de *closes*, lhe confere um olhar satânico. A analogia entre Mariel e Collor se faz na medida em que ambos procuram se defender de situações que ameaçam seu poder. Não existem nas cenas referências explícitas por meio de imagens de arquivo, mas sim por diálogos e por imagens mostradas nos intervalos comerciais. Mariel manipula mulheres na investida contra Jovildo e Albano, numa estratégia em que o sexo é transformado em algo manipulador e manipulado: seduz Mariana, mulher de Jovildo, e contrata a garota de programa Wilma para que seduza Albano. Em ambos os casos, Mariel exerce sua autoridade utilizando tanto seus poderes "espirituais", na aproximação interesseira com Mariana, quanto financeiros, na contratação de Wilma.

A narrativa possui dois tempos bastante nítidos: a armação da investida de Mariel e a radicalização dessa atitude com o assassinato de Jovildo e a chantagem contra Albano. No primeiro momento, a investida contra Jovildo se consuma com sua demissão das funções de tesoureiro da Igreja por ordem de Mariel. Em casa, ao revelar à esposa Mariana que ele possui documentos que podem acabar com Mariel, Jovildo instaura na narrativa a possibilidade de revelar a verdade, contra o comportamento não-ético do líder religioso.

Há em seguida uma passagem pela conjuntura histórica na ficção, numa referência indireta ao momento em que os casos de corrupção começam a atingir o governo Collor. Assim, Pedro Jorge, Irene e Emiliano começam a se desentender por causa dos valores das comissões exigidas pelo lobista, enquanto o banqueiro passa a temer a possibilidade de abertura de sindicâncias. O poder e a impunidade da rede articulada em torno do presidente da República respalda Pedro Jorge, que nega a existência de problemas.

A outra dimensão do poder de Mariel começará a voltar-se contra Albano, que, ante ameaças telefônicas anônimas de assalto à sua mansão, retoma a idéia de vendê-la. Ao mesmo tempo, a estratégia de Mariel contra Jovildo passa a ser de manipulação de Mariana, aproveitando-se do poder de atração exercido sobre ela como líder religioso. Ele se vale do relato de Mariana sobre o tormento de Jovildo para convencê-la de que o marido está possuído pelo demônio. Graças ao infalível poder de sedução de Mariel, que agora lança mão de carícias, ele consegue que Mariana se afaste até mesmo fisicamente do marido. Além de uma câmera em *contre-plongée,* os sucessivos *closes* nos olhos de Mariel o transformam em demônio poderoso, contradizendo seu discurso de que é Jovildo quem está tomado pelo demônio. A progressiva transformação da figura de Mariel, que passa a assumir um ar satânico e cada vez mais autoritário, é produto da intensificação do cerco contra ele, com novas denúncias trazidas pelo delegado. Além de explorar o fanatismo de Mariana, Mariel contrata Wilma para atacar mais diretamente Albano, que acabará por envolver-se com a sedutora falsa cliente. E de Mariana ele conseguirá obter inicialmente os documentos da Igreja que estavam em poder de Jovildo na casa do casal e que poderiam incriminá-lo.

Mariel se vê pressionado pelos pastores da Igreja, insatisfeitos com os baixos salários recebidos, mas isso não o desestabiliza. Mariana continua por sua vez fiel a Mariel e não se deixa convencer pelo desesperado Jovildo, quando este lhe revela os depósitos de dinheiro no exterior e os imóveis registrados em nome do próprio Mariel. Este não se sente ameaçado nem mesmo quando o delegado torna público que a Justiça julgará processo contra ele por estelionato e curandeirismo. Aliás, o delegado logo começará a receber telefonemas anônimos ameaçando sua família. E Mariel dá gargalhadas quando Wilma lhe diz que Albano está apaixonado por ela e que eles tiveram relações sexuais.

Instaura-se porém na narrativa um clima de apuração de denúncias, com a inserção, nos intervalos comerciais, de imagens de arquivo referentes às investigações sobre corrupção no governo Collor, inclusive com apreensão de notas fiscais, o que é corroborado na ficção pelas conversas entre Irene e Pedro

Jorge, dizendo existirem no governo negócios suspeitos que poderão atingir muita gente antes deles próprios. Há ainda uma breve referência crítica de caráter psicológico na relação do casal com o filho Vicentinho: no dia de seu aniversário, limitam-se a dar-lhe dinheiro, alheios à agressividade e infelicidade do filho, mergulhado no consumo de drogas. Longe desse universo, Carla reaparece tentando estabelecer uma relação afetiva com Vítor.

A narrativa assume verdadeiramente um tom policial quando, levado pelo desespero, Jovildo atira em Mariel durante o culto, acusando-o de ter trocado Jesus por Satanás. A pedido de Carla, Vítor opera Mariel, reiterando uma postura ética no exercício de sua profissão e assim encantando Carla. Mesmo hospitalizado, Mariel acompanha os relatos de Wilma sobre a paixão de Albano por ela, que faz dele um homem feliz. Durante a convalescença, recebe telegrama do presidente Collor, o que mostra seus vínculos com o presidente. Nos intervalos, as imagens dos parlamentares no Congresso Nacional, de mãos juntas e erguidas, assim como de fiscais examinando documentos, evocam mais uma vez a conjuntura política na qual o Poder Legislativo apura as denúncias que pesam sobre o governo.

O gesto de Jovildo, agora foragido, leva a polícia a investigar as razões de seu ato. Após ouvir Mariana e Mariel, o delegado passa a suspeitar de um conflito entre ambos sobre uso de dinheiro da Igreja e da existência de documentos que comprometem Mariel. O acirramento do cerco a Mariel se associa na narrativa ao cerco ao esquema de Pedro Jorge, pois o banqueiro Emiliano é chamado a depor juntamente com empresários. Emiliano teme que haja uma ligação de PJ com o esquema de PC Farias, que começa a ser investigado, e um deputado diz a Pedro Jorge que a situação é preocupante, com a criação de novas comissões parlamentares de inquérito (CPIs).

A investida final de Mariel contra Albano é articulada com Wilma, que lhe informa ter contratado um homem desempregado, criando suspense quanto à finalidade dessa atitude. A conversa é acompanhada em gravação por Jandira. Já a investida contra Jovildo se arma quando, em clima de suspense, durante uma reunião com membros da Igreja, Mariel declara que Jovildo é um "câncer que deve ser extirpado", pois seu depoimento em interrogatório prejudicará a Igreja. Sucede-se o atentado contra Jovildo, antecedido pela cena do pastor ouvindo no rádio duas notícias que na narrativa se fundem pela correspondência entre a história ficcional e a história do país: a instalação de CPI na Petrobras para apurar denúncias de corrupção do esquema de PC Farias, e a presença da polícia na casa do homem que tentou matar Mariel. Jovildo volta a casa para pegar documentos, depois de telefonar para Mariana, que lhe mente ao dizer que está sozinha. Lá chegando, percebe que ela o traiu e foge, seguido por um grupo de homens armados e um ajudante de Mariel.

As cenas do cerco e da captura de Jovildo são intercaladas com a revelação de parte do esquema contra Albano, quando este é "flagrado" pelo suposto marido de Wilma, que lhe faz ameaças de vingança. Com dores no peito, Albano deixa o apartamento de Wilma, que acabará demonstrando remorso, enquanto o suposto marido está contente, pois conseguiu gravar tudo e em breve entregará as fitas a Mariel. Ao mesmo tempo, Jovildo é enforcado e pendurado, numa evidente alusão a Cristo crucificado. O enterro é acompanhado por Mariel, Mariana e membros da Igreja, enquanto o delegado a tudo assiste a distância, aproximando-se da viúva quando a deixam só. Nessa mesma ocasião, Mariel se declara apaixonado por Carla, que está às vésperas de marcar casamento com Vítor.

Há uma menção à cronologia histórica quando um aparelho de TV mostra as imagens de Pedro Collor denunciando o esquema de PC Farias, fato ocorrido em 1992 e que representou o golpe final contra o governo Collor. Num dos intervalos comerciais, a imagem do plenário do Congresso Nacional com a bandeira brasileira reforça a intensidade do momento histórico vivido pela nação naquele momento. Pedro Jorge torna-se agora o personagem central por fazer a ligação na diegese com o governo. É ele quem, juntamente com Irene e Emiliano, assiste pela TV às denúncias do irmão do presidente. Em seguida, numa cena que se abre com a capa da revista *Veja* estampando o retrato de Pedro Collor, Pedro Jorge pede ao pai um advogado. Albano promete arranjar-lhe um, mas se diz envergonhado pelo filho estar envolvido nesse "mar de lama". A sós com Celeste, Albano desabafa: "a sociedade perdeu sentido ético, nossa sociedade está podre", referindo-se ainda ao Brasil como "o país da impunidade", certo de que nada acontecerá.

A montagem é sutil, pois o desmascaramento final de Albano começa na seqüência seguinte, quando Mariel envia a Celeste um envelope contendo a fita com a gravação do "flagrante" do adultério do marido dela com Wilma, e só Jandira sabe do envio desse envelope. Por outro lado, Albano percebe que foi enganado quando Wilma lhe revela que é uma garota de programa, o que explica o fato de ele tê-la visto num restaurante com outro homem.

Um encontro casual de Carla com Mariel acaba estreitando novamente a relação entre ambos. Carla dorme na casa de Mariel, e Jandira, vingativa, interpela Mariel sobre o que acontecerá quando Carla souber o que ele está fazendo contra o pai dela. Mariel fica apreensivo, mas o envelope já foi posto no correio. Carla decide escrever a Vítor desmanchando o noivado. Na cena em seu quarto, ao fundo aparece a bandeira do PT, mais uma vez associando o caráter ético do comportamento de Carla àquele partido que, como ela, é identificado na construção ficcional como ético e puro em sua essência.

Um conjunto de pequenas tramas se sucede, acentuando a dramaticidade da narrativa. Mariana passa a não ser mais recebida por Mariel; Vicentinho rouba dinheiro do avô, e os pais suspeitam de seu envolvimento com drogas; Pedro Jorge é chamado a depor na CPI; e Carla afasta-se definitivamente de Vítor.

Porém a mais intensa é a longa seqüência de desmascaramento de Albano, que tem início quando Celeste, Albano e a filha Suzana ouvem a gravação do "flagrante" da relação entre Albano e Wilma. Transformado em hipócrita aos olhos da esposa, Albano afirma ter sido vítima de chantagem. A tensão se constrói por *closes* nos rostos, música forte, ambiente soturno mostrado por uma câmera em *travellling*. Albano sai em seguida à procura de Wilma, que já não mora ali onde eles estavam. Albano é recebido à porta por um homossexual — ao fundo vêem-se homens e mulheres nus em clima de orgia — que o informa da mudança dela para Brasília, possivelmente para ganhar mais dinheiro. Todo esse cenário reforça a identidade desses personagens com um universo de decadência moral e de impunidade intimamente ligado ao poder.

O reencontro de Albano e Celeste transforma-se num embate cruel para o advogado, que retorna a casa com dores no peito. Revela-se a hipocrisia do casamento que os uniu durante 40 anos, e Albano é desqualificado como bastião da moralidade. Celeste desabafa que se anulou para que ele pudesse representar o papel de patriarca, enquanto Albano se dirige com dificuldade para o canto onde está o retrato de seu pai, mais uma vez simbolizando a tradição e a autoridade. Nesse embate, Celeste nos revela ter tido uma grande paixão por um homem que fora assassinado a mando do próprio Albano e do pai. A dramaticidade da cena atinge seu clímax no momento em que Celeste revela com ódio nunca ter havido amor no casamento deles e nunca ter tido prazer com o marido, ao mesmo tempo em que Albano agoniza. Desmonta-se assim a farsa de integridade da família Tavares Branco com a revelação de um casamento por conveniência, com um lado hipócrita até então desconhecido. À informação da morte de Albano no hospital, devido a um enfarto, segue-se o encontro entre Celeste e Carla: a mãe sentada, em estado de choque, e a filha com a cabeça em seu colo, aos prantos, sem palavras, ambas unidas na dor e no compromisso com a verdade. Ante Mariel, Carla defende o pai, afirmando desconhecer as razões da maldade que alguém pudesse ter contra Albano, reiterando sua honestidade e integridade. Mariel, impassível, entra na mansão para cumprimentar Celeste, e Suzana se retira da sala. Carla e Suzana discutem por causa da presença dele ali, e Carla afirma que irá morar com Mariel. Um breve encontro entre Mariel e o padre Giovanni na mansão reforça a divergência deste último em relação à opção do primeiro.

No mesmo clima de desmascaramento, Stela promove um encontro com Emiliano e Irene, quando então revela que irá denunciar o marido e também Pedro Jorge na CPI. Diz estar ciente dos pagamentos que ele fez a Irene, e esta se defende dizendo que a maior parte daquele dinheiro era para suborno e tráfico de influências, e que na verdade ela não suporta Emiliano.

Em seguida, a televisão transmite o depoimento de Pedro Jorge na CPI, onde é acusado de receber dinheiro de empresas por intermediação de negócios com o governo. As imagens de seu depoimento se intercalam tanto no aparelho de TV da família Tavares Branco quanto no registro da própria CPI na diegese, e o efeito de verossimilhança se realiza plenamente pela inserção do personagem de Pedro Jorge nas imagens de arquivo da própria CPI. O estilo do personagem é evidenciado na fala do repórter, que destaca a postura irônica e irreverente do acusado no depoimento aos parlamentares, e pode-se mesmo ouvir Pedro Jorge dizer que "isso nunca dá em nada". Depois, ao comentar sobre seu depoimento na CPI, afirma que são os anti-heróis que fascinam o público, que sempre há um corruptor atrás de um corrupto, e gaba-se de ter respondido as perguntas sem nada dizer. Estando Carla ausente da mansão, Celeste retira-se da sala, pois não gosta de ver o filho "tratado como impostor", enquanto Suzana fica aliviada pelo fato de o pai não estar vendo aquilo. Já Sônia é complacente, enquanto o filho Vicentinho, alheio a tudo, retira-se da sala para roubar um relógio do avô e vender na rua.

A revelação de um impasse

O movimento pendular da narrativa, marcado pela oposição entre impunidade e busca da verdade, passa a seguir por um momento decisivo, quando a polícia consegue provas para incriminar Mariel. Configura-se o desenlace da narrativa, que se dá em dois blocos. O oitavo bloco se inicia com a leitura, por

Mariana, de uma carta que acidentalmente encontrara no chão, em sua casa, e na qual Jovildo revelava estar sendo perseguido por saber do desvio de dinheiro da Igreja praticado por Mariel para comprar emissoras de rádio e propriedades particulares, alertando que, caso algo lhe acontecesse, seria a mando do próprio. Assustada, ela se dirige à delegacia com a carta para denunciar que foi Mariel quem matou Jovildo. Nessa cena, aparece ao fundo a bandeira brasileira — símbolo máximo da nacionalidade aqui evocado como resgate de uma ação positiva em busca da verdade e que acaba por colocar a polícia no rumo certo para a apuração dos fatos. Jandira, por sua vez, joga sua última cartada em defesa de Mariel ao subornar Luísa, esposa do delegado. A frase de Luísa ao tentar convencer o marido, "honestidade é uma coisa, burrice é outra", reflete o dilema entre a ética e a corrupção que marca toda a narrativa. Enquanto isso, Mariel toma conhecimento pelos jornais de que existe agora contra ele uma prova documental.

Do lado da família Tavares Branco, o foco retorna à questão da venda da casa. Suzana se recusa a aceitá-la, apesar de Pedro Jorge informar que Mariel dobrou a proposta de compra. A situação financeira da família torna-se mais delicada quando aparece na mansão um oficial de justiça para proceder à penhora dos bens. Horrorizada com a entrega de jóias antigas, a velha tia evoca um glorioso passado familiar e as comendas recebidas de políticos como Getúlio Vargas, Oswaldo Aranha e Tancredo Neves, numa atitude de enaltecimento tanto da família quanto da política e nostalgicamente expressa na frase "bons tempos aqueles, a festa acabou".

A montagem opõe esta cena a outra em que Irene e Pedro Jorge vêem pela TV o momento em que Collor, diante de bandeira brasileira, discursa em defesa da nação. Por oposição à referência nacionalista associada a Collor na construção ficcional, Carla pincela seu rosto de verde e amarelo e junta-se a um grupo de jovens, enquanto a câmera focaliza ao fundo as inscrições "fora Collor" e "*impeachment já*". Na polarização dessas duas formas de evocar a nação estão marcados os momentos finais do governo Collor, com a eclosão do movimento dos caras-pintadas personificado na diegese por Carla. Sua figura se destaca em meio à manifestação dos jovens, entre faixas e bandeiras do Brasil. Carla assume paulatinamente um papel mais ativo na construção narrativa, a partir do momento em que, ao retornar para casa após a manifestação, encontra Mariel, que a aguardava para pedi-la em casamento. Não se esboça então nenhum conflito de ordem política e/ou ideológica, considerando a tensão vivida pelo país e que poderia vir a desestabilizar Mariel e Pedro Jorge, o que revela a distância dessas questões na relação do casal.

Apesar da contrariedade de Jandira, Mariel começa a planejar a cerimônia do casamento, para a qual pretende convidar artistas, políticos e o próprio presidente da República. Carla não se rebela contra isso, só declara achar meio cafona o projeto de fogos nos céus com o nome dos dois. Apenas solicita que Jandira não continue morando na casa. Com essa atitude, Carla coloca a paixão acima de qualquer ideologia ou postura ética que pudesse se transformar em questionamento das atividades e da origem da fortuna de Mariel.

Sobrevêm então as cenas inseridas no início da narrativa e referentes ao incêndio na mansão. A fatalidade de um curto-circuito no aparelho de som deixado ligado por Vicentinho põe fim ao símbolo da disputa entre a família Tavares Branco e Mariel, enquanto a morte de Suzana, por se recusar a deixar a casa em chamas, e a perspectiva do casamento de Carla com Mariel consolidam a idéia de que tudo acaba naquele momento. Não há mais crise, nem mesmo decadência, e o fim é o incêndio na mansão, intercalado por *closes* no retrato do patriarca, ambos símbolos de um passado agora consumido pelas chamas.

O incêndio provoca a antecipação da ida de Carla para a casa de Mariel, e este se vê forçado a pedir a Jandira que parta. A ameaça de Jandira, de que ele irá se arrepender desse ato, define a passagem para o nono bloco narrativo. Desde a ida do pequeno Mariel para a mansão, era Jandira quem cuidava dele. Depois, encantou-se por ele quando adulto e foi a responsável por sua expulsão da casa da família Tavares Branco ao denunciar os encontros entre ele e Carla. Fora ainda Jandira quem o incentivara a ingressar na Igreja e depois a criar a sua própria Igreja, onde se tornou sua fiel escudeira, mas agora ela iria traí-lo por não suportar que seu casamento com Carla a privasse do convívio com ele. Jandira, embora personagem secundário na trama, em sua obsessão por Mariel acaba por conduzir-lhe o destino, pontuando a trama romântica da minissérie.

Sob a ameaça proferida por Jandira, sem que Mariel lhe desse importância, inicia-se o último bloco narrativo de *Decadência*. É o dia do casamento de Carla e Mariel, que coincide com a notícia estampada nos jornais de que foi pedido o *impeachment* de Collor. Antecipando que esse fato não lhe traria riscos, Pedro Jorge diz a Irene, a caminho da festa, que "a grana está na Suíça". Já na casa de Mariel, Pedro Jorge comenta com Irene que passar a lua-de-mel em Miami significava "unir o útil ao agradável", numa evidente alusão ao fato de aquela cidade norte-americana receber dinheiro ilegal de brasileiros, além de se constituir num templo do consumo e, obviamente, de ter abrigado os homens de confiança do presidente Collor. A ironia do personagem atualiza ao longo de toda a narrativa o universo de impunidade e de corrupção vivido no momento histórico no qual transcorre a ação ficcional. A certa altura, estando a casa repleta de convidados, Jandira pede a Carla que ouça uma fita gravada. Carla descobre então que Mariel é o responsável pela chantagem de que seu pai fora vítima. Aos prantos, ela deixa a casa, chamando Mariel de monstro. Foge de carro, mas Vítor vai ao seu encalço, num encontro que celebra a vitória de um comportamento ético emoldurado pelo mar ao fundo. Enquanto isso, ainda na casa de Mariel, o delegado apresenta um mandato de prisão preventiva contra ele, acusado de ser o mandante do assassinato de Jovildo. Mariel ainda tenta subornar o delegado, mas a gravação da conversa é a prova para que este decida prendê-lo também por tentativa de suborno.

As últimas cenas da minissérie criam certa ambigüidade ao final da narrativa. A frase do delegado ao olhar para a câmera e perguntar "será que sou uma besta?", após a esposa chamá-lo de burro por não ter aceitado uma proposta milionária de Mariel, introduz esse clima de ambigüidade nas cenas seguintes. Jandira visita Mariel na cadeia e diz que ele estará livre em poucos dias, pois os fiéis o querem de volta, e ambos estão com os rostos felizes. Em seguida, Pedro Jorge e Irene se encontram num jatinho rumo a Miami e brindam com champanha "à impunidade", após deixarem uma carta para Sônia permitindo que Vicentinho seja agora seu filho. Vicentinho recebe a mesma carta e fica feliz com Sônia, enquanto ela joga fora o copo de bebida, e ambos estão na casa de Pedro Jorge.

A idéia de a ficção empreender um diagnóstico da história do país está presente com toda a força nas imagens finais de *Decadência*, seguindo o mesmo olhar ambíguo tanto sobre a história ficcional quanto sobre a história na ficção. Os destinos do país confundem-se com os de Carla, Mariel, Pedro Jorge, Irene e Vicentinho. Abre-se uma cena com gente nas ruas, bandeiras, manifestações, estudantes cantando o Hino Nacional, imagens da Praça dos Três Poderes, do eixo monumental de Brasília e finalmente do plenário do Congresso, no momento em que é decretado o *impeachment* do presidente Collor. Imagens de Ulisses Guimarães, Aécio Neves e Fernando Collor se juntam às dos caras-pintadas, associados à vitória do movimento, marcando o dia 29 de setembro de 1992 como o dia em que o Brasil mudou, enquanto se ouve ao fundo o trecho do Hino Nacional que exclama "ó liberdade!".

A pergunta em *off* "será que mudou mesmo?" revela o ponto de vista do autor, vindo somar-se à indagação do delegado momentos antes. Essa ambigüidade é reafirmada por uma conjugação de som, imagem e locução. São introduzidas imagens dos caras-pintadas na rua, portando faixas de "fora Collor!", ao som do Hino da Independência — no trecho "brava gente brasileira" —, acompanhando locução sobre o futuro dos personagens: Irene e Pedro Jorge fugiram para Miami, onde vivem confortavelmente; Mariel foi solto por *habeas corpus* e acaba de realizar seu grande sonho de inaugurar um novo templo em Roma, certamente numa alusão ao império romano, aqui simbolizando a grandiosidade da ambição de Mariel. No meio da massa dos caras-pintadas estão Carla e Vicentinho, abraçados e felizes, e é com essa imagem que a locução em *off* informa que o ex-presidente Collor foi absolvido pelo Supremo Tribunal Federal da acusação de corrupção passiva, ao som mais uma vez do Hino da Independência, agora no trecho "ou deixar a pátria livre ou morrer pelo Brasil". Há uma mudança gradativa no fundo sonoro, e ouve-se agora a voz de Milton Nascimento cantando "Canção do estudante". Nesse momento, os rostos de Carla e Vicentinho perdem o colorido e passam a preto e branco, transformando-se em documentos, eternizados pela ficção como testemunhas da história, tal qual as imagens em preto e branco nos intervalos comerciais.

A história política em Decadência: de que história falamos?

A construção de um discurso sobre a nação brasileira em *Decadência* se soma ao conjunto das minisséries produzidas pela Rede Globo voltadas para a história recente. A reconstrução desse passado se faz aqui no âmbito de uma problemática que aponta para os impasses na retomada da democracia a partir do final do regime militar, com ênfase porém no processo que é deslanchado durante o governo Collor. O olhar que se lança sobre esse período revela perplexidade ao identificar os primeiros momentos democráticos após 21 anos de governo militar a um movimento de decadência, mas é também ambíguo sobretudo na avaliação desse processo como um todo dentro da construção ficcional. A concentração cronológica da narrativa no período do governo Collor estabelece uma relação alegórica entre os personagens poderosos e o presidente, acentuando o caráter de impunidade, abuso de poder, tráfico de influências e corrupção, terreno no qual história ficcional e história na diegese transitam livremente.

A ilusão de riqueza da família Tavares Branco se esvai no momento da morte do patriarca da família, no mesmo dia em que morre Tancredo Neves. A analogia do patriarca da nação Tancredo Neves com o patriarca da família é evidente, e a desagregação familiar que virá a seguir, com a revelação do romance entre Carla e Mariel e após o enriquecimento ilícito deste como líder evangélico, guarda relação com as dificuldades e os desafios para a consolidação de uma ordem democrática cujos impasses e conflitos serão igualmente pontuados ao longo da narrativa ficcional.

O tom realista da minissérie mereceu comentários irônicos na imprensa durante a sua exibição, pelo fato de a Rede Globo exibir em 1995 uma história recente que ela própria havia omitido. Essas observações não se referiam apenas à omissão da Globo na transmissão das denúncias que pesavam sobre o governo Collor, mas também ao fato de a emissora não ter noticiado as manifestações pró-diretas em 1984 e à posição por ela assumida durante a campanha eleitoral de 1989, quando da disputa entre Collor e Lula pela Presidência da República.[13]

Por outro lado, o formato da programação ficcional televisiva, no qual a moralidade serve de base à construção da narrativa, estabelece os parâmetros e limites da reconstrução histórica. Destacar esse aspecto é fundamental para qualificar os termos em que a memória histórica fica aqui sedimentada. A identificação dos conflitos via moralidade não pretende ir além desse registro: assim, não há embate entre Carla e Pedro Jorge, irmãos tão diferentes, tampouco entre Carla e o próprio Mariel, por quem a jovem nutre uma paixão intensa, ainda que se identifique com a crítica aos rumos do processo democrático naquele momento. O rompimento de Carla com Mariel virá pela revelação de que foi ele quem mandou matar seu pai, e não por um confronto dela com o inescrupuloso e corrupto líder religioso. Carla não questiona Mariel quanto aos seus métodos de enriquecimento, e a indignação dela se volta contra os valores hipócritas dos pais, o que a impede de aproximar-se de Mariel. Como simpatizante do PT, ela acompanha o partido nas grandes mobilizações de massa, mas não questiona a relação entre Mariel e Collor.

Por outro lado, a estratégia realista da reconstrução histórica procura legitimar-se na introdução de imagens de arquivo e referências orais que atuam

---

[13] Ver, entre outros, Bucci (1995); Antenore (1995).

como registro de uma tensão, sem no entanto extrapolar os limites da construção do retrato de uma época. Da mesma forma, o desenrolar do conflito no campo da moralidade simplifica a construção da história na narrativa. A presença da história política é intensa e importante na construção narrativa, mas deve-se olhar criticamente para os termos dessa construção. Portanto, a história brasileira produzida pelas minisséries da Rede Globo não pode prescindir de uma análise dos termos nos quais o "conhecimento" histórico se formula. Os episódios marcantes desse período estão definidos no âmbito de uma dicotomia estabelecida pela narrativa de natureza moral. Família e nação se fundem na narrativa de *Decadência* num só processo de decadência, numa total correspondência entre ambos os processos que se vale da inserção de imagens de arquivo, agentes importantes para a construção de uma verossimilhança. Assim, esse movimento atesta que tais fatos aconteceram, e a história na ficção revela-se autêntica, tornando-se prova do que aconteceu. Porém, o que importa é examinar as correspondências e associações que se estabelecem nesse processo e que se baseiam sobretudo na questão moral, distante de uma problematização da história brasileira.

Referências bibliográficas

ABREU, Alzira Alves de; LATTMAN-WELTMAN, Fernando; ROCHA, Dora (Orgs.). *Eles mudaram a imprensa: depoimentos ao Cpdoc*. Rio de Janeiro: FGV, 2003.

ANTENORE, Armando. Minissérie revê disputa entre Lula e Collor. *Folha de S. Paulo*, São Paulo, 3 set. 1995.

BROOKS, Peter. *The melodramatic imagination: Balzac, Henry James, melodrama and the mode of excess*. New Haven: University of Yale Press, 1976.

BUCCI, Eugênio. Na Decadência, Globo faz um *mea-culpa* e se converte. *O Estado de S. Paulo*, São Paulo, 16 set. 1995.

KORNIS, Mônica Almeida. Agosto e agostos: a história na mídia. In: GOMES, Angela de Castro (Org.). *Vargas e a crise dos anos 50*. Rio de Janeiro: Relume-Dumará, 1994.

_____. Ficção televisiva e identidade nacional: *Anos dourados* e a retomada da democracia. In: ABREU, A. A. de; KORNIS, M. A.; LATTMAN-WELTMAN, F. *Mídia e política no Brasil: jornalismo e ficção*. Rio de Janeiro: FGV, 2003.

RIDENTI, Marcelo. *Em busca do povo brasileiro: artistas da revolução, do CPC à era da TV*. Rio de Janeiro: Record, 2000.

XAVIER, Ismail. *O olhar e a cena: melodrama, Hollywood, cinema novo, Nelson Rodrigues*. São Paulo: Cosac & Naify, 2003.

Capítulo 5

A política nuclear nos arquivos pessoais*

*Célia Maria Leite Costa***

Ao longo do século XX, os arquivos pessoais tornaram-se fonte indispensável de consulta para as pesquisas desenvolvidas pelos historiadores e cientistas sociais de maneira geral. O modo como essas fontes são utilizadas, todavia, varia de acordo com o modelo historiográfico dominante, que por sua vez é freqüentemente influenciado pelo tipo de documentação constituinte dessas fontes. Assim, por exemplo, se a história dos grandes personagens, dos fatos e dos eventos tirou seus subsídios dos arquivos privados das grandes famílias do século XIX — além, obviamente, dos arquivos públicos recém-liberados —, a história cultural e a nova história política da segunda metade do século XX partiu dos arquivos pessoais de políticos, literatos, artistas, cientistas etc., mas também de cidadãos comuns, para descrever o cotidiano das pessoas, seus hábitos e costumes, repensando a forma de fazer história.

Este capítulo pretende mostrar a possibilidade de novos usos dos arquivos pessoais de políticos e tecnocratas[1] do final do século XX pela pesquisa

---

* A autora agradece a Manoel L. Salgado Guimarães pela leitura atenta e participação no debate do texto.
**Pesquisadora do Cpdoc/FGV.
[1] Durante as décadas de 1970 e 1980, grandes mudanças ocorreram no cenário político e econômico brasileiro. Na política, estávamos sob o domínio da repressão, da censura aos meios de comunicação, do cerceamento dos poderes Legislativo e Judiciário, e do funcionamento do sistema bipartidário. Na economia, assistimos, no início da década de 1970, ao "milagre econômico", caracterizado pela elevação das taxas de crescimento, decorrente da política econômica implementada no governo Costa e Silva, aliada a uma conjuntura internacional favorável. Nesse período, muda-se a forma de fazer política e, conseqüentemente, surge uma nova elite dirigente, voltada prioritariamente para as questões técnicas do desenvolvimento. Essa elite era constituída pelos dirigentes das grandes agências governamentais, conhecidos, sobretudo na academia, como "tecnocratas".

histórica, nas suas fronteiras com a economia e a política. Isso se torna possível a partir da análise da constituição desses novos arquivos, configurada por uma nova tipologia documental e pela abordagem de novos temas.

Em primeiro lugar, será apresentado um breve histórico dos arquivos pessoais, percorrendo a trajetória desse tipo de fonte, da Antiguidade aos dias atuais, incluindo informações sobre a preservação dessas fontes no Brasil, a partir da segunda metade do século XX. Em seguida, será desenvolvida a idéia central do capítulo, qual seja: o aparecimento de novos tipos documentais, bem como a mudança do eixo temático nesses arquivos, poderá ter profunda influência nos marcos da pesquisa histórica no século que se inicia. A abordagem será feita a partir de um tema — a política nuclear brasileira do governo Ernesto Geisel (1974-79) — comum aos arquivos Antônio Azeredo da Silveira e Paulo Nogueira Baptista, ambos pertencentes ao acervo do Cpdoc. A escolha do tema relaciona-se à presença volumosa de informações sobre o mesmo nesses dois arquivos, bem como à sua importância para o estudo das conjunturas internacional e nacional daquele período.

Os arquivos pessoais: noções ao longo do tempo

Apesar de haver notícias da existência de arquivos pessoais desde a época do Império Romano, a noção de *arquivo pessoal*, tal como hoje a entendemos, data de período mais recente da história e se relaciona diretamente ao conceito de indivíduo moderno, que começa a se constituir a partir do século XV, paralelamente ao desenvolvimento do conceito de Estado nacional. Até então, sobretudo na Antiguidade, os documentos pessoais das autoridades políticas eram geralmente guardados juntos com a documentação pública, muitas vezes confundindo-se com esta.[2] A queda do Império Romano do Ocidente e as subseqüentes invasões bárbaras provocaram a dispersão dos reinos e de seus respectivos arquivos. Nessa época, os "arquivos pessoais", juntamente com os documentos dos "reinados ambulantes" eram conservados em baús ou cofres, transportados junto com os reis ou guardados nos mosteiros.[3]

Com a expansão das cidades, durante os séculos XIII e XIV, surgem os arquivos notariais, que serão guardados pelos corpos municipais. Mas a centra-

---

[2] Sobre história dos arquivos ver Delsalle (1998); Silva (1998); Bautier (1961).
[3] Ver Bautier (1961).

lização dos documentos públicos em grandes depósitos, ou seja, a criação dos arquivos de Estado, só acontecerá durante o período da Renascença, mais precisamente a partir do século XVI. Esses arquivos, posteriormente transformados em arquivos nacionais, eram os responsáveis pela guarda centralizada dos fundos da administração pública e tinham como principal objetivo instrumentalizar os governos dos soberanos absolutistas. A Revolução Francesa marcaria o início de uma nova era para os arquivos. A partir de então, duas novas dimensões seriam acrescidas à noção de arquivos: arquivo a serviço do cidadão, e arquivo como fonte para a história, esta última atrelada à questão da memória, cuja importância no século XIX é indiscutível.

Os arquivos pessoais acompanharam de certa forma a mesma trajetória dos arquivos públicos. Se na Antiguidade e na Idade Média os papéis pessoais, particularmente os dos membros da alta administração, quase que se confundiam com os documentos públicos, na Idade Moderna eles começam a se separar, à medida que o Estado se institucionaliza e as esferas do público e do privado ganham contornos mais nítidos. Por outro lado, o indivíduo moderno se especializa, a partir da diversificação progressiva das suas atividades e funções. Aos poucos, os arquivos pessoais e familiares começam a se constituir tal como os concebemos na atualidade. A constituição desses arquivos resultaria da acumulação de papéis por pessoas e famílias, guardados com a finalidade de atestar ou testemunhar as atividades e funções exercidas ao longo de suas vidas, adquirindo a conotação jurídica de prova ou testemunho, antes exclusiva dos papéis do Estado.

Outro fator que contribuiu para a construção da concepção contemporânea de *arquivos pessoais* foi a descoberta desses arquivos, pelos historiadores, como fonte privilegiada para a pesquisa histórica, na segunda metade do século XIX. A própria expressão *arquivo privado* só será considerada pela arquivologia no decorrer do século XX,[4] quando é incluída na definição de arquivos constante dos diversos manuais[5] que surgem a partir do final do século XIX.

A necessidade do indivíduo de guardar os registros de seu cotidiano simplesmente como lembrança de fatos ou momentos significativos de sua vida também pode ser apontada como um dos fatores que interferiram na gênese

---

[4] É na definição de arquivos publicada por Casanova em 1928 (apud Lodolini, 1993:138) que se introduz, pela primeira vez, na literatura arquivística moderna, a noção do indivíduo acumulador de papéis relacionados a suas atividades e funções.
[5] Ver Schellenberg (1958:42); Heredia Herrrera (1993:33).

dos arquivos pessoais contemporâneos. A correspondência particular com amigos e familiares, assim como os diários pessoais e de viagens são exemplos de fontes privilegiadas no registro de costumes, interesses e maneira de pensar, e têm seu lugar assegurado nos arquivos pessoais do mundo contemporâneo. A fotografia, ao longo do século XX, se constituiu igualmente em fonte privilegiada de registro do cotidiano.

No Brasil, o interesse pelos arquivos pessoais como fonte de pesquisa é bem mais recente — data da década de 1970 — e se relaciona com o aparecimento, no cenário cultural brasileiro, dos centros de documentação voltados para a pesquisa histórica. Até então a tarefa de reunir e preservar os documentos privados oriundos das elites imperiais ou do início da República havia sido responsabilidade das instituições arquivísticas públicas ou dos institutos históricos e geográficos, que a realizavam de forma precária. Esses centros de documentação dos anos 1970 surgem em decorrência de fatores conjunturais específicos, tais como a dificuldade dos pesquisadores brasileiros de acessar as fontes públicas e privadas, particularmente as do período republicano; a repercussão do desenvolvimento de pesquisas sobre o Brasil realizadas por especialistas americanos, conhecidos como "brasilianistas"; o surgimento dos cursos de pós-graduação nas áreas de ciências humanas; e a política científica e tecnológica que começa a se desenvolver no país, a partir do primeiro Plano Nacional de Desenvolvimento, o PND I (1972-74).[6]

O fato de não se ter no Brasil, naquele período, uma política de recolhimento sistemático dos documentos dos órgãos da administração pública às instituições arquivísticas públicas, a total ausência de uma política de preservação das fontes privadas e, ainda, a descoberta dessas fontes pelos *brasilianistas* estimularam o interesse dos pesquisadores brasileiros pela história contemporânea do país.[7] Esses centros de documentação surgiriam, portanto, no bojo da discussão sobre a necessidade de uma política de preservação documental e de acesso às fontes, valendo-se não só dos recursos destinados à ciência e à tecnologia, alocados nos planos básicos de desenvolvimento científico e tecnológico (PBDCT I e II) no período entre 1973 e 1979, como também da adoção, pelo Ministério de Educação e Cultura, em 1975, de uma política de incentivo à localização e à preservação de acervos privados. Esses novos centros iriam se

---

[6] Ver Costa, Lobo e Moreira (1986).
[7] Ibid., p. 5. Ver também Moreira (1990).

localizar, prioritariamente, nas universidades e fundações e podem ser caracterizados em dois grupos, em função do tipo de acervo constituído.[8]

A política documental praticada pelos centros de documentação que integram o primeiro desses dois grupos — os vinculados às universidades — foi, à época, e continua sendo, extremamente criticada por profissionais da área de arquivologia. As críticas a esse tipo de instituição referem-se sobretudo ao modelo de constituição de seus acervos, constituído a partir da reunião de documentos de arquivos, muitas vezes originais, em função de temas e linhas de pesquisas. Esses conjuntos documentais reunidos sem nenhum tipo de organicidade resultam, no caso de originais, em fragmentação e dispersão de fundos arquivísticos; no caso de cópias, em duplicação de acervo para atender geralmente a um público restrito. Em contrapartida, um outro grupo formado por centros voltados para a guarda de fundos arquivísticos privados, pessoais ou institucionais, a partir de uma linha de acervo previamente definida, iria contribuir para a preservação do patrimônio documental brasileiro, preenchendo lacunas decorrentes da inexistência de uma política nacional de arquivos e colaborando de forma decisiva para o desenvolvimento da pesquisa histórica no país. Entre os centros que se dedicam à formação, preservação e divulgação de acervos de fontes privadas contemporâneas encontra-se o Centro de Pesquisa e Documentação de História Contemporânea do Brasil (Cpdoc), da Fundação Getulio Vargas,[9] a Casa de Oswaldo Cruz, da Fundação Oswaldo Cruz, a Fundação Casa de Rui Barbosa e o Instituto de Estudo Brasileiros, da Universidade de São Paulo, entre outros.

O Cpdoc, reunindo um acervo de mais de 1,5 milhão de documentos, oriundos de arquivos pessoais de homens públicos, foi criado em 1973 e desde então tem desenvolvido uma linha de acervo especializada nas elites políticas brasileiras do século XX. Assim, integram o seu acervo não só os arquivos de políticos que atuaram na primeira metade desse século, como Getúlio Vargas, Oswaldo Aranha, Gustavo Capanema, Eurico Dutra, Juracy Magalhães, entre outros, como também os que ocuparam cargos públicos de primeiro e segundo escalões da política nacional nas décadas mais recentes. Esse é o caso, por

---

[8] Moreira, 1990:73.
[9] Ibid.

exemplo, dos arquivos de Ernesto Geisel, Roberto Campos, Antônio Azeredo da Silveira e Paulo Nogueira Baptista.

O manuseio dos documentos pertencentes aos dois grupos de arquivos conduz à constatação de que ocorreram mudanças na constituição desses arquivos com relação à tipologia documental e aos temas abordados. No que diz respeito aos tipos documentais, se no primeiro grupo predomina a correspondência, no segundo têm prioridade os relatórios técnicos, estudos e projetos. Quanto à temática, enquanto os documentos dos arquivos do primeiro grupo (Getúlio Vargas, Oswaldo Aranha etc.) fornecem informações que permitem recuperar o cotidiano da política brasileira dos anos 1930, os arquivos do segundo grupo, incluindo os dos diplomatas Azeredo da Silveira e Nogueira Baptista, subsidiam estudos sobre as grandes questões relacionadas ao Estado e à política nacional, como por exemplo a política nuclear brasileira nas décadas de 1970 e 1980, ou a dívida externa do país nesse mesmo período.[10]

Como se sabe, os arquivos, de modo geral, espelham a época em que foram produzidos. No caso dos arquivos pessoais de homens públicos, além de revelarem aspectos importantes de suas trajetórias individuais, possuem informações valiosas sobre as conjunturas nas quais esses homens públicos atuaram. Assim, os arquivos focalizados neste capítulo retratam um período de grandes mudanças nas esferas econômica, política e cultural, no plano nacional ou internacional, decorrentes do avanço tecnológico, do desenvolvimento da informática, da modernização do aparelho de Estado, de significativas modificações nas relações capital-trabalho, enfim, da progressiva passagem do capitalismo produtivo para o financeiro. Nesse contexto de mudanças profundas, marcado por graves conflitos internacionais, convém lembrar a importância da crise do petróleo nos países árabes e sua repercussão nos países consumidores desse produto em todo o mundo ocidental. A discussão sobre a energia nuclear como fonte energética alternativa aparece de forma privilegiada nesses arquivos.

---

[10] Convém ressaltar a importância da história oral como fonte e como metodologia que começa a se desenvolver na segunda metade do século XX. Diferentemente dos arquivos pessoais, cujos documentos se acumulam como resultado das atividades do seu titular, a história oral é uma fonte intencionalmente construída pelo pesquisador e cuja utilização e legitimidade crescem a partir da década de 1990, preenchendo muitas vezes as lacunas de informações sobre o cotidiano político deixadas pelas fontes mais tradicionais.

A política nuclear nos arquivos Azeredo da Silveira e Paulo Nogueira Baptista

Tomando por base a documentação textual desses dois arquivos, organizados durante a vigência do Projeto Pronex (Programa de Apoio a Núcleos de Excelência, do Ministério de Ciência e Tecnologia), entre 1996 e 2001, o pesquisador poderá traçar um quadro geral da política nuclear brasileira, assim como do programa nuclear desenvolvido na segunda metade do anos 1970 e início dos anos 1980. Secundariamente, poderá utilizar subsídios fornecidos pelos arquivos do ex-presidente Ernesto Geisel e do ex-ministro Marcílio Marques Moreira, ambos sob a guarda do Cpdoc e organizados no mesmo período.

Antônio Azeredo da Silveira, ministro das Relações Exteriores do Brasil durante o governo Ernesto Geisel (1974-79), nasceu no Rio de Janeiro em 1917. Diplomata de carreira, terminou sua formação no Instituto Rio Branco em 1944, tendo iniciado como auxiliar-chefe do Departamento de Administração da Secretaria de Relações Exteriores, chegando à chefia desse departamento em 1951. Durante seus 46 anos de carreira, ocupou inúmeros cargos na diplomacia brasileira, incluindo diversas representações do Brasil em conferências internacionais, comissões e chefia de delegações. Foi cônsul em Florença (1956/57), cônsul-geral em Paris (1963-66), embaixador em Buenos Aires (1969-74) e, finalmente, ministro das Relações Exteriores (1974-79). Em 1979 foi nomeado embaixador dos Estados Unidos, cargo que ocupou até 1983, quando foi transferido para a embaixada de Portugal (1983-85), retornando ao Brasil para assumir a Secretaria de Estado do Itamarati. Faleceu em 27 de abril de 1990, aos 72 anos, no Rio de Janeiro.[11]

Como ministro das Relações Exteriores, Silveira declarou em discurso proferido em Cochabamba, na Bolívia, em maio de 1975, que o Brasil havia decidido construir seus próprios reatores nucleares.[12] No mês seguinte, assinou, em Bonn, o Acordo Nuclear Brasil-República Federativa da Alemanha, cujo texto previa a construção e instalação de oito centrais nucleares e uma usina de enriquecimento de urânio, além de empresas para fabricação e reprocessamento de combustível atômico. Esse acordo, bem como o Acordo

---

[11] Ver *DDHBB*. v. 3 (verbete Antônio Azeredo da Silveira).
[12] Cpdoc/FGV. Arquivo Antônio Azeredo da Silveira — AAS mre rb 1974.02.18 (discurso pronunciado na VII Conferência dos Chanceleres da Bacia do Prata, Cochabamba, Bolívia, 29 maio 1975).

de Cooperação Científica e Tecnológica assinado entre a Alemanha e o Brasil em 1969 foram negociados por Paulo Nogueira Baptista, diplomata de carreira, nomeado primeiro presidente das Empresas Nucleares Brasileiras (Nuclebrás), criada em 1975, mesmo ano da assinatura do grande acordo teuto-brasileiro.

Pernambucano de Recife, Paulo Nogueira Baptista nasceu em 4 de outubro de 1929, transferindo-se depois para o Rio de Janeiro, onde cursou direito e diplomacia. Iniciou sua carreira de diplomata como auxiliar do secretário-geral da Secretaria de Relações Exteriores do MRE mas, diferentemente de Azeredo da Silveira, desenvolveu paralelamente atividades acadêmicas e políticas, tendo sido professor da Universidade de Brasília, na década de 1960, e professor visitante do Instituto de Estudos Avançados, na Universidade de São Paulo, em 1991. Filiado ao Partido do Movimento Democrático Brasileiro (PMDB), foi secretário-executivo da Fundação Pedroso Horta, órgão de formulação política do PMDB, e secretário de Assuntos Internacionais do partido, de 1992 a 1993, em Brasília.

Na diplomacia, Nogueira Baptista foi representante do Brasil junto à OEA e à ONU, tendo participado como membro da delegação brasileira em diversas conferências internacionais. Foi chefe da Delegação Permanente do Brasil no Conselho Econômico e Social, e embaixador do Brasil junto à ONU, em Nova York.

Durante a década de 1970 e o início da década de 1980, esteve diretamente envolvido com a questão nuclear, como representante do Brasil em Bonn nas negociações para o Acordo de Cooperação Científica e Tecnológica Brasil-Alemanha (1969), como primeiro presidente da Nuclebrás (1975-79) e como membro da Comissão Mista Teuto-Brasileira de Cooperação Econômica, em 1974, tendo sido inclusive o principal negociador do grande acordo nuclear assinado entre Brasil e Alemanha no ano seguinte. Nogueira Baptista, assim como Azeredo da Silveira, era defensor do "pragmatismo responsável", doutrina que orientou a política externa do governo Ernesto Geisel e que privilegiou novas parcerias e novos fóruns de discussão, em detrimento do tradicional alinhamento automático do país aos Estados Unidos. Essa nova orientação da política externa brasileira pôde ser observada logo nos primeiros meses do governo, quando o país reconheceu o novo governo português, após a revolução de 25 de abril de 1974, a independência da Guiné Bissau, em julho de 1974, e a retirada das tropas israelenses dos territórios árabes, em setembro do mesmo ano. A política nuclear desse período tem que ser entendida desse prisma e, nesse sentido, a documentação encontrada nos arquivos dos dois diplomatas é fonte indispensável de pesquisa sobre o tema, ao lado do arquivo do ex-presidente Ernesto Geisel.

Parte significativa dos 60 mil documentos do arquivo de Antônio Azeredo da Silveira diz respeito ao período em que o titular do arquivo exerceu o cargo de chanceler brasileiro (aproximadamente 8 mil registros). Desses, 250 documentos tratam especificamente da política nuclear, com ênfase no acordo assinado com a Alemanha em 1975. Essa proporção aumenta quando se pesquisa o arquivo de Paulo Nogueira Baptista, cuja documentação sobre a política nuclear (2 mil documentos) perfaz aproximadamente um terço do total dos documentos textuais do arquivo (6 mil documentos). Em termos de arranjo documental, os 250 registros do arquivo de Azeredo da Silveira integram a subsérie "Política nuclear", da série "Ministério das Relações Exteriores"; enquanto os 2 mil documentos do arquivo de Paulo Nogueira Baptista constituem a série "Política nuclear", que, devido ao grande volume de informações e a diversidade temática, foi dividida em quatro subséries: "Acordos de cooperação técnica", "Nuclebrás", "Ciclo de combustível" e "Assuntos diversos". No que diz respeito ao Arquivo Ernesto Geisel, o pesquisador poderá consultar, na série "Presidência da República", 454 documentos do dossiê sobre o Ministério das Relações Exteriores, além de 178 relativos à pasta de Minas e Energia, nos quais o tema da política nuclear encontra-se contemplado.[13] Parte desses registros sobre o MRE são cópias de documentos existentes no arquivo de Azeredo da Silveira.

Além do volume documental sobre o tema, cabe ainda outra observação sobre o tipo de documentação encontrada nos dois arquivos estudados. Neles abundam textos técnicos, relatórios, projetos, orçamentos, dados estatísticos, cronogramas, plantas e *papers* apresentados em congressos, além da correspondência oficial, em substituição à tradicional correspondência política, tão freqüente nos arquivos da primeira metade do século passado. Há ainda uma distinção a ser feita entre esses dois arquivos e que está relacionada, entre outros fatores, aos postos ocupados por cada um dos titulares. Enquanto os documentos do arquivo de Paulo Nogueira Baptista são, majoritariamente, de caráter técnico, a documentação do Arquivo Antônio Azeredo da Silveira dá maior ênfase às negociações políticas e comerciais. Assim, por exemplo, se o

---

[13] Cpdoc/FGV. Arquivo Ernesto Geisel — EG pr 1974.03.18 e EG pr 1974.03.26/2.

primeiro fornece um riquíssimo e diversificado material para pesquisa sobre a construção de centrais nucleares, a prospecção de urânio no Brasil, a instalação de fábricas de equipamentos no país etc., o segundo é constituído basicamente por correspondência abordando questões como o Acordo Trilateral de Salvaguardas entre Alemanha, Brasil e a Agência Internacional de Energia Atômica; as pressões exercidas pelos Estados Unidos para a suspensão do acordo, em 1977, pelo fato de o Brasil não ser signatário do Tratado de Não-Proliferação de Armas Nucleares; e informações sobre a opção brasileira por um programa nuclear com propósitos pacíficos, como solução para o problema energético do país.

De fato, os dois arquivos se complementam e, juntos, oferecem um amplíssimo leque de possibilidades de estudo sobre o tema da política nuclear brasileira, com informações que cobrem desde o primeiro acordo de cooperação técnica assinado entre o Brasil e os Estados Unidos, em 1955, visando à importação de reatores de pesquisa, até a Comissão Parlamentar de Inquérito, a CPI-Nuclear, instaurada em 1978 para investigar as supostas irregularidades do Acordo Brasil-Alemanha (1975), com desdobramentos até 1990. Os pesquisadores especializados em relações internacionais ou interessados nas perspectivas energéticas do país, por exemplo, encontrarão nesses fundos arquivísiticos numerosos subsídios para seus trabalhos. Dentro do tema, contudo, o assunto mais fartamente documentado nos dois arquivos é o Acordo Nuclear Brasil-Alemanha, já referido anteriormente.

Assinado durante o governo do general Ernesto Geisel, em 27 de junho de 1975, tal acordo gerou polêmica e provocou reações. Para melhor entendê-lo faz-se necessário retroagir no tempo, a fim de analisar a política energética brasileira da primeira metade do século passado, bem como as relações entre o Brasil e os Estados Unidos na década de 1950, particularmente no campo científico e tecnológico, no qual este último país exerce total supremacia mundial. Um dossiê do arquivo de Paulo Nogueira Baptista,[14] com 97 documentos e sete anexos, permite ao pesquisador reconstruir a trajetória brasileira no setor da energia nuclear, seus avanços e recuos, desde a fundação, em 1951, do Conselho Nacional de Pesquisa (CNPq), órgão cuja criação simboliza a decisão do país de desenvolver uma política autônoma no campo nuclear, até a criação da Nuclebrás, que sucede a Companhia Brasileira de Tecnologia Nuclear (CBTN) e

---

[14] Cpdoc/FGV. Arquivo Paulo Nogueira Batista — PNB pn a 1955. 08.03.

que foi concebida para coordenar e executar o Programa Nuclear Brasileiro implantado a partir do acordo com a Alemanha.

A documentação acumulada por Nogueira Baptista ao longo de sua atuação no campo da energia nuclear revela os conflitos nos meios científicos brasileiros entre os que defendiam um atrelamento à política americana e os que desejavam o desenvolvimento de uma tecnologia nacional, com base na utilização do urânio natural ou do tório. A construção da usina Angra I e a aquisição do reator da Westinghouse Electric Corporation, em 1971, representaram a vitória do primeiro grupo. Entretanto, fatores da conjuntura internacional, particularmente a crise do petróleo em 1973, possibilitaram mudanças na política brasileira para o setor, visando maior independência do país com relação aos Estados Unidos. O acordo com a Alemanha deve ser analisado nessa perspectiva.

No total, são 370 documentos abordando especificamente as questões relacionadas às negociações, à assinatura e à implementação do referido acordo, que dá continuidade à política de cooperação entre o Brasil e a Alemanha, iniciada com o Acordo de Cooperação Técnica e Científica, em 1968, sob a coordenação da CBTN. Com base nesse primeiro acordo, foram assinados alguns convênios, entre os quais o Convênio Especial sobre Cooperação no Campo da Pesquisa e do Desenvolvimento Tecnológico, firmado entre o CNPq e o Centro de Pesquisa Nuclear de Jülich, em 1971, e que viabilizou, entre outras coisas, a formação de cientistas brasileiros nos laboratórios alemães e o início de uma cooperação entre os dois países no campo industrial da energia nuclear para fins pacíficos.[15]

O acordo de 1975, dando continuidade a uma cooperação já iniciada, não reverte a opção pela tecnologia do urânio enriquecido,[16] mas abre a possibilidade do seu desenvolvimento no país. Nele o Brasil se compromete a desenvolver, juntamente com empresas alemãs lideradas pela Kraftwer Union (KWU), um programa nuclear que prevê a construção de oito grandes reatores para a

---

[15] Ver os dossiês PNB pn a 1968.06.15; PNB pn a 1975.01.09 e AAS mre pn 1974.08.15 nos arquivos Paulo Nogueira Batista e Antônio Azeredo da Silveira (disponíveis no sistema Accessus em: <www.cpdoc.fgv.br>.
[16] A tecnologia utilizada pelos EUA e por grande parte dos países-membros da ONU para produção de energia nuclear tinha por base o uso do urânio enriquecido. Durante a década de 1950, cientistas brasileiros polemizaram sobre essa questão e chegaram a desenvolver uma experiência alternativa, com base no uso do tório, que fracassou por falta de incentivo do governo. Até o início dos anos 1970, só os EUA detinham a tecnologia para o enriquecimento do urânio.

geração de eletricidade e a implantação, no país, de uma indústria teuto-brasileira para fabricação de componentes e combustível para esses reatores, em um prazo de 15 anos.

Outro aspecto amplamente documentado nos dois arquivos diz respeito à posição do Brasil com relação à questão da não-proliferação de armas nucleares. Apesar de ser favorável ao desarmamento, o país defendia a legitimidade do uso da energia nuclear no desenvolvimento econômico e científico das nações, posição que o levou a não assinar o Tratado de Não-Proliferação de Armas Nucleares firmado em Genebra, em 1º de julho de 1968, por Estados Unidos, Inglaterra, União Soviética e mais 59 países. Por essa razão, foram muitas as pressões internacionais, particularmente norte-americanas, por ocasião do acordo firmado entre o Brasil e a Alemanha em 1975. Os países desenvolvidos viam esse acordo com desconfiança, apesar dos compromissos de "não-Proliferação" assumidos pelos dois países com a comunidade internacional, através do Acordo Tripartite assinado entre os dois e a Agência Internacional de Energia Atômica, e de o referido acordo de cooperação nuclear prever o desenvolvimento da tecnologia de construção de reatores, no Brasil, exclusivamente para o uso pacífico da energia atômica.

Historicamente, a política da "não-proliferação" foi antecedida da questão do desarmamento nuclear, que teve início no pós-guerra, com a explosão atômica em Hiroshima e Nagasaki. O primeiro passo importante nessa direção foi o Plano Baruch, em 1946, cuja proposta consistia na proscrição dos armamentos atômicos e na internacionalização da energia atômica, sob o controle da ONU. Tal proposta não contou com o apoio da União Soviética, que alegava, na ocasião, que o controle nos moldes propostos seria monopólio dos três grandes países ocidentais. Visando dirimir os conflitos nessa área, a ONU criou em 1956 a Agência Internacional de Energia Atômica, destinada a promover o emprego pacífico da energia atômica. Em 1959 surgiu o Comitê dos 10 países (cinco do lado ocidental e cinco do lado comunista), que passou a desenvolver um trabalho relativo ao desarmamento nuclear paralelo ao das Nações Unidas. A experiência desse comitê fracassou devido aos constantes conflitos político-ideológicos entre os dois blocos, e em 1961 a ONU criou um novo Comitê de Desarmamento, constituído por 18 países — os 10 anteriores e mais oito, entre eles o Brasil. Em abril de 1967, durante a Conferência do Comitê dos 18, a posição brasileira era de total repúdio ao armamento nuclear, mantendo-se, contudo, favorável ao desenvolvimento científico e econômico dos países com base no uso da energia atômica. Nesse sentido, apoiava e defendia as explosões pacíficas, como a que ocorreu na Índia em 1974. Coerente com essa posição, o país não assinou o TNP em 1968, provocando a reação de diversos países.[17]

No que concerne, especificamente, à posição dos EUA quanto à não-adesão do Brasil ao TNP, bem como à resposta brasileira às pressões norte-americanas, existe, no dossiê do arquivo de Azeredo da Silveira sobre cooperação Brasil-EUA, uma mensagem do ministro — a ser transmitida verbalmente ao secretário de Estado Cyrus Vance pelo então embaixador João Batista Pinheiro — que ilustra bem a questão. Nela, Silveira afirma que

> o governo brasileiro reparte com o governo alemão um forte interesse na não-proliferação. (...) Tanto é assim que ambos assumiram compromissos internacionais, formais e eficazes, sobre a não-proliferação de armas nucleares que vão além dos que foram assumidos, até hoje, por qualquer potência nuclearmente armada. O governo brasileiro está convencido de que impedir a transferência de tecnologia é injusto e mesmo impossível de ser realizado. O objetivo quanto à não-proliferação deve ser o de impedir a fabricação de armas nucleares. Para obter-se esse resultado, o governo brasileiro confia na ação da AIEA e em que ela dispõe de meios adequados para executar as suas tarefas. (...) Quanto ao acordo entre o Brasil e a República Federal da Alemanha, é ele ato jurídico perfeito e acabado entre dois Estados, como também o é o Acordo Trilateral de Salvaguardas, assinado entre os dois Estados e a comunidade internacional representada na Agência Internacional de Energia Atômica. O acordo com a RFA e seus instrumentos complementares constituem um todo e não podem ser desfalcados de nenhum de seus elementos interdependentes e complementares.[18]

Na verdade, a leitura dos documentos do referido dossiê indica que o clima de cooperação entre os dois países esteve, nesse período, fortemente ameaçado. Entre esses documentos encontra-se a cópia de um memorando referente a uma emenda proposta por Washington ao Acordo Brasil-EUA de Coope-

---

[17] Cpdoc/FGV. Arquivo Antônio Azeredo da Silveira — AAS del 1966.01.27 (doc I –17; I – 29; II – 1).
[18] Cpdoc/FGV. Arquivo Antônio Azeredo da Silveira — AAS mre pn 1975.09.25 (doc 9).

ração Relativa aos Usos Civis de Energia Atômica, assinado em 1972, e cuja justificativa dizia respeito à necessidade de adaptá-lo às novas diretrizes de fornecimento de serviços de enriquecimento de urânio. Segundo o documento, a modificação proposta na emenda ao acordo consistia em transferir o compromisso de fornecimento desse tipo de serviço, antes efetuado pela United States Atomic Energy Comission (Usaec), para a esfera de contratos comerciais entre a Usaec e as companhias de eletricidade interessadas (caso de Furnas Centrais Elétricas).[19] Ainda de acordo com o documento, a aprovação da emenda implicaria, basicamente, a alteração dos compromissos futuros do Programa Nuclear Brasileiro relativos a Angra II e Angra III, ficando assegurado, nos termos do acordo original, o fornecimento a Angra I.[20] A emenda proposta pelos Estados Unidos pode ser interpretada como represália ao governo brasileiro pela assinatura do acordo com a Alemanha, o qual significava, naquela ocasião, o início de uma autonomia nacional no campo da energia atômica. Mas, evidentemente, durante os 15 anos do acordo, o Brasil ainda necessitaria importar o urânio enriquecido americano para o funcionamento das centrais nucleares que seriam construídas no país. E, nesse sentido, a mudança nos termos do contrato estabelecido pelo acordo de 1972 traria enormes prejuízos para o Programa Nuclear Brasileiro em desenvolvimento.

Os dois arquivos em questão possuem também um volume razoável de informações sobre o Programa Nuclear Brasileiro, posto em execução após a assinatura do acordo com a Alemanha. No arquivo de Azeredo da Silveira, essas informações estão concentradas em um dossiê (AAS mre pn 1975.04.25), enquanto no arquivo de Paulo Nogueira encontram-se pulverizadas nos diversos dossiês da série "Política nuclear", particularmente nas subséries "Acordos de cooperação técnica" e "Nuclebrás". Os pesquisadores encontrarão nos dois arquivos farto material não só sobre as conversações sigilosas bilaterais, como também diversas versões do próprio texto do Programa Nuclear Brasileiro.[21] No caso específico do arquivo de Paulo Nogueira Baptista, além dos aspectos políticos, os documentos informam amplamente sobre a construção das cen-

---

[19] Cpdoc/FGV. Arquivo Antônio Azeredo da Silveira — AAS mre pn 1975.09.25 (doc 3).
[20] Idem.
[21] Cpdoc/FGV. Arquivo Antônio Azeredo da Silveira — AAS mre pn 1975.04.25; Arquivo Paulo Nogueira Batista — PNB pn n 1975.11.11 (disponíveis no sistema *Accessus* em: <www.cpdoc.fgv.br>).

trais nucleares e das fábricas de equipamentos pesados, as diversas fases do ciclo combustível e a questão da transferência de tecnologia, entre outros.

Como já foi dito, os documentos de arquivos são registros das atividades desenvolvidas por pessoas, órgãos ou entidades públicas ou privadas. Assim, o arquivo de um político que ocupou um cargo de primeiro escalão no governo federal, como é o caso de Azeredo da Silveira, deve normalmente trazer uma concentração de informações sobre as relações políticas entre os Estados, as quais se traduzem em termos de conflitos, negociações, acordos, tratados etc. Existem documentos no arquivo de Azeredo que revelam momentos importantes, por exemplo, das relações entre o Brasil e os EUA no tocante à questão nuclear. Um deles, intitulado "Informação para o senhor Presidente da República", encaminha ao presidente Geisel, em anexo, o resumo das conversações havidas com o subsecretário norte-americano Warren Christopher. Com base nessas conversações, Silveira manifesta-se favorável à divulgação, ao menos em linhas gerais, do Programa Nuclear Brasileiro, argumentando que os EUA pretendiam tornar pública sua nova política nuclear e que o secretário de Estado norte-americano, Cyrus Vance, já havia declarado as intenções do seu governo de tomar medidas de natureza econômica contra os países que não se alinhassem com Washington.[22] O arquivo de Nogueira Baptista, por sua vez, ainda que forneça valiosas informações para o estudo do tema do ponto de vista das negociações políticas, amplia as possibilidades de pesquisa ao conter importantes subsídios sobre os aspectos técnicos da questão. Nele se encontram 530 registros sobre o chamado "ciclo do combustível", organizados em cinco dossiês abrangendo desde os estudos sobre a prospecção de urânio no Brasil, incluindo os recursos e os processos de escavações, até informações sobre a instalação e construção, em 1982, da Fábrica de Elemento Combustível, em Resende, responsável pela produção de urânio enriquecido no país, a partir da transferência da tecnologia alemã.[23]

Vale ressaltar que o estudo da política nuclear nesses dois arquivos constitui apenas uma amostra representativa do tipo de material encontrado nos arquivos pessoais de homens públicos que atuaram mais recentemente, ou ain-

---

[22] Cpdoc/FGV. Arquivo Antônio Azeredo da Silveira — AAS mre pn 1975.04 25 (doc 9).
[23] Cpdoc/FGV. Arquivo Paulo Nogueira Batista — PNB pn c 1969.12.01; PNB pn c 1974.03.22; PNB pn c 1975.02.10; PNB pn c 1979.09.18.

da atuam, na política brasileira. Nos dois pode-se observar que os aspectos da vida pública relacionados à política econômica e financeira, à política científica e tecnológica, à política energética, ou ainda às relações internacionais, por exemplo, são fartamente documentados, enquanto rareiam os registros sobre as articulações que revelam os meandros da vida política, seja ela nacional, regional ou partidária. Poder-se-ia argumentar que o tipo de documentação acumulada por esses dois homens públicos, bem como o volume de documentos encontrados em seus arquivos seriam mais reveladores de características pessoais de seus titulares do que propriamente de mudanças na constituição dos arquivos pessoais. No entanto, outros arquivos doados ao Cpdoc, como os de Roberto Campos, Marcílio Marques Moreira ou Ernesto Geisel, todos com atuação de destaque na segunda metade do século XX, possuem características semelhantes com relação aos temas abordados e tipos documentais encontrados, reforçando a linha de pensamento aqui desenvolvida. Muito provavelmente, as mudanças percebidas na constituição desses arquivos se relacionam com uma nova ordem econômica e uma forma de fazer política diferente daquela que marcou a primeira metade do século, as quais produziram uma nova geração de políticos, a chamada tecnocracia, instalada no poder a partir dos anos 1970. A documentação de caráter eminentemente técnico, acumulada por essa nova elite política em seus arquivos pessoais, terá grande probabilidade de se constituir em "matéria-prima" da pesquisa histórica do século XXI. Evidentemente, não se quer aqui afirmar que as mudanças no campo historiográfico decorrem necessariamente do aparecimento e disponibilidade desses novos tipos de fontes, nem sugerir que existe uma relação de causa e efeito entre esses dois fatores. Quer-se apenas frisar que essa é uma associação possível.[24]

É bem verdade que a "amostra" tomada para o estudo se restringe a um tipo específico de arquivos pessoais depositados em uma mesma instituição. Portanto, este capítulo apenas esboça uma reflexão cujo posterior desenvolvimento implicará, por exemplo, a observação de mudanças que podem ou não estar ocorrendo em outros tipos de arquivos pessoais do mesmo período, no Brasil ou no exterior. Estudos e estatísticas sobre os usuários e suas pesquisas, nas diversas instituições responsáveis pela guarda desses arquivos, poderão ser úteis. Por ora pode-se inferir, contudo, que o manuseio desses novos tipos documentais pode sugerir novos objetos de estudos relacionados às grandes deci-

---

[24] Sobre o assunto, ver Gomes (1998); Prochasson (1998).

sões políticas nos fóruns internacionais sobre questões de ordem global, tais como fontes alternativas de energia, meio ambiente etc., estabelecendo novos marcos no campo da pesquisa histórica. Aliás, nas últimas décadas, observa-se um interesse crescente por alguns desses grandes temas, como por exemplo o estudo das relações internacionais surgido nesse campo de pesquisa, nas malhas da interdisciplinariedade, e que começa a ganhar autonomia, adquirindo sucessivamente estatuto de disciplina, curso e carreira acadêmica independentes. O estudo das relações internacionais ocupa hoje lugar privilegiado, no Brasil e no exterior, entre as opções profissionais escolhidas pelos jovens candidatos aos cursos universitários. Outro exemplo de "disciplina" ou "especialidade", no campo da pesquisa histórica, cujo interesse tem-se desenvolvido mais recentemente, é a história da ciência. Nesse caso, ao lado dos arquivos das instituições científicas e dos arquivos de cientistas, os arquivos pessoais de homens públicos podem ser considerados fonte privilegiada de pesquisa.

Referências bibliográficas

BAUTIER, Robert-Henri. Les archives. In: SAMARAN, Charles (Dir.). *Histoire et ses méthodes*. Paris: Gallimard, 1961. p. 1121-1166. (Enciclopédie de la Plêiade).

COSTA, Célia Maria Leite. Os arquivos pessoais de ontem e de hoje — a experiência do Cpdoc. In: CONGRESSO BRASILEIRO DE ARQUIVOLOGIA, 13. 17-20 out. 2000, Salvador. Anais... Salvador: 2000.

_____. O acordo nuclear Brasil-Alemanha. Disponível em: <www.cpdoc.fgv.br>. Acesso em: out. 2004.

_____; LOBO, Lúcia Lameyer; MOREIRA, Regina da Luz. *Uma estratégia de definição de linha de acervo*. Rio de Janeiro: 1986. ms.

DELSALLE, Paul. *Une histoire de l'archivistique*. Quebec: Presse de L'Université du Quebec, 1998. 259p.

DHBB — Dicionário histórico-biográfico brasileiro. 1930-83. ABREU, A. A. de; BELOCH, I. (Orgs.). Rio de Janeiro: Forense-Universitária/Cpdoc-FGV, 1984.

GOMES, Ângela de Castro. Nas malhas do feitiço: o historiador e os encantos dos arquivos privados. *Estudos Históricos*, Rio de Janeiro, v. 11, n. 21, p. 121-128, 1998.

HEREDIA HERRERRA, A. *Archivistica general: teoria y práctica*. Sevilla: Diputacion de Sevilla, 1993.

LODOLINI, Élio. *Archivistica: princípios y problemas*. Madrid: Anabad, 1993.

MOREIRA, Regina da Luz. Brasilianistas, historiografia e os centros de documentação. *Estudos Históricos*, Rio de Janeiro, v. 3, n. 5, p. 66-74, 1990.

PROCHASSON, Christophe. "Atenção: verdade!" Arquivos privados e renovação das práticas historiográficas. *Estudos Históricos*, Rio de Janeiro, v. 11, n. 21, p. 43-59, 1998.

SCHELLENBERG, T. *Archivos modernos. Principios y técnica*. La Habana: Archivo Nacional, 1958.

SILVA, Armando Malheiros et al. *Arquivística — teoria e prática de uma ciência da informação*. Porto: Afrontamento, 1998.

Arquivos consultados em <www.cpdoc.fgv.br/accessus>

Antônio Azeredo da Silveira
Ernesto Geisel.
Paulo Nogueira Batista

Capítulo 6

A fusão do Rio de Janeiro, a ditadura militar e a transição política

*Marieta de Moraes Ferreira**

Introdução

A fusão do estado da Guanabara com o estado do Rio de Janeiro foi decretada pelo presidente Ernesto Geisel em 1º de julho de 1974, pela Lei Complementar nº 20, e implantada a partir de 1º de março de 1975. A idéia de unir a cidade do Rio ao estado do Rio não era nova, mas enfrentava resistências variadas. Afinal virou realidade durante a ditadura militar, num momento especial da história do regime. Já ao tomar posse, em março de 1974, Geisel anunciara ao país sua disposição de promover a "distensão" política. Foi nesse contexto que a fusão se consumou. Os dois processos estiveram inter-relacionados, e a dinâmica política do "novo" estado do Rio de Janeiro, que passou a ter no Rio sua capital, se definiu *pari-passu* à distensão.

É este o tema deste capítulo, que por sua vez é fruto da pesquisa "O novo estado do Rio de Janeiro: laboratório da transição política", um dos módulos em que se subdividiu o extenso projeto "O Brasil em transição: um balanço do final do século XX", desenvolvido pelo Cpdoc da Fundação Getulio Vargas, com a aprovação do Pronex, a partir de 1997.

Àquela altura, o estudo do estado e da cidade do Rio de Janeiro não era novo no Cpdoc. Seu início data de 1983, quando foi criada a linha de pesquisa "História do Rio de Janeiro", que ao longo dos anos desenvolveu vários projetos financiados com recursos do CNPq, da Fundação Ford e da Finep. Essa linha de investigação desde cedo contribuiu de forma significativa, com diversos tra-

---

*Professora do Departamento de História da UFRJ e pesquisadora do Cpdoc/FGV.

balhos publicados,[1] para o preenchimento de lacunas na historiografia existente. Evidentemente, não foi só no Cpdoc que o interesse pela história fluminense e carioca se manifestou. A partir da década de 1980, a produção acadêmica em geral incluiu trabalhos sobre o tema. Uma avaliação mais detida, contudo, permite perceber uma concentração de estudos voltados para a Primeira República e para questões relacionadas ao desenvolvimento urbano do estado em período mais recente. As questões ligadas ao espaço da política receberam pouca atenção.[2]

A linha de pesquisa desenvolvida no Cpdoc insere-se justamente nesse hiato, produzindo trabalhos que insistem na importância de estudar questões políticas e de buscar vetores interpretativos para avaliar a especificidade e a ressonância daquilo que acontece nessa área no estado e na cidade do Rio de Janeiro.[3] A inclusão de um módulo voltado para a história política do Rio de Janeiro no projeto "Brasil em transição" foi, portanto, mais que natural. Em sua formulação, pretendeu-se não só dar continuidade a reflexões anteriores sobre o campo político fluminense, mas também estabelecer um objeto de análise específico: a fusão em suas relações com o regime militar e com a transição política. Esse tema já havia sido abordado em artigo de autoria minha e de Grynszpan, publicado em 1994,[4] mas agora poderia ser aprofundado. É preciso acrescentar que uma circunstância foi extremamente benéfica ao desenvolvimento do estudo. Na mesma época em que ele teve início, foi firmado um convênio entre o Cpdoc e a Assembléia Legislativa do Estado do Rio de Janeiro para a constituição do Núcleo de Memória Política Carioca e Fluminense, que se tornou uma fonte paralela de pesquisas e publicações.[5]

Tomando como marco cronológico inicial a fusão, a pesquisa "O novo estado do Rio de Janeiro: laboratório da transição política" propôs-se observar de que maneira se processou a relação entre os níveis federal, estadual e municipal na fase de configuração do novo campo político estadual que misturou representantes cariocas e fluminenses. Partia-se do princípio de que essa rela-

---

[1] Ver anexo 1. Dessa linha de pesquisa participaram Américo Oscar Guichard Freire, Carlos Eduardo Sarmento e Marly Silva da Motta.
[2] Ver Ferreira (1993).
[3] Sobre a contribuição da linha de pesquisa "História do Rio de Janeiro", do Cpdoc, para a produção historiográfica sobre a política fluminense, ver Sento-Sé (2003).
[4] Ver Ferreira e Grynszpan (2000).
[5] Ver anexo 2.

ção seria a chave para a compreensão do perfil político e econômico do novo estado do Rio de Janeiro, e também das tensões e injunções específicas do processo de transição democrática vivenciado na esfera política nacional.

Os estudos sobre a cidade e o estado do Rio de Janeiro realizados no Cpdoc tiveram desde o início a preocupação de estudar a política local, tanto em seus elementos constitutivos quanto em sua dinâmica, e de relativizar as leituras que tendem a reduzir essa problemática às ingerências do poder central. A existência de um campo político próprio na cidade e no estado foi, aliás, confirmada pela análise de diversas conjunturas ao longo da história republicana.[6] Isso não significa que se tenha descuidado da estreita e por vezes problemática interação que as elites locais estabeleceram com o poder central, nem dos momentos em que esse poder fez valer sua força e sua capacidade de intervenção. Mas, sem dúvida, sempre se procurou evidenciar que as elites locais não foram atores passivos das decisões nacionais, e sim capazes de produzir estratégias destinadas a minimizar as ações disciplinadoras do governo federal, a conquistar ganhos políticos diante das facções ou grupos rivais na esfera local, e a ampliar espaços no contexto da Federação brasileira. Foi essa mesma visão que orientou o estudo aqui apresentado, em que se explora a dimensão política da fusão enquanto projeto e enquanto nova realidade em implantação.

O projeto da fusão

Interpretações correntes

Passados quase 30 anos, a fusão da Guanabara com o estado do Rio permanece ao mesmo tempo um tema tabu e um tema polêmico. Para muitos, é melhor não lembrar o assunto, fingir que ele não existiu. Prova disso é que o 25º aniversário da constituição do atual estado do Rio de Janeiro, no ano 2000, transcorreu em meio a um grande silêncio. Alguns poucos pesquisadores acadêmicos procuraram trazer o tema para o debate, mas a mídia e grande parte das autoridades do estado preferiram calar-se.

Já para os que se dispõem a lembrar a fusão e a refletir sobre ela, a marca das discussões, de modo geral, é a polêmica. A tendência mais comum é atri-

---

[6] Ver Ferreira (2000a); Freire e Sarmento (1999).

buir à fusão todos os males da cidade e do estado do Rio de Janeiro nos últimos anos, com o que se elimina qualquer responsabilidade dos governantes pelas dificuldades, fraquezas e crises da administração local. Esse diagnóstico é mais contundente entre aqueles radicados na cidade do Rio de Janeiro e está ligado à crença em uma "idade de ouro" situada na época do Rio-Distrito Federal ou do Rio-Guanabara. A única maneira de recuperar esse passado glorioso seria assim a "desfusão", proposta que em toda conjuntura eleitoral é levantada como solução para todos os problemas.

Desde a década de 1970, tanto no senso comum quanto entre os políticos de oposição ao regime militar, consolidou-se a interpretação segundo a qual a fusão teria como objetivo maior domesticar a seção carioca do Movimento Democrático Brasileiro (MDB). Num quadro de bipartidarismo, em que o MDB representava a oposição possível, e a Aliança Renovadora Nacional (Arena) representava o governo, o estado da Guanabara vinha assistindo à ascensão de Chagas Freitas e de seus seguidores emedebistas. Chagas Freitas controlava não só o Executivo estadual, já que em 1970 fora eleito por voto indireto governador da Guanabara, mas também a bancada do MDB na Assembléia Legislativa e mais da metade dos representantes cariocas na Câmara dos Deputados. Aproximavam-se as eleições de novembro de 1974, e o governo federal antevia a vitória do MDB no âmbito nacional. Sendo a Guanabara o único estado da Federação governado pela oposição, era preciso diluir a força eleitoral do partido de oposição. A fusão com o estado do Rio, governado pela Arena, seria certamente o caminho mais seguro para se alcançar esse resultado. Com a junção das bancadas carioca e fluminense, além de se diluir o peso do MDB da Guanabara, se estimularia uma cisão interna no partido, na medida em que dois importantes caciques emedebistas seriam forçados a dividir a liderança: Chagas Freitas, o "dono" do MDB carioca, e Amaral Peixoto, o velho "comandante" da política do estado do Rio. Diferentes depoimentos colhidos pelo Cpdoc expressam essa visão. Um deles é o do jornalista Rogério Coelho Neto, sobre as eleições de 1974: "a fusão só foi feita porque o Geisel recebeu uma pesquisa que mostrava que o peso do MDB no estado da Guanabara ia ser muito grande. Eles quiseram mudar isso, diluir um pouco a coisa".[7]

---

[7] Apud Ferreira (1988:299).

Depoimentos de políticos e técnicos que vivenciaram o processo de fusão também vão nessa direção. Francisco de Mello Franco, secretário de Planejamento e Coordenação da Guanabara no governo Chagas, diante do argumento de que a fusão aumentaria o espaço físico da Guanabara, afirma que a Guanabara vivia uma conjuntura de dinamismo econômico e que a iniciativa do governo federal visava fundamentalmente a controlar a oposição. Em suas palavras,

> naqueles últimos quatro anos, a Guanabara tinha sido o estado que mais se desenvolvera no país, o que estava em melhor situação financeira e orçamentária e o que tinha surpreendido mais, pelo arrojo de suas propostas; era uma joiazinha, com a maior renda *per capita* do Brasil e um nível cultural invejável. A essa cabeça, o governo federal decidiu juntar um corpo incompatível, mesmo historicamente (...). Acontece que fizeram a fusão e abandonaram o Rio de Janeiro, por isso não acredito que a razão tenha sido a criação de um segundo pólo de desenvolvimento, como se chegou a dizer na época. Se fosse verdade, teriam repassado os recursos que prometeram (...). Mas não fizeram nada disso. Com fundadas razões, acredito que a fusão teve como objetivo esvaziar o conteúdo oposicionista do Rio de Janeiro. (...) Isso eu ouvi de mais de um militar, naquele tempo: "o Chagas a gente agüenta. Agora, quem é que vem depois dele?".[8]

Essa perspectiva era a mesma dos líderes nacionais do MDB. A documentação referente à fusão, constante do arquivo de Ernani do Amaral Peixoto, permite percebê-lo. O senador emedebista, embora fosse contrário à fusão, não fechava questão em torno do assunto e declarava-se disposto a discutir o tema. Mas, na sua avaliação, o governo se recusava a fazê-lo, deixando de lado, ao contrário do que afirmava, questões fundamentais, como as administrativas e tributárias. Isso se daria, a seu ver, porque o objetivo do governo era atingir o MDB.[9] No mesmo arquivo, a documentação referente ao MDB contém o voto em separado do partido ao projeto de lei complementar da fusão. Ali, depois de se afirmar que a nomeação de um governador para o novo estado pelo governo federal visava, na verdade, a impedir que este saísse do MDB, declarava-se:

---

[8] Apud Motta e Sarmento (2001:134-137).
[9] Cpdoc/FGV. Arquivo Ernani do Amaral Peixoto — EAP 73.12.19 Sen – P.1 (apud Ferreira e Grynszpan, 2000:132).

A fusão deveria ser o resultado da vontade expressa das duas unidades federativas, sem a pressa e os artifícios que hoje a maculam, tornando-a não só um rol de inconstitucionalidades, mas também um instrumento político-partidário de que se serve o governo federal, através da bancada majoritária, contra os legítimos direitos de expansão do MDB. Não rejeita a oposição a idéia de se fundirem as duas unidades federativas, mas repele energicamente a forma.[10]

É interessante observar que, em suas declarações, os emedebistas em geral procuravam enfatizar sua abertura ao debate e mesmo sua disposição para aceitar a idéia da fusão. Eram o governo e seus aliados no Congresso, segundo eles, que fechavam a questão, mostrando-se avessos a qualquer discussão ou alteração do projeto que pudesse pôr em xeque seu objetivo mais profundo: a desarticulação da oposição.

Se é possível detectar tantas vozes críticas à fusão, também merecem ser recuperados os argumentos favoráveis, oriundos tanto de representantes da esfera federal quanto de lideranças locais. Assim, por exemplo, argumentos que sustentam a legitimidade da medida podem ser encontrados no depoimento de Ronaldo Costa Couto, secretário de Planejamento do governo Faria Lima (1975-79), o primeiro governo pós-fusão:

> Eu achava que o projeto [da fusão] tinha fundamento. Sempre considerei aquela divisão artificial muito prejudicial à Guanabara e ao estado do Rio. Existia um fenômeno urbano único, englobando 14 municípios — o Grande Rio —, e essa divisão institucional entre os dois estados dificultava tudo, porque emperrava o organismo urbano; multiplicava custos, onerando o contribuinte; reduzia o potencial econômico do conjunto, superior ao das partes, e tratava a administração com diferentes comandos e limites legais. (...) Os problemas acumulados no estado do Rio já se refletiam sobre a qualidade de vida da Guanabara e vice-versa. (...) Quando se decidiu a fusão, criou-se a expectativa de canalização maciça de recursos federais. Com o aprofundamento da crise econômica e o fim do "milagre" brasileiro, o governo federal torceu um pouco as torneiras, mas não as

---

[10] Cpdoc/FGV. Arquivo Ernani do Amaral Peixoto — EAP 66.07.23 MDB – P.1 (apud Ferreira e Grynszpan, 2000:132).

fechou. (...) Encontramos uma situação difícil tanto na Guanabara como no estado do Rio: ambos enfrentavam graves dificuldades financeiras. É falso dizer que a Guanabara era rica. Havia muitos mitos sobre o Rio naquele tempo, e isso só atrapalhava. A verdade verdadeira é que, mesmo sendo capital, até o início dos anos 1960 faltavam água e luz no Rio.[11]

Também na visão das elites empresariais cariocas a fusão era uma alternativa desejável. O depoimento de Arthur João Donato, empresário do setor naval e membro da diretoria da Federação das Indústrias da Guanabara, a Fiega, que então passou a Firjan, traz informações interessantes:

> Mario Henrique Simonsen [ministro da Fazenda do governo Geisel] foi um grande arauto da fusão. Seu argumento principal era que a Guanabara, que tinha toda uma dinâmica de desenvolvimento industrial, estava cerceada na possibilidade de descentralização da indústria. O estado-cidade tinha um desenvolvimento urbano muito intenso, com outras atividades, com o problema imobiliário, e isso se chocava com a possibilidade de desenvolver razoavelmente a indústria através de uma política de descentralização. (...) São Paulo teve seu núcleo industrial (...), mas depois a cidade cerceou a indústria paulista, e eles passaram para o ABC. Mas nós não tínhamos essa possibilidade aqui. Simonsen foi dos que compreenderam a necessidade de se ter espaço físico para a expansão da atividade econômica, principalmente no campo industrial, e afinal a Firjan se rejubilou com isso. Daí por que uma das coisas que nós fizemos ainda no tempo do Mario Leão Ludolf, e que eu enfatizei muito quando o substituí na presidência, foi a interiorização da Firjan. A idéia de um Rio de Janeiro unificado, capaz de abrigar um desenvolvimento industrial que, a partir da Guanabara, se derramaria para todo o estado, sempre teve o apoio do Simonsen, que várias vezes se pronunciou favoravelmente.[12]

As interpretações da fusão mencionadas acima traduzem visões diferentes: para uns, tratava-se de um problema político-partidário, ou seja, de uma ofensiva contra o MDB; para outros, de uma medida destinada a resolver pro-

---

[11] Apud Motta e Sarmento (2001:108-110).
[12] Apud Alberti, Sarmento e Rocha (2002:174).

blemas técnico-econômicos e destituída de qualquer conotação política. Vejamos onde levam tais linhas de pensamento.

Revendo a interpretação político-partidária

Em artigo já mencionado, escrito em co-autoria com Grynszpan (2000), procurei relativizar os argumentos que apontam a intenção política de enfraquecer o MDB como o principal móvel da fusão, chamando a atenção para alguns fatos. Em primeiro lugar, Chagas Freitas foi eleito governador da Guanabara em 1970, no auge do endurecimento do regime, com o patrocínio militar. Embora pertencesse ao MDB, não só não se envolvia em enfrentamentos com a ditadura, como tinha um ótimo relacionamento com o meio militar. Por outro lado, o desenrolar do processo de fusão mostrou que o regime militar não atuou de forma a enfraquecer o MDB carioca. Diferentemente do esperado, a Arena carioca e seu principal líder engajado na fusão, o deputado Célio Borja, ficaram totalmente marginalizados na construção do novo estado. O governador nomeado por Geisel, Faria Lima, não só não teve nenhum tipo de iniciativa que ajudasse a alargar a esfera de ação dos arenistas no governo, como permitiu que os esquemas de dominação chaguista enquistados dentro da máquina administrativa fossem preservados.

Num segundo artigo, publicado no livro *Dossiê Geisel* (2002b), lancei mão do arquivo do presidente para trazer novos elementos à discussão. A documentação sobre a fusão constante do Arquivo Ernesto Geisel, ainda que pouco significativa em termos quantitativos, fornece dados interessantes acerca da articulação da medida. O material relevante é proveniente dos despachos do ministro da Justiça, Armando Falcão, com o presidente, e de relatórios do Serviço Nacional de Informações (SNI) sobre o quadro político geral nos meses que antecederam as eleições de 1974. De acordo com essa documentação, tão logo se iniciou o governo Geisel, em 15 de março de 1974, a fusão dos estados da Guanabara e do Rio de Janeiro emergiu como uma questão importante. Em despacho datado de 24 de abril de 1974, Armando Falcão afirma a determinação do governo de enfrentar o problema da fusão ao encarregar o deputado Célio Borja de redigir o anteprojeto de lei complementar. Nesse documento fica clara a confiança de Geisel na colaboração de Chagas Freitas para levar adiante o projeto de fusão.

A documentação que nos permite traçar um quadro mais claro dos problemas políticos enfrentados no encaminhamento da fusão é a proveniente do SNI, que informa sobre a ausência de unidade de pensamento entre os arenistas. Assim, afirma-se, enquanto "a comissão executiva da Arena carioca manifestou sua absoluta confiança na decisão do governo federal", "o presidente da Arena do estado do Rio de Janeiro confirmou à imprensa sua posição contrária à fusão, acrescentando que as lideranças políticas daquele estado não aceitariam as teses das vantagens da integração do estado do Rio à Guanabara". Em contrapartida, o MDB da Guanabara, consciente da irreversibilidade do processo de fusão, em vez de lamentar a perda do controle do governo estadual, tratou de se estruturar rapidamente, visando à disputa de cadeiras na Assembléia Legislativa do estado que resultaria da fusão. Seu objetivo era obter uma representação legislativa suficientemente forte para exercer um efetivo controle sobre os atos do futuro governo.

Entre os relatórios do SNI, há uma avaliação prévia das perspectivas das eleições de 1974 que atesta as vantagens da fusão, já que o domínio da Arena no estado do Rio poderia neutralizar a forte presença do MDB na Guanabara, comandado por Chagas Freitas. No entanto, no mesmo relatório, o SNI alerta para o equívoco desse diagnóstico:

> Chagas Freitas, procurando manter o domínio que tem no MDB-GB, passou a manobrar visando conquistar idêntica posição no diretório regional do MDB do futuro estado. Emissários seus foram ao estado do Rio e convidaram integrantes do MDB-RJ a comparecerem a uma reunião com Chagas Freitas que já se realizou [...]. A integração do MDB dos dois estados, com o objetivo de vencer as eleições de 1974, ficará como um marco histórico na política nacional.[13]

O relatório, concluindo, declarava que a Assembléia Legislativa que resultaria da fusão entre Guanabara e estado do Rio dificilmente daria maioria aos arenistas.

Com a mesma orientação de alertar o governo para os problemas que a fusão acarretaria para as eleições de 1974, outros relatórios informavam as

---

[13] Apud Ferreira (2002b:163-164).

reações dos políticos e do governador do estado do Rio, Raimundo Padilha, ao projeto de lei complementar, particularmente ao §5º do art. 3º, que vedava ao governo fluminense (assim como ao carioca, aliás) a possibilidade de admitir pessoal a partir da data do encaminhamento da mensagem ao Congresso. Nesses relatórios apontavam-se as dificuldades que a medida trazia para a Arena do estado do Rio, que julgava indispensável a oferta de novos empregos para a vitória do partido nas próximas eleições. Outro documento, um despacho do ministro Armando Falcão com o presidente Geisel, também revela a preocupação do governador Raimundo Padilha com a candidatura arenista de Paulo Torres, que iria disputar uma vaga no Senado com o emedebista Saturnino Braga. As dificuldades de Paulo Torres, percebidas pela Arena do estado do Rio, seriam aliás confirmadas no momento da realização do pleito, de que Saturnino saiu vitorioso, com 853.772 votos contra 482.976 dados a seu adversário.[14] Os problemas acarretados pela fusão para os governos carioca e fluminense, em decorrência da proibição da contratação de funcionários já concursados, foram objeto de outros despachos do ministro da Justiça com o presidente, ficando sempre clara a aceitação, por parte de Chagas Freitas, das solicitações do governo federal. Mais de uma vez ficou evidenciado que o governador carioca se mostrava muito mais cordato que o arenista Raimundo Padilha.

O que é importante destacar é que tanto os relatórios do SNI quanto os despachos do ministro Armando Falcão mostram que o governo tinha clareza dos problemas que a fusão traria para as eleições de 1974. Contrariamente ao que se costuma afirmar, ou seja, que a fusão foi feita para derrotar o MDB, a fusão acabou por derrotar a Arena e fortalecer o MDB, que a partir de então passaria a controlar não só a cidade do Rio, mas também o novo estado do Rio de Janeiro.

Uma vez concretizada a fusão, com a posse do governador Faria Lima, um documento do Arquivo Ernesto Geisel parece ratificar a tese de que a fusão não teve como objetivo principal diluir a força do MDB carioca. A Apreciação Sumária do SNI datada de 17 de junho de 1975, e intitulada "O desmantelamento das forças arenistas no estado do Rio de Janeiro", chama a atenção para o comportamento de Faria Lima, "que não propiciava qualquer alento às hostes arenistas oriundas dos dois estados, Guanabara e Rio de Janeiro, isoladas e sem

---

[14] Ver *DHBB* (2001:768).

rumo". Nas páginas seguintes são relatadas manifestações de desapontamento de diversas lideranças arenistas. A segunda parte do relatório do SNI focaliza a ação do MDB, demonstrando que os "embates entre chaguistas e amaralistas, antes de enfraquecer o MDB-RJ, parecem lhe dar maior vigor". Para finalizar, o relatório apresenta ainda um prognóstico para o futuro: "desgastado, sem motivação e sem comando, o partido [a Arena] arrasta-se em direção às eleições de 1976".[15] Ainda que se possa relativizar o valor dos relatórios de avaliação política do SNI, é inegável que Faria Lima não deu maior atenção aos aliados do governo. Percebe-se também que as indicações do SNI não foram tomadas em consideração, nem antes nem depois da fusão.

Finalmente, não custa lembrar a declaração do próprio Geisel em seu depoimento, ao ser perguntado se a intenção da fusão foi neutralizar a força do MDB na cidade do Rio de Janeiro: "não é verdade, tanto assim que, quando Faria Lima deixou o governo, o MDB ganhou de novo a eleição com Chagas Freitas".[16]

Avaliando a visão técnica

Se as teses que interpretam a fusão como decorrente de interesses eleitorais e partidários — isto é, do desejo de domesticar o MDB no Rio de Janeiro — não têm sustentação, como explicar o projeto da fusão? Qual a sua origem e qual o seu significado no contexto do governo Geisel?

Como já foi dito, a idéia de unir a cidade e o estado do Rio de Janeiro não era nova. Associada à da transferência da capital federal, e contraposta à da transformação da cidade em estado, povoava havia muito os debates políticos no país. No final da década de 1950, quando a transferência da capital federal se tornou iminente, a proposta de incorporação ganhou novo fôlego.[17] Embora a Constituição de 1946, então em vigor, previsse a transformação do até então Distrito Federal em estado, lideranças cariocas, temerosas de que a nova unidade a ser criada fosse mantida sob a tutela do governo federal — frustrando assim um antigo anseio de autonomia, que parecia prestes a ser realizado gra-

---

[15] Apud Ferreira (2002b:166).
[16] Apud D'Araujo e Castro (1997:384).
[17] Sobre o histórico desse debate e seu desenvolvimento no final da década de 1950, além de Ferreira e Grynszpan (2000), ver Motta (1997 e 2001a).

ças à aprovação em 1956 da Emenda Constitucional nº 2, que conferiu à cidade do Rio de Janeiro o direito de eleger seu prefeito em 1960 —, relançaram a idéia de incorporar a cidade ao estado do Rio. Se sua motivação era política, sua argumentação era de outra ordem: baseava-se na exigüidade do espaço físico do Distrito Federal, na existência de ligações profundas entre a cidade e o estado do Rio, e no desejo de, com a incorporação, criar um estado economicamente e politicamente poderoso.

O debate sobre o destino da cidade do Rio de Janeiro, que então se iniciou na imprensa e se prolongou no Congresso, dividiu representantes cariocas e fluminenses de diferentes partidos, de tal forma que não se pode falar em coesão regional ou partidária daqueles que eram favoráveis ou contrários à fusão, tampouco em inflexibilidade de posições. Em depoimento publicado em 1979, Célio Borja, autor do projeto da fusão no governo Geisel, afirmava, por exemplo, que foi a perspectiva de eleger Menezes Cortes ou Carlos Lacerda para o governo do estado da Guanabara que levou o grupo partidário da fusão dentro da União Democrática Nacional (UDN) a mudar de idéia e apoiar a transformação do Distrito Federal em estado.[18] O mesmo depoente, em entrevista publicada em 1999, declarava contudo que, antes que isso acontecesse, "chegou-se a discutir muito, com os próceres udenistas fluminenses, a possibilidade de Lacerda concorrer ao governo do estado do Rio e promover, como governador, a fusão".[19] Acima da fusão, portanto, o que estava em jogo eram a autonomia do antigo Distrito Federal em relação ao governo federal e o conseqüente controle do poder local. Como se sabe, a autonomia foi obtida via criação do estado da Guanabara. Após um curto governo provisório, a partir de outubro de 1960 o novo estado pôde eleger seus próprios governantes, começando por Carlos Lacerda.

Quando a idéia da fusão foi retomada no governo Geisel, 14 anos depois, as lideranças locais que a defenderam mantiveram algumas das justificativas básicas invocadas nos anos 1950, sublinhando o caráter eminentemente técnico da medida, que iria favorecer o desenvolvimento da região. A diferença é que aqueles que então defenderam a fusão não foram seus proponentes. A proposta partiu do Poder Executivo, chefiado por um presidente militar que certa-

---

[18] Ver Brasileiro (1979:50).
[19] Apud Motta (1999:221).

mente não recusou apoios, mas não se preocupou em ouvir outras opiniões. Como o próprio Geisel declara, ao lhe ser perguntado quem foi o mentor da fusão:

> Isso já estava nas minhas cogitações antes de assumir a presidência da República. Já era um assunto que se analisava e desde então foi acertado. (...) Estudou-se como se tinha de fazer e preparou-se a legislação. Reclamam de eu não ter feito um plebiscito. Ia ser dispendioso e eu não pretendia mudar minha opinião.[20]

Autor do projeto da fusão, Célio Borja assim descreve seu envolvimento com o assunto: "eu tinha uma reflexão própria. Não era ordenada, sistemática, não tinha valor científico ou valor objetivo, mas era algo consolidado (...). Sempre me chamou atenção o fato de que o Rio de Janeiro não tem área para a expansão industrial". Por seu interesse manifesto pela questão, foi chamado a conversar com Geisel ainda antes da posse e, iniciado o governo, foi incumbido de preparar um anteprojeto:

> No fim de semana, fui para a biblioteca da Câmara e redigi o anteprojeto. Na segunda ou na terça-feira entreguei-o ao presidente, que, logo a seguir, convocou uma reunião noturna no Palácio da Alvorada. (...) Discutiu-se artigo por artigo e, terminada a reunião, o anteprojeto converteu-se no projeto de lei, logo remetido ao Congresso.[21]

Por que a fusão estaria nas cogitações do general Geisel? É ele quem responde:

> Procuramos atuar no sentido de melhorar a divisão administrativa do país. (...) No caso do Rio de Janeiro, quando a capital foi transferida para Brasília, ficamos com a aberração da Guanabara, que passou a ter o mesmo *status*, a mesma posição política que os outros estados e, no fundo, era apenas uma grande cidade. Do ponto de vista histórico, a Guanabara era parte do estado do Rio de Janeiro. (...) Achávamos que a

---

[20] Apud D'Araujo e Castro (1997:385).
[21] Apud Motta (1999:223-227).

solução lógica era incorporar a Guanabara ao Rio de Janeiro, e foi o que se fez.[22]

Se a fusão atendia aos anseios locais de desenvolvimento, o que se pode perceber é que, na versão oficial do governo, a medida foi justificada com argumentos geoeconômicos, como meio de criar um estado forte, tanto do ponto de vista político quanto econômico, para dar maior equilíbrio à Federação. A própria exposição de motivos da lei complementar dizia que a "fusão traria progresso e bem-estar não apenas para as populações dos dois estados, mas também em nível nacional, através da criação de um novo pólo dinâmico de desenvolvimento".[23] Segundo parecer do relator do projeto da fusão, deputado Djalma Marinho, a criação do "novo" estado do Rio de Janeiro seria parte de uma reestruturação federativa capaz de garantir o desenvolvimento harmonioso dos estados, a segurança interna e externa e, fundamentalmente, a integração nacional.

O desejo de redesenhar a Federação estava claramente conectado a um projeto maior, de construção de um "Brasil Grande", traduzido no II Plano Nacional de Desenvolvimento (II PND).[24] Para que esse plano tivesse êxito, o governo dispunha-se a investir pesadamente no novo estado, mantendo, contudo, estrito controle sobre sua fase de implantação, através da nomeação do primeiro governador. O escolhido foi o almirante Faria Lima, um estranho à política local, que, segundo seu próprio relato, precisou ser convencido por Geisel a aceitar o cargo: "disse-me ele: 'eu tinha vários candidatos, mas não tem jeito, vai ser você'. (...) Ele disse que precisava de uma pessoa de prestígio que cumprisse a legislação. Segundo, precisava de um governador que não fosse político".[25] Ficava assim reforçada a tese do governo, de que a fusão era uma medida de caráter eminentemente técnico, inscrita em um plano estratégico de desenvolvimento nacional.

Da geopolítica à construção de uma nova identidade

Se, para o governo Geisel, a fusão não tinha qualquer ligação com a política partidária, e a reconstituição da antiga província fluminense transcendia os

---

[22] Apud D'Araujo e Castro (1997:384).
[23] Apud Ferreira (2002b:160).
[24] Ver Motta (2001b:26).
[25] Apud Motta e Sarmento (2001:29-30).

interesses das populações locais para atender aos interesses nacionais de desenvolvimento e equilíbrio federativo, não se pode dizer que não tenha havido uma dimensão política em tal projeto. Essa dimensão se torna clara quando se atenta para as preocupações das lideranças militares com a construção de uma nova identidade política para o novo estado do Rio de Janeiro, o que envolveu vários aspectos de ordem simbólica.

Nas preocupações do governo militar e, especialmente, nos rascunhos de preparação da lei da fusão guardados no Arquivo Geisel, podem-se detectar os investimentos políticos que foram feitos para reconstruir a genealogia da cidade e do estado do Rio de maneira a forjar uma nova identidade para o estado que resultaria da fusão. Em documento de quatro páginas não assinado, datado de 9 de maio de 1974, onde são enunciadas as razões da fusão, pode-se ler:

> Em uma época conturbada, em que antagonismos internos e externos devem ser superados, no caminho da afirmação brasileira como nação significativa na ordem mundial, não será demais procurar uma situação de equilíbrio federativo e de melhor estruturação territorial. (...) Deve reconhecer-se, entretanto, que uma coletividade — nacional ou regional, estadual ou simplesmente local — é dotada de memória e de valores históricos, que precisam ser cultivados, numa fase de transição de civilização, ativamente preservados com carinho. As tradições fluminenses, de que a cidade do Rio de Janeiro sempre foi parte e parcela, são componentes necessárias dessa personalidade. Preservá-las é, para as atuais gerações, dever tão grande quanto o de manter a integridade territorial da nação. A reunião dos dois estados — o que não passa de uma recomposição longamente devida — será, até e sobretudo, pelo potencial de transformação e de progresso que gera, mais um fator para que o intenso processo de mudança e modernização de nosso país se faça sem atingir as suas características básicas e a sua inconfundível fisionomia nacional.[26]

Esse rascunho serviu de base para a elaboração da justificativa da Lei Complementar nº 20, e nele pode ser destacada a intenção de diluir a identidade carioca em favor da recuperação de uma outra memória, a das tradições

---

[26] Apud Ferreira (2002b:167).

fluminenses, de que a cidade do Rio sempre fora "parte e parcela". A história colonial da capitania do Rio de Janeiro e, em seguida, a história da velha província fluminense deveriam ser os elementos históricos legitimadores do ato da fusão. A cidade do Rio de Janeiro deveria esquecer seu passado de capital do país para retomar uma identidade, relacionada a uma herança colonial, de motor de ocupação e desenvolvimento de toda a área adjacente.[27]

Setores empresariais cariocas também se engajaram nesse projeto de reelaboração da identidade regional. No dia 15 de março de 1975, o jornal *O Dia* publicava propaganda de inúmeras empresas destacando os pontos comuns entre os dois estados que se fundiam. Uma delas merece ser citada:

> Hoje a sesmaria do outro lado da baía, e a cidade edificada entre o Pão de Açúcar e o morro Cara de Cão passam a ser de direito o que sempre foram de fato... E nessa história de fusão, o maior beneficiário não é nenhuma das duas, mas sim o Brasil. Carioca ou fluminense? Fluminense ou carioca? Não importa. O que vale é o espírito comum a essa gente tão simpática. Gente que sempre foi uma só, com os mesmos anseios, a mesma cultura, o mesmo ímpeto progressista. Parabéns Flucarioca! Parabéns carionense![28]

As idéias básicas desse texto são duas: uma origem e um passado longínquo comuns seriam capazes de diluir diferenças e soldar afinidades, e as qualidades e a grandeza do povo carioca e fluminense estariam comprometidas com a nação, acima dos interesses regionais.

Apesar desses esforços para recriar uma nova identidade para o Rio, essa não era uma tarefa simples. Uma das maiores dificuldades para o sucesso da fusão seriam as diferenças entre a cultura política do município do Rio de Janeiro e a do resto do estado. Capital do Império e da República, o Rio de Janeiro tinha construído sua identidade como espaço-síntese da nação e da nacionalidade. Mesmo com a transferência da capital federal, a Guanabara preservara a maior parte das funções de principal centro político do país. A perda desses atributos só iria ocorrer no início da década de 1970, acompanhada, como não

---

[27] Ver Ferreira (1994).
[28] *O Dia*, Rio de Janeiro, 15 mar. 1975.

podia deixar de ser, de um efetivo investimento em dotar Brasília, capital de direito, das atribuições de uma capital de fato.²⁹

A fusão e o desejo de transformar o Rio em "um município como outro qualquer" aprofundavam a política de esvaziamento da cidade como tradicional vitrina do país. O processo de municipalização, que implicou a subordinação do poder local ao governo do estado e a irracional redistribuição dos bens e serviços da ex-Guanabara (o estádio do Maracanã e o Teatro Municipal ficaram, por exemplo, sob a responsabilidade da administração estadual), expressa as contradições do projeto da fusão, ao querer retirar da antiga capital a simbologia de cartão postal do país, mas ao mesmo tempo concebê-la como um dínamo incumbido de levar energia para o novo estado.³⁰

A identidade política carioca seria um fator de resistência ao projeto político do governo federal, pois a perda da condição de cidade-estado foi sentida por boa parte da população como um "esvaziamento" da densidade política da cidade.³¹

Outro documento do Arquivo Geisel reforça a idéia de que a construção de uma nova identidade regional estava na ordem do dia das preocupações do governo e envolvia a dissolução de traços do passado e das antigas funções da cidade do Rio. Em um despacho do ministro Armando Falcão com o presidente Geisel, datado de 12 de junho de 1974, foi colocada em pauta uma solicitação do senador arenista Paulo Torres no sentido da preservação do Palácio Monroe, antiga sede do Senado no Rio. O ponto de vista do governo federal, expresso através dos argumentos de Armando Falcão, era que seria do agrado oficial "a transferência para Brasília do núcleo daquela casa do parlamento que ainda funciona no antigo Palácio Monroe, no Rio, que está mal conservado internamente e dilacerado pelas obras do metrô". O argumento de Paulo Torres era que "o núcleo do Senado do Monroe é ponto de encontro dos senadores, quando se deslocam para a Guanabara, e que ficariam tristes se o prédio desaparecesse".³²

O desfecho dessa história, como todos sabem, foi a demolição do Monroe ainda durante o governo Geisel, sob a justificativa de que facilitaria a constru-

---

²⁹ Ver Motta (2001b:40).
³⁰ Ver Moreira (2002).
³¹ Ver Motta (2001a).
³² Apud Ferreira (2002:168).

ção do metrô. No entanto, percebe-se aqui que o que estava em jogo era outra coisa. O Monroe foi construído em 1906 para acolher a III Conferência Pan-Americana, abrigou a Câmara dos Deputados de 1914 até 1925, e de então até a transferência da capital para Brasília, em 1960, foi a sede do Senado Federal. Palco de instituições e eventos relevantes, era um símbolo dos mais importantes da memória do Rio-capital. Sua destruição enquadrava-se no esforço de apagar as marcas de uma representação do Rio como centro da nacionalidade.

Uma nova faceta da fusão emerge da documentação do Arquivo Geisel. Mais do que controlar as eleições de 1974 e domesticar a oposição emedebista, o que estava em pauta era criar um novo pólo de desenvolvimento. Mas isso significou também mudar o papel simbólico do Rio de Janeiro. A fusão, em nome de um projeto de desenvolvimento nacional, implementou estratégias políticas de disciplinarização da cidade do Rio e de diluição de uma identidade ancorada num passado de capital do país. A partir do governo Geisel, a transferência da capital para Brasília estava definitivamente consumada.

A implantação da fusão

Além das dificuldades inerentes à construção de uma nova identidade regional, materializadas nas resistências à integração das populações carioca e fluminense, que não se sentiam portadoras de elementos identitários comuns, a implantação da fusão teve de enfrentar um importante problema: a reorganização político-partidária do novo estado, que trouxe efeitos danosos tanto para a Arena quanto para o MDB.

Chaguismo x amaralismo

No MDB, a liderança exercida por Chagas Freitas e Amaral Peixoto, respectivamente na cidade e no estado do Rio, tornava difícil a unificação dos dois diretórios. Tratava-se de conciliar duas correntes políticas, a dos chaguistas e a dos amaralistas, ou, caso isso fosse impossível, de decidir quem ganharia a partida. Em um primeiro momento, chaguistas e amaralistas procuraram encontrar pontos de entendimento de modo a evitar cisões. Esse espírito pode ser detectado nas eleições de outubro de 1974, quando os diretórios carioca e fluminense do MDB atuaram de forma cooperativa. A colaboração se refletia tanto nas palavras dos diferentes políticos quanto no espaço que muitos amaralistas encontraram nos jornais comandados por Chagas Freitas.

Essa tentativa de conciliação teria, contudo, vida curta. Ainda em dezembro de 1974, o MDB carioca, sob a liderança de Chagas Freitas, instituiu uma subcomissão encarregada de formar o diretório único do partido no novo estado. Esse procedimento provocou o protesto de Amaral Peixoto, que denunciou ao diretório nacional a tentativa de Chagas de marginalizá-lo no processo de fusão dos diretórios estaduais. O conflito entre os dois tornou-se aberto quando, sob o patrocínio do diretório nacional, se formou a comissão executiva provisória do partido, para cuja presidência foi indicado Amaral Peixoto. A comissão executiva provisória teria a função de orientar os trabalhos de unificação até a eleição do novo diretório estadual, prevista para agosto de 1975. Ainda que o diretório nacional do MDB pretendesse agradar às duas correntes, era evidente a predominância do grupo amaralista no controle das principais tarefas a serem executadas pela comissão executiva provisória. Esse fato provocaria atritos que levariam à inviabilidade da tarefa e ao desligamento oficial de Chagas Freitas do partido.

Uma conseqüência do desligamento de Chagas foi a obtenção do controle formal do partido no novo estado do Rio de Janeiro por Amaral Peixoto. No entanto, o afastamento não significou na prática a renúncia de Chagas à sua liderança no MDB. Como afirma Paulo Duque, "Chagas nunca esteve fora do partido. Ele apenas se desligou, mas continuava comandando, lá do jornal *O Dia*. Disso não há qualquer dúvida: o comando do partido era no jornal, nós quase não íamos ao partido".[33] Por esse depoimento percebe-se que, embora tivesse conquistado a chefia formal do MDB no novo estado, Amaral estava longe de deter seu controle efetivo naquele momento. Seu propósito era criar todos os empecilhos para a consolidação da liderança de Chagas, mas as condições não o favoreciam inteiramente, tanto em uma esfera mais ampla, ligada à sua inserção no regime militar, quanto do ponto de vista dos recursos políticos de que dispunha para garantir suas bases.

O próprio Amaral Peixoto reconhecia que Chagas tinha maiores ligações com o governo federal, enquanto ele, embora fosse tratado com consideração, tinha relações limitadas com os presidentes militares. Por aí pode-se perceber o

---

[33] Apud Sarmento (1998).

quão difícil era para Amaral enfrentar a concorrência chaguista. Já mesmo antes da fusão, Chagas tinha começado a penetrar no interior fluminense com o objetivo de minar as relações de Amaral.

Os recursos políticos de Chagas Freitas e sua distribuição entre os integrantes de seu grupo também são apresentados como fatores fundamentais para a atração de novos correligionários. Segundo Paulo Duque, "Chagas tinha um poder imenso em relação aos seus correligionários, porque ele efetivamente nos dava cobertura. Por exemplo: pesquisa é uma coisa que tem muita influência numa eleição; ele fazia pesquisa no jornal *O Dia*, colocava nos primeiros lugares quem ele queria, e pronto! Era um craque".[34]

Parece claro, portanto, que naquela conjuntura os recursos políticos de Amaral eram muito limitados, uma vez que ele não tinha moeda de troca para garantir a fidelidade de seus aliados no interior fluminense. Amaral contava fundamentalmente com seu carisma, além da rede de relações pessoais construída ao longo de sua carreira. Mas, ao que tudo indica, seu estilo político mostrava-se de pouca eficácia diante dos mecanismos de que Chagas dispunha — a imprensa e uma boa relação com o regime militar.

Se no território onde tinha suas raízes políticas Amaral enfrentava tantas dificuldades, na antiga Guanabara a situação não era melhor. Chagas havia montado aí uma eficiente máquina política durante seu governo, no início dos anos 1970. A perda do controle da máquina do estado com a nomeação de Faria Lima para governador não chegou a abalar de forma substantiva seu domínio.

A despeito dessas desvantagens, Amaral Peixoto não recuou. Ao contrário, partiu para a ofensiva, tentando conquistar o apoio dos segmentos de esquerda do MDB carioca. Os parlamentares "autênticos" do Rio de Janeiro, que não dispunham de espaço no esquema político chaguista, viam o líder fluminense como uma alternativa para ampliar sua área de ação. A partir das eleições de 1974, quando um maior número de "autênticos" foi eleito, criaram-se maiores possibilidades de articulação política para esse grupo, e o bom entendimento com Amaral tornou-se interessante para ambas as partes.

Nesse quadro, pode-se logo perceber que um campo de disputa entre chaguistas e amaralistas especialmente sensível seria a Assembléia Constituinte

---

[34] Sarmento (1998:127).

do novo estado, instalada em março de 1975. Dos 94 deputados que a compunham, o MDB tinha elegido 63, sendo 38 na então Guanabara e 25 no antigo estado do Rio. Dos 31 eleitos pela Arena, 19 eram do antigo estado do Rio e 12 da Guanabara. A superioridade, na composição da Assembléia, do MDB sobre a Arena, da Guanabara sobre o antigo estado do Rio, e sobretudo de chaguistas sobre amaralistas fica bastante clara quando se analisa a composição da mesa diretora. Foram escolhidos 12 deputados pelo critério de proporcionalidade, o que significou oito membros do MDB e quatro da Arena. Dos oito emedebistas, metade era composta por deputados da Guanabara, todos chaguistas, e a outra metade por deputados do estado do Rio, mas apenas três eram amaralistas. Na definição dos cargos de direção, a possibilidade de influência da Arena, como partido minoritário, ficou muito reduzida.

A elaboração de uma Constituição para o novo estado do Rio de Janeiro constituía, sem dúvida, um fato novo no cenário político da época, marcado pelas limitações impostas ao Poder Legislativo pelos atos institucionais do regime militar. Os representantes da Arena procuraram enfatizar a distensão política então em curso, apontando a Constituinte como uma prova da face democrática do governo, sobretudo por ser o MDB o partido majoritário.

Uma avaliação da atuação das forças chaguistas no processo de eleição dos constituintes e na própria elaboração da Constituição do novo estado permite perceber os limites da ação de Amaral Peixoto. Embora o líder fluminense tivesse o apoio da direção nacional do MDB, muito mais do que Chagas, era evidente que sua ofensiva não tinha sólidas bases de sustentação. Também diante da Justiça Eleitoral a posição de Amaral Peixoto era pouco confortável: assim, em junho de 1975, o TSE confirmou a decisão do TRE do Rio de Janeiro, datada de maio, declarando nulos os atos da comissão executiva provisória, ou seja, dando a vitória, nessa primeira batalha judicial, ao grupo chaguista.[35]

Inúmeros foram os conflitos, partidários e judiciais, que ao final, como já se esperava, levaram o grupo de Amaral Peixoto à derrota. Uma avaliação das diferentes etapas desse conflito mostra que Amaral, além de procurar garantir suas tradicionais bases fluminenses e acolher novos aliados do grupo dos "autênticos" cariocas, sempre usou, como principal recurso político, seu prestígio no MDB nacional para garantir o controle sobre a comissão executiva provisó-

---

[35] Também uma oposição dividida; ver *Jornal do Brasil*, Rio de Janeiro, 4 jul. 1975.

ria e até mesmo para questionar a permanência dos chaguistas no MDB, tendo em vista sua atuação favorável ao regime militar, contrária, portanto, ao programa oposicionista.

Do outro lado, os chaguistas contavam com uma máquina política ainda bem azeitada, uma vez que o governo de Faria Lima não desestruturara os esquemas clientelísticos montados na administração estadual antes da fusão. Dispunham ainda de um importante instrumento, que eram os jornais *O Dia* e *A Notícia*, e contavam com uma grande simpatia do Poder Judiciário estadual, o que garantiu sua vitória em todos os processos judiciais para controlar o MDB. Na esfera da política nacional, buscavam neutralizar a ação de Amaral Peixoto através de uma aproximação com Tancredo Neves, vice-presidente do partido, que tinha uma postura mais conciliatória diante do regime militar e conseqüentemente encarava de forma mais complacente as atitudes chaguistas, consideradas desviantes pelo presidente Ulisses Guimarães. Além disso, procuravam neutralizar os amaralistas denunciando o envolvimento do proscrito PCB com parlamentares do grupo "autêntico" do MDB carioca, sob o patrocínio do próprio Amaral Peixoto.[36]

Apesar dessa derrota do grupo amaralista na escolha da comissão executiva, Chagas Freitas não podia eliminar a participação de Amaral Peixoto e seus aliados no MDB. O líder fluminense tinha uma longa tradição política no estado e contava com fortes aliados na direção nacional do partido. É nesse contexto que se pode perceber a abertura de alguns canais de diálogo entre os dois grupos, com vistas à realização das eleições municipais de 1976.

As duas correntes se aproximaram e estabeleceram acordos formais, que, no entanto, não evitaram um conflito permanente, como se viu no caso de Niterói, onde, segundo a imprensa, a grande disputa não seria entre o MDB e a Arena, e sim entre os dois mais fortes candidatos da oposição.

Na reta final da campanha eleitoral, no mês de novembro, o jornal *O Dia* divulgava suas "prévias eleitorais", que favoreciam os candidatos chaguistas, constituindo-se em importante instrumento de campanha. No início de novembro, o jornal fazia prognósticos otimistas. O MDB tinha então plena confiança em uma vitória estrondosa, que lhe permitiria eleger a maioria dos prefeitos e vereadores.

---

[36] "Bloco Amaral-Lisâneas em desespero com a derrota certa na Convenção do dia 18" (*O Dia*, Rio de Janeiro, 10 jan. 1976).

O resultado das eleições municipais de 1976 deu de fato uma vitória expressiva ao MDB. Na cidade do Rio de Janeiro, o partido oposicionista obteve 102 mil votos a mais que em 1974 e conquistou 2/3 da Câmara Municipal, com 15 vereadores contra seis eleitos pela Arena. No que diz respeito à disputa Chagas-Amaral, a vitória chaguista foi estrondosa, já que, dos 15 vereadores do partido, 11 pertenciam a essa corrente. Esses resultados mostravam com clareza que a política carioca estava sob o controle chaguista e que as investidas amaralistas para ampliar suas bases na antiga Guanabara tinham sido infrutíferas. Já no interior fluminense, a dinâmica eleitoral mostrou maior complexidade, pois mesmo com o crescimento do MDB, que dobrou o número de prefeituras conquistadas, a Arena permaneceu com a maioria delas.

Mesmo não se dispondo de dados precisos sobre as conquistas chaguistas nos municípios fluminenses, fica bastante evidente que Amaral Peixoto não conseguiu neutralizar as investidas do líder carioca, que com rapidez, e graças ao apoio de seus jornais, obtinha adeptos nos municípios do interior.[37] Amaral Peixoto ainda manteve posições importantes, como a prefeitura de Niterói, conquistada por seu genro Moreira Franco, mas é inegável que estava sendo bastante pressionado.

Quando, em 1º de abril de 1977, o presidente Geisel pôs o Congresso em recesso e decretou um conjunto de medidas — o "pacote de abril" — visando a preservar a maioria governista no Legislativo e o controle do governo sobre os cargos executivos em todos os níveis, novos objetivos se colocaram para a oposição: era preciso unir forças para sobreviver e evitar novos recuos no processo de abertura política.

A consolidação do chaguismo como força hegemônica no MDB do novo estado do Rio de Janeiro nas eleições municipais de 1976 sem dúvida abrira caminho para a volta de Chagas Freitas ao partido. Seu afastamento fora apenas formal, mas era preciso uma volta também formal para que sua carreira política pessoal pudesse prosseguir. Em 7 de julho de 1977, Chagas Freitas reintegrou-se afinal ao MDB, e Tancredo Neves mais uma vez atuou tentando aproximar os dois líderes, articulando o que se chamou de "a pacificação do MDB". O objeti-

---

[37] De acordo com Eli Diniz (1982:71), a penetração chaguista no interior fluminense se deu graças às táticas utilizadas, de alianças e composições eleitorais nos municípios, viabilizadas sobretudo pela existência de uma população sensível à imprensa chaguista, de perfil semelhante ao da população dos subúrbios cariocas.

vo do acordo entre as correntes rivais era o fortalecimento do partido nas eleições indiretas para o governo do estado e para uma vaga no Senado, e diretas para os legislativos federal e estadual, previstas para 1978.

As análises e interpretações sobre o acordo Chagas-Amaral, cujas negociações se iniciaram em julho de 1977, são muitas vezes discordantes, especialmente diante da falência das negociações após as eleições para o governo do estado, em setembro de 1978. Conforme os acertos do acordo, em 2 de junho de 1978 Chagas Freitas teve seu nome aprovado como candidato a governador, enquanto Amaral Peixoto foi confirmado como candidato indireto ao Senado. Porém, em agosto seguinte, quando a convenção nacional do MDB se reuniu, foi aprovada uma tomada de posição contrária à eleição indireta para o Senado. Agora, o conflito que se anunciava não seria mais entre chaguistas e amaralistas, e sim interno ao próprio grupo adepto, ou pelo menos simpatizante, de Amaral Peixoto, formado pelos "autênticos" e os "independentes".

As longas conversações para a viabilização do acordo, bem como a não divulgação exata de seus termos, já indicavam os problemas e limites de sua concretização. Ainda assim, a partir do segundo semestre de 1977, pôde-se perceber que o processo de apaziguamento das duas correntes do MDB do estado do Rio de Janeiro caminhava. Entretanto, o avanço das negociações envolvendo pessoalmente Chagas e Amaral encontrava resistências dentro das próprias correntes chaguista e amaralista, o que por si só indicava os limites da trégua.

Enfraquecimento da Arena e vitória do chaguismo

A Arena, por seu lado, enfrentava uma situação ainda mais complicada para concorrer às eleições de 1978. A indicação de Faria Lima para governador da fusão e a montagem e funcionamento de seu governo não atenderam às expectativas dos arenistas, que acreditavam que a criação do novo estado seria um trunfo fundamental para virar o jogo político e neutralizar a força do MDB. A própria nomeação de Faria Lima frustrou os arenistas, que acreditavam ser Célio Borja o nome ideal para chefiar o estado. A maneira de Faria Lima conduzir a administração e a política estaduais, sem abrir espaço para que os arenistas usufruíssem das vantagens de pertencer à situação, só aumentou a frustração.

Célio Borja, o autor do projeto da fusão, relata que jamais foi consultado por Faria Lima sobre qualquer assunto referente à vida do estado.[38] Essa postura de Faria Lima não só deixou o partido do governo enfraquecido, como permitiu que o MDB de Chagas Freitas ampliasse seu poder de ação. É verdade que, depois da fusão, Chagas perdeu o controle direto da máquina administrativa do estado e não teve acesso à nova estrutura do município do Rio de Janeiro, fontes fundamentais para a realização de barganhas clientelísticas. Mas, como já se viu, o jornal *O Dia* continuava desempenhando papel fundamental para a manutenção de seu poder político.

É esse quadro complicado da Arena e de suas relações com o governo do estado que talvez explique as tentativas de aproximação de Faria Lima, já no final de seu governo, com Amaral Peixoto, com vistas a promover uma cisão definitiva no MDB e garantir o apoio do líder fluminense a um candidato arenista patrocinado pelo governo.[39] Contudo, dimensionando o desgaste que sofreria com uma aliança com a Arena, Amaral rejeitou essa alternativa, mantendo-se fiel aos compromissos assumidos com Chagas. São essas dificuldades da Arena que explicam o lançamento e a falência de uma candidatura própria ao governo do estado, a de Sizeno Sarmento, que cumpriria apenas um papel formal.

O ano de 1978 seria fundamental para os rumos do processo de redemocratização não apenas porque se realizariam eleições para os governos estaduais e para os legislativos federal e estaduais, mas também, o que é mais importante, porque se elegeria o novo presidente da República. Já no início do ano formalizou-se a candidatura do general Figueiredo, indicada por Geisel, e em agosto foi aprovada pelo MDB a "anticandidatura" do general Euler Bentes Monteiro. Temas como a anistia, as eleições diretas e a convocação de uma Assembléia Nacional Constituinte faziam parte da agenda política da oposição. Chagas Freitas viu-se assim diante de um grande desafio para garantir sua reeleição ao governo do estado do Rio de Janeiro. Ao mesmo tempo em que devia atuar em consonância com seu partido na luta pelo restabelecimento da democracia, não queria deixar de agradar às forças responsáveis pelo regime militar.

Ainda que formalmente Chagas tenha afirmado seu compromisso com a chapa do general Euler Bentes, demonstrando fidelidade a seu partido, na prática quem recebeu seu apoio foi o candidato arenista. Durante todo o ano de

---

[38] Ver Motta (1999:241)
[39] Ver Ferreira (1999).

1978, *O Dia* acompanhou os passos de Figueiredo, noticiando positivamente cada uma de suas iniciativas. Com essa postura Chagas selava cada vez mais seus compromissos com o regime militar, ampliando suas bases de apoio nessa esfera. Os resultados das eleições de 1978 mostrariam a eficácia de sua estratégia.

Em 1º de setembro, em todos os estados do Brasil, colégios eleitorais compostos de deputados estaduais e delegados de todas as câmaras municipais elegeram os governadores que exerceriam seus mandatos de 15 de março de 1979 a 15 de março de 1983. Ao mesmo tempo, foram eleitos os vice-governadores e os senadores indiretos. No estado do Rio de Janeiro, o colégio eleitoral possuía 252 membros, sendo 94 deputados e 158 vereadores delegados — 108 representantes da Arena e 144 do MDB. Como era previsto, Chagas Freitas elegeu-se governador, e Amaral, senador. O concorrente de Amaral era Paulo Torres, da Arena, que, no entanto, no dia da votação, renunciou à candidatura. Assim, Amaral Peixoto tornou-se o único emedebista "biônico" no Senado.

Chagas Freitas também foi candidato único ao governo do estado e pôde receber, além dos votos de seu partido, os votos dos arenistas que assim o desejaram, uma vez que a questão não fora fechada na Arena. Chagas Freitas recebeu votos de 225 dos 252 membros do colégio eleitoral, ou seja, 85% dos votos dos delegados da Arena foram depositados em seu nome.[40]

Contudo, antes mesmo das eleições legislativas diretas, marcadas para novembro, uma nova crise se abriu no MDB do estado. O estopim foi a exclusão, da chapa partidária, de 14 candidatos a deputado estadual e federal indicados por Amaral Peixoto.[41] A partir daí começou uma troca de acusações entre amaralistas e chaguistas, em que uns acusavam os outros de terem rompido o acordo e vice-versa.

Outro importante foco de disputa interna foi alimentado pelo problema da eleição direta para o Senado. Apoiada pela ala esquerda do MDB e por Amaral Peixoto, a candidatura de Nelson Carneiro sofreu toda sorte de boicote por parte dos chaguistas, mas acabou vitoriosa. Esses diversos episódios, ocorridos ao longo do ano de 1978, demonstram a consolidação de uma aliança entre Chagas e os setores militares para enfrentar a transição política. O regime mili-

---

[40] "Chagas Freitas eleito governador pela quase totalidade do colégio eleitoral" (*O Dia*, Rio de Janeiro, 2 set. 1978).
[41] "Amaral exige que Chagas esclareça suas intenções" (*Jornal do Brasil*, Rio de Janeiro, 6 out. 1978).

tar queria conduzir a abertura, mas de forma "gradual e segura". Chagas tinha um perfil ideal para atuar nesse processo. Incorporado à legenda oposicionista, mas sem partilhar plenamente de seu programa, proprietário de órgãos da imprensa de grande penetração popular e controlador de grande número de votos, o líder carioca poderia desempenhar papel importante na condução da política do Rio de Janeiro no processo de transição.

No dia 15 de novembro de 1978, realizaram-se as últimas eleições diretas sob a vigência do bipartidarismo. Em todo o país, 47 milhões de eleitores foram às urnas. No estado do Rio de Janeiro, 5,1 milhões de eleitores elegeram um senador direto, 46 deputados federais e 70 deputados estaduais. Os resultados do Senado deram uma vitória estrondosa a Nelson Carneiro, com 2.184.900 votos, representando 62,7% do total.[42] No dia seguinte ao pleito, antes mesmo de se divulgarem os resultados oficiais, Nelson Carneiro preferiu atribuir sua vitória ao povo, e não ao antichaguismo, mas frisou que só tomaria uma posição em relação a Chagas Freitas depois de consultar Amaral Peixoto. No caminho oposto, na mesma ocasião, Chagas "negou que as divergências existentes no MDB afetaram os resultados da oposição, porque no estado do Rio o MDB é invencível" e obteve "maioria estrondosa". Na Assembléia Legislativa, o MDB obteve 74,1% dos votos, e na Câmara dos Deputados, 74,6%. O partido oposicionista saiu, como se esperava, vitorioso das eleições.

Os chaguistas elegeram a maioria da bancada para a Assembléia Legislativa. Dos 42 emedebistas eleitos, 32 eram ligados ao grupo liderado por Chagas Freitas, 11 eram amaralistas, cinco eram independentes e quatro eram "autênticos", de acordo com o *Jornal do Brasil*. Ainda segundo esse jornal, "na Assembléia Legislativa do Rio de Janeiro, a principal bancada não é o MDB, nem a Arena — é o chaguismo, a maioria absoluta. Em tese, pode reformar a Constituição estadual sem pedir reforços a nenhuma legenda".[43] Entretanto, na Câmara dos Deputados, foram os setores contrários a Chagas que conseguiram eleger a maioria. Dos 35 deputados da bancada fluminense, apenas 11 eram chaguistas, cinco eram amaralistas, oito eram autênticos e 11 eram independentes. Assim, o grupo antichaguista detinha 24 cadeiras, ou seja, aproximadamente 68% do total.

---

[42] Sandra Cavalcanti recebeu 1.016.228 votos, e Vasconcelos Torres obteve apenas 280.346.
[43] "MDB voltará a falar da expulsão de Chagas" (*Jornal do Brasil*, Rio de Janeiro, 17 nov. 1978).

Um balanço da atuação de Chagas Freitas no período pós-fusão demonstra que, a despeito das dificuldades e da resistência de Amaral Peixoto à afirmação de sua liderança, o líder carioca conseguiu sair vitorioso do confronto e garantir o controle político do novo estado do Rio de Janeiro. A habilidade de Chagas em permanecer vinculado à legenda oposicionista do MDB e ao mesmo tempo manter relações cooperativas com os militares foi um fator de fundamental importância. Para o regime militar, num momento de transição política em que o processo de abertura sofria avanços e retrocessos, era muito vantajoso poder contar com a ajuda de um político dócil como Chagas, que exercia forte controle sobre o Legislativo estadual e dispunha de um meio de comunicação como o jornal *O Dia*.

A cooperação de Chagas para o processo da fusão, intermediando conflitos gerados pelo funcionalismo público dos dois estados, neutralizando e filtrando reivindicações políticas de suas próprias bases, tornava-o uma relevante linha auxiliar do regime, extremamente útil para evitar desgastes desnecessários que poderiam ser provocados pela decretação de novos atos de força. Desempenhando tal papel, Chagas garantiu para si o espaço político necessário para derrotar de forma clara seu principal adversário, Amaral Peixoto, e iniciar seu segundo governo no estado do Rio de Janeiro, sem precisar contar com a Arena.

As eleições de 1982 e a emergência de Brizola.

A unificação das seções carioca e fluminense do MDB e da Arena, conforme foi demonstrado, em vez de criar as bases de estruturação de uma nova elite política capaz de englobar os antigos grupos do estado do Rio e da Guanabara, iniciou um processo de fragmentação, inviabilizando assim a articulação de forças políticas que pudessem dar efetiva sustentação ao projeto da fusão e dessa forma garantir a criação de um novo estado com capacidade para ocupar um espaço de destaque nos quadros do federalismo brasileiro. A fusão, em vez de criar condições para que o novo estado pudesse representar uma consistente força no cenário nacional, na verdade levou à luta política, que inviabilizou a construção de uma nova identidade regional.

A vitória de Chagas Freitas na eleição para governador do Rio de Janeiro e seu bom relacionamento com o regime militar não foram capazes de criar as necessárias bases de sustentação para garantir estabilidade a seu mandato. O novo governo estadual empossado em março de 1979 iria, assim, enfrentar grandes desafios. O principal deles era penetrar fortemente no interior do estado, de maneira a estimular a fragmentação das forças amaralistas e erodir de forma definitiva as bases de seu principal adversário. Desde o início de seu governo, Chagas preocupou-se em atender as demandas dos municípios fluminenses através da alocação de verbas e recursos públicos para os chefes locais.

Um segundo desafio a ser enfrentado era a obtenção de recursos federais, como forma de atenuar as dificuldades econômicas do novo estado. De fato, a fusão onerou o município do Rio de Janeiro com os novos gastos necessários à instalação dos diversos órgãos de sua prefeitura, cujos orçamentos se mostravam deficitários, ao passo que o governo do novo estado encontrava suas contas comprometidas com obras e com o custeio de sua máquina administrativa.[44] A alocação de verbas federais no novo estado, no entanto, não seria suficiente para sanar tais dificuldades.

Assim, as situações financeira e econômica não eram boas. A política de contenção financeira implementada pelo governo federal com vistas a combater a inflação trouxera reflexos negativos para a economia estadual, dificultando a continuidade das obras do metrô, uma das principais iniciativas do primeiro governo Chagas Freitas, na antiga Guanabara. Além disso, as contas estaduais apresentavam desequilíbrio, uma vez que a arrecadação de receitas não conseguia cobrir todos os gastos do governo.

Finalmente, havia os problemas decorrentes da dinâmica política da própria cidade do Rio do Janeiro, ligados a crescentes demandas de setores da população carioca por maior participação e cujo melhor exemplo foi o movimento de greve de professores. Todas essas dificuldades exigiam de Chagas novas respostas para garantir o sucesso de seu mandato.

Além das realizações no governo e da maneira como ele se desincumbia dos novos problemas que então se apresentavam, o futuro de Chagas Freitas e de seu grupo político dependia de sua adequação ao novo cenário político-partidário do país. Em 1979, o governo federal deu prosseguimento à "abertura", levando a efeito um conjunto de medidas que tinha como objetivo liberalizar o regime e ao mesmo tempo criar condições para a vitória do governo nas

---

[44] Ver Moreira (2002).

eleições gerais de 1982, em que seriam eleitos novos governadores pelo voto direto, depois de 17 anos, e também os senadores e deputados que, em conjunto com os delegados estaduais, formariam o colégio eleitoral responsável pela futura eleição presidencial.[45] Duas questões centrais apresentavam-se como desafios para o governo: a anistia política, que permitiu o retorno ao país e à atividade pública de antigas lideranças políticas cassadas e perseguidas pelo regime, as quais passariam a concorrer com a cúpula emedebista pelo controle do campo oposicionista, e a reformulação partidária, que extinguiu o bipartidarismo.[46]

Dessa forma, foram criados o Partido Democrático Social (PDS), governista e herdeiro da Arena; o Partido do Movimento Democrático Brasileiro (PMDB), que abrigou as principais lideranças emedebistas, de linha oposicionista e mais à esquerda no espectro político do que o antigo MDB; o Partido Popular (PP), agremiação centrista surgida em torno da liderança de Tancredo Neves, incluindo tanto os moderados do MDB quanto setores dissidentes governistas, bem como o nome de Chagas Freitas; o Partido Trabalhista Brasileiro (PTB), liderado pela ex-deputada federal Ivete Vargas, que disputava com o PDT a herança do trabalhismo; o Partido Democrático Trabalhista (PDT), liderado por Leonel Brizola, que tinha como meta recompor o legado getulista e ao mesmo tempo incorporar novas lideranças de esquerda para constituir uma agremiação com perfil socialista; e o Partido dos Trabalhadores (PT), liderado pelo metalúrgico Luiz Inácio da Silva, o Lula, um partido de base operária que congregava setores de esquerda não-comunista e tinha como proposta construir um novo tipo de socialismo.[47]

Nessa nova conjuntura, o chaguismo procurava adequar-se aos novos tempos redefinindo as formas de atuação de suas principais lideranças. A ida de Chagas para o PP permitiu ao seu grupo um maior espaço de atuação na esfera federal. Apresentando como cacife sua poderosa máquina político-eleitoral no Rio de Janeiro, o líder carioca passava a usufruir do direito de articular nomes para ocupar postos-chave na nova estrutura partidária, criando possibilidades de maior participação nos debates de questões políticas nacionais. O grande beneficiário foi o deputado federal e afilhado político de Chagas Miro Teixeira,

---

[45] Ver Freire (1999:219).
[46] Ver *DHBB* (2001:2194-2197).
[47] Ver Pandolfi (2002:108).

que até então tinha concentrado sua atuação nas questões locais e viu-se, a partir de então, em condições de ampliar o espectro de sua ação ao ocupar novos espaços na agremiação política recém-criada. Enquanto Chagas continuava a atuar na esfera estadual, controlando o funcionamento de sua máquina política, Miro Teixeira voltaria sua atenção mais para a esfera federal, visando garantir espaços para seu grupo nos rumos do debate da política nacional.[48]

A experiência partidária de Chagas e seu grupo no PP, no entanto, teria vida curta. Ao se aproximarem as eleições de 1982, o Executivo federal, preocupado com a incerteza dos resultados eleitorais e com os rumos da abertura política, preparou um novo pacote político eleitoral a ser apreciado pelo Congresso e que acabou aprovado por decurso de prazo.

Por outro lado, a escalada terrorista implementada por grupos de extrema direita — materializada em atentados a bancas de jornal, cartas-bombas e, principalmente, no atentado do Riocentro, ocorrido em 1º de maio de 1981 no Rio de Janeiro, em que se pretendia explodir uma bomba para atingir milhares de participantes de uma festa em homenagem aos trabalhadores — criava um clima de incerteza política sobre os rumos do processo de redemocratização. A não apuração e a não punição desses atos terroristas obrigaram o governo a reformular sua estratégia gradual de abertura política implementada desde o governo Geisel.[49]

Inseguro quanto aos resultados eleitorais do próximo pleito, e temeroso das possíveis conseqüências daí advindas, o regime militar implementou uma nova legislação eleitoral visando garantir ao partido governista a maioria na composição do Congresso que escolheria o sucessor de Figueiredo.[50] A nova reforma eleitoral, que ficou conhecida como o "pacote de novembro", proibia as coligações partidárias através da vinculação de votos, obrigando o eleitor a votar em todos os candidatos de um mesmo partido.[51]

O resultado imediato da nova legislação foi a inviabilização do Partido Popular, que apresentava uma estrutura organizacional precária na maioria dos estados e contava poder realizar coligações com outras forças políticas. Suas

---

[48] Sobre a ascendente trajetória política de Miro Teixeira, ver Marcos de Sá Correia (apud Freire, 1999). Ver também Sarmento (2002, esp. cap. 6).
[49] Ver *DHBB* (2001:2196).
[50] Ver Ferreira e Sarmento (2002:490).
[51] Ver Fleischer (1988:79); *DHBB* (2001:4342).

principais lideranças, Chagas e Tancredo, logo passaram a tratar da reincorporação de seu partido ao PMDB, dada a impossibilidade de estabelecer alianças partidárias pragmáticas em diferentes estados. Assim, a proibição de coligações partidárias estabelecidas pelo "pacote de novembro" provocou efeitos imediatos no processo eleitoral, estimulando a reaglutinação de setores de oposição em torno do PMDB.

No quadro nacional, a incorporação do PP ao PMDB foi absorvida sem maiores resistências; no estado do Rio de Janeiro, porém, redundou em grandes dificuldades e divergências. No PMDB fluminense, as articulações em torno da candidatura do senador Saturnino Braga para o governo do estado já estavam avançadas, e o retorno ao partido das forças chaguistas significava enfrentar novamente uma convivência com adversários que ao longo dos anos tinha-se mostrado extremamente difícil.[52]

No trabalho de construção do acordo de incorporação do PP, Miro Teixeira conquistou posição de destaque. Sua estratégia era ocupar uma posição-chave no novo PMDB fluminense e garantir sua indicação como candidato ao governo do estado. No seu entender não bastava fundir as estruturas partidárias, era necessário formular novas estratégias para reunir setores mais à esquerda do PMDB e as bases chaguistas. Miro Teixeira percebia que, a despeito das restrições impostas pelo regime militar, a abertura política estava se aprofundando e de alguma forma seu ritmo escapava ao controle do governo. O sucesso político de sua candidatura estava condicionado a uma aproximação com os setores de esquerda do partido. Nesse contexto, Chagas, então governador do estado, mantinha-se distante das estratégias elaboradas para a campanha eleitoral. Na nova conjuntura política, era menor sua margem de manobra, não só pelo fortalecimento dos antigos setores do PMDB, mas também pelo fortalecimento e independência da liderança de Miro Teixeira.[53]

O novo cenário aprofundava ainda mais a fragmentação do quadro político. Já em 1980, por ocasião da reformulação partidária, Amaral Peixoto e seu grupo não ingressaram no PMDB e deixaram o partido de oposição para participar da fundação do PDS, a convite do governo federal. Amaral Peixoto e seu genro Moreira Franco, então prefeito de Niterói, depois de enfrentar inúmeras

---

[52] Ver a entrevista de Roberto Saturnino Braga concedida ao Programa de História Oral do Cpdoc/FGV, jul. e dez. 1992.
[53] Ver Freire (1999:231).

dificuldades impostas pelos chaguistas na disputa pelo controle do MDB, optaram por engajar-se no novo partido do governo, juntando-se aos seus tradicionais adversários, os ex-udenistas. Acreditando que essa nova opção poderia restaurar seu poder político do passado, Amaral fortaleceu a gestão de Moreira Franco em Niterói, angariando expressivos recursos federais para o município. O passo seguinte foi a articulação de Moreira Franco como candidato do PDS ao governo do estado do Rio.

O processo eleitoral de 1982 no Rio de Janeiro foi marcado por enorme volatilidade do eleitorado. Num primeiro momento assistiu-se à ascensão da candidatura de Sandra Cavalcanti, do PTB, seguida pelo nome de Miro Teixeira. A seguir pôde-se verificar uma indecisão eleitoral, quando estavam mais ou menos empatados Miro Teixeira, Moreira Franco e Leonel Brizola, para finalmente ficar evidenciada a ascensão meteórica de Leonel Brizola.[54]

Enquanto os chaguistas perdiam terreno e a candidatura de Miro enfrentava um processo de desgaste, uma nova estrela política despontava na disputa eleitoral: Leonel Brizola, que, recém-chegado do exílio, disputaria as eleições contra lideranças políticas consolidadas e suas respectivas máquinas eleitorais.[55] Inicialmente tímida, a candidatura de Brizola ganhou corpo a partir dos debates organizados pelas emissoras de rádio e de televisão, que lhe garantiram grande publicidade. Adotando um discurso agressivo, Brizola passou a se identificar como o candidato de oposição, tanto em nível federal quanto estadual, apelando, em linguagem simples e direta, à "consciência do eleitor".[56]

A partir de setembro, Brizola tornou-se o centro das atenções na disputa eleitoral, à medida que utilizava com bastante competência os espaços de debate eleitoral para promover uma candidatura nitidamente oposicionista, contando inclusive com a adesão de líderes esquerdistas históricos, como Francisco Julião e Luís Carlos Prestes.

Sua campanha contou fundamentalmente com a adesão de eleitores da Região Metropolitana do Rio de Janeiro, enquanto o interior permaneceu dividido entre as candidaturas de Moreira e Miro. De outro lado, o caráter oposicionista de sua candidatura, a alusão ao legado varguista e a ênfase em questões de grande apelo para amplos setores da população, como educação e seguran-

---

[54] Ver Figueiredo, Lima Jr. e Souza (1985:20).
[55] Ver Sento-Sé (1999:219).
[56] Ibid. p. 223.

ça, acabaram por atrair uma parcela significativa de eleitores formadores de opinião, naquela altura simpáticos às causas populares defendidas pela candidatura pedetista.

Também pode ser apontado como fator responsável pelo sucesso de Brizola o impacto das candidaturas proporcionais apresentadas por sua legenda, que incluía personalidades que debutavam na política profissional e possuíam grande apelo popular, como o líder indígena Mário Juruna e o cantor Aguinaldo Timóteo. Tal estratégia se mostrou bem-sucedida ao reforçar o caráter oposicionista e independente da candidatura Brizola, sublinhando a identificação do partido com uma visão nova da atividade política, que deveria comportar elementos pouco presentes no jogo político tradicional até então.[57] Desse modo, a campanha política de 1982 no Rio de Janeiro recuperou uma dimensão festiva, com intensa mobilização dos setores populares, em contraste com o predomínio da frieza na moderna lógica das democracias de massa.[58]

Impondo-se diante das incertezas do processo de abertura política do país, a campanha de Brizola sofria pressões do governo federal, que chegou a se pronunciar a respeito dos riscos que a candidatura pedetista no Rio representava para o processo de abertura,[59] passando a apoiar fortemente o candidato do PDS, Moreira Franco, que passou a contar com seus recursos. Por sua vez, Chagas Freitas também disponibilizara a máquina estadual à candidatura de Moreira, uma vez que se distanciava do candidato de seu partido, Miro Teixeira.

O resultado final do pleito garantiu a vitória de Brizola. O líder trabalhista não só derrotou seu principal adversário, Moreira Franco, e um esquema de fraude montado para beneficiá-lo através da transformação dos votos de Brizola em brancos e nulos, mas também inaugurou uma nova era na política fluminense. A vinculação de votos permitiu que o PDT, partido que até então não possuía uma base de sustentação mais consistente, elegesse uma expressiva bancada parlamentar, passando a se constituir na principal força política no estado do Rio. O rompimento de Miro Teixeira com Chagas Freitas durante o processo eleitoral e a própria derrota do candidato do PMDB levaram a um esgotamento do poder do grupo chaguista. A esquerda peemedebista foi a grande perdedora

---

[57] Sobre o impacto da campanha brizolista junto aos setores populares nas eleições de 1982, ver o depoimento de Arlindenor Pedro de Souza em Ferreira, Rocha e Freire (2001).
[58] Ver Sento-Sé (1999:225).
[59] Ver *Jornal do Brasil*, Rio de Janeiro, 26 jan. 1982.

no pleito, e o número de parlamentares eleitos aliados do líder carioca declinou sensivelmente.[60] Por sua vez, o PT, que tinha lançado a candidatura de Lisâneas Maciel para o governo do estado, não conseguiu angariar apoio do eleitorado fluminense, obtendo resultados eleitorais inexpressivos.[61]

Enfraquecida com a derrota de seu candidato Moreira Franco ao governo do estado, a corrente amaralista perdeu definitivamente espaço político. A vinculação de Amaral ao PDS não tinha trazido os resultados esperados. Ainda que seu novo partido, na esfera federal, mantivesse forças para controlar o ritmo do processo de abertura política, no estado do Rio de Janeiro ele tinha sofrido total esvaziamento, especialmente depois da transferência de Moreira Franco para o PMDB, com vistas a disputar as futuras eleições de 1986 para o governo do estado.[62]

Um balanço final das eleições de 1982 demonstra que Brizola impôs uma veemente derrota às maquinas federal e estadual, além de se projetar como figura nacional, visto que foi o único governador eleito fora do circuito PMDB/PDS. No Rio de Janeiro, a vitória de Brizola foi encarada, pelo menos entre parte dos pedetistas, como a quebra num ciclo político do estado, desfazendo a supremacia do antigo MDB e redefinindo o arranjo político estadual.[63]

Os efeitos da vitória de Brizola não ficariam, no entanto, restritos ao campo político fluminense: o líder trabalhista encarava sua volta à vida partidária e sua nova tarefa de governar o Rio de Janeiro como um trampolim para a Presidência da República.

Depois dos resultados eleitorais de 1982, a luta pelas eleições diretas para presidente ganhou novo impulso. Ao longo de 1984, a campanha "Diretas Já" incendiou o país, mobilizando amplos setores da população e contando com o apoio dos principais governadores da oposição — Brizola (RJ), Tancredo Neves (MG) e Franco Montoro (SP). Nesse contexto, o governador fluminense, acionando seu capital simbólico de herdeiro do trabalhismo e líder de massas, iria conquistar cada vez mais espaços na política nacional, tornando-se um ator importante e uma força política emergente com capacidade de interagir nos rumos da reconstrução da democracia no país.

---

[60] Ver Sarmento (2002, cap. 6).
[61] Ver Ferreira, Rocha e Freire (2001).
[62] Ver Ferreira (1999a).
[63] Ver Sento-Sé (1999).

Conclusão

Passados quase 30 anos da fusão do Rio de Janeiro, podemos nos desprender das lutas do momento e perceber com clareza que setores da elite política e econômica carioca endossaram o projeto de Geisel e tiveram efetiva participação na sua implementação. A não concretização dos objetivos almejados — a obtenção de recursos do governo federal para dinamizar a economia do novo estado (no que se refere às elites econômicas) e a ampliação do espaço político da Arena carioca (inviabilizada com a postura adotada por Faria Lima de não atender às demandas dos arenistas, garantindo as conquistas chaguistas pré-fusão) — gerou um grande desapontamento entre seus partidários, que procuraram então se desvincular completamente da iniciativa, passando a atribuir ao governo federal a responsabilidade exclusiva pela medida. O fato de não ter sido atingida a principal meta do projeto da fusão — criar um novo estado do Rio como pólo econômico dinâmico, dotado de força política e capaz de estabelecer um equilíbrio federativo diferenciado, e, paralelamente, construir uma nova identidade política e cultural para este ente — produz até hoje um sentimento de perda e insatisfação. A eterna busca de uma idade de ouro, localizada ora na época do Rio-capital, ora na época da cidade-estado, é o indício de laços identitários frágeis e de uma memória dividida, aspectos que marcam a trajetória das duas partes que compõem o atual estado.

Por outro lado, as eleições de 1982 e a vitória de Brizola para o governo do estado encerraram um ciclo da vida política fluminense, provocando o definitivo afastamento de cena de duas de suas mais tradicionais lideranças, Amaral Peixoto e Chagas Freitas. Com isso, o projeto político de Geisel, no que se refere tanto à fusão do Rio de Janeiro quanto ao ritmo e aos contornos do processo de transição política no país, sofreram abalos importantes.

Referências bibliográficas

ALBERTI, Verena; SARMENTO, Carlos Eduardo; ROCHA, Dora (Orgs.). *Mario Henrique Simonsen: um homem e seu tempo*. Rio de Janeiro: FGV, 2002.

BRASILEIRO, Ana Maria. *A fusão: análise de uma política pública*. Brasília: Ipea/Iplan, 1979. (Estudos para o Planejamento, 21).

D'ARAUJO, Maria Celina; CASTRO, Celso (Orgs.). *Ernesto Geisel*. Rio de Janeiro: FGV, 1997.

DHBB — Dicionário histórico-biográfico brasileiro pós-1930. ABREU, Alzira Alves de; BELOCH, Israel; LATTMAN-WELTMAN, Fernando; LAMARÃO, Sérgio Tadeu de Niemeyer (Coords.). 2. ed. Rio de Janeiro: Cpdoc/FGV, 2001.

DINIZ, Eli. Voto e máquina política: patronagem e clientelismo no Rio de Janeiro. Rio de Janeiro: Paz e Terra, 1982.

FERREIRA, Marieta de Moraes. Rio de Janeiro: historiografia e fontes. BIB — Boletim Informativo e Bibliográfico de Ciências Sociais, Rio de Janeiro, n. 36, 1993.

_____. Uma relação de amor e ódio. In: _____. Em busca da idade de ouro. As elites políticas fluminenses na Primeira República. Rio de Janeiro: UFRJ, 1994.

_____ (Coord.). Crônica política do Rio de Janeiro. Rio de Janeiro: FGV, 1998.

_____ (Coord.). Hamilton Xavier e Saramago Pinheiro (depoimentos). Rio de Janeiro: FGV, 1999a.

_____. A fusão: chaguismo x amaralismo. In: SARMENTO, C. E. (Org.). Chagas Freitas. Rio de Janeiro: FGV, 1999b.

_____. Memória política e história do Rio de Janeiro. In: FERREIRA, M. de M. (Coord.). Rio de Janeiro: uma cidade na história. Rio de Janeiro: FGV, 2000a. p. 7-33.

_____. O arquivo Geisel e os bastidores da fusão. In: CASTRO, Celso; D'ARAUJO, Maria Celina (Orgs.). Dossiê Geisel. Rio de Janeiro: FGV, 2000b.

_____; GRYNSZPAN, Mário. A volta do filho pródigo ao lar paterno? A fusão do Rio de Janeiro In: FERREIRA, M. de M. (Coord.). Rio de Janeiro: uma cidade na história. Rio de Janeiro: FGV, 2000.

_____; ROCHA, Dora; FREIRE, Américo (Orgs.). Vozes da oposição (depoimentos de Lysâneas Maciel, Heloneida Studart, Modesto da Silveira, Iramaya de Queiroz Benjamin, Raymundo de Oliveira, Arlindenor Pedro de Souza, Francisco Amaral, Jó Rezende). Rio de Janeiro: Grafline, 2001.

_____; SARMENTO, Carlos Eduardo. A República brasileira: pactos e rupturas. In: GOMES, Angela de Castro; PANDOLFI, Dulce; ALBERTI, Verena (Coords.). A República no Brasil. Rio de Janeiro: Nova Fronteira/Cpdoc, 2002.

FIGUEIREDO, Marcus; LIMA JR.; Olavo Brasil de; SOUZA, Amaury de. Brizola e as eleições de 1982. Rio de Janeiro: Iuperj, 1985. (Série Estudos, 40).

FLEISCHER, David. *Da distensão à abertura: as eleições de 1982*. Brasília: UnB, 1988.

FREIRE, Américo. O governador do estado do Rio de Janeiro. In: SARMENTO, C. E. (Org.). *Chagas Freitas*. Rio de Janeiro: FGV, 1999.

_____; SARMENTO, Carlos Eduardo. Três faces da cidade: um estudo sobre a institucionalização e a dinâmica do campo político carioca (1889-1969). *Estudos Históricos*, Rio de Janeiro, n. 24, 1999.

MOREIRA, Marcela Gonçalves Rocha. *O Rio não é um município qualquer: a fusão e a criação do município do Rio de Janeiro (1975)*. Dissertação (Mestrado em História) — IFCS/UFRJ, Rio de Janeiro, 2002.

MOTTA, Marly Silva da. Que será do Rio? — refletindo sobre a identidade política da cidade do Rio de Janeiro. *Tempo — Revista do Departamento de História da UFF*, Niterói, v. 2, n. 4, p. 146-174, 1997.

_____. *Célio Borja (depoimento)*. Rio de Janeiro: FGV, 1999.

_____. *Rio de Janeiro: de cidade-capital a estado da Guanabara*. Rio de Janeiro: FGV, 2001a.

_____. A fusão da Guanabra com o Estado do Rio: desafios e desencantos. In: FREIRE, A.; SARMENTO, C. E.; MOTTA, M. S. da (Orgs.). *Um estado em questão: 25 anos do Rio de Janeiro*. Rio de Janeiro: FGV, 2001b.

_____; SARMENTO, Carlos Eduardo (Orgs.). *A construção de um estado: a fusão em debate*. Rio de Janeiro: FGV, 2001.

PANDOLFI, Dulce Chaves. Voto e participação nas diversas repúblicas do Brasil. In: GOMES, A. de C.; PANDOLFI, D.; ALBERTI, V. (Coords.). *A República no Brasil*. Rio de Janeiro: Nova Fronteira/Cpdoc, 2002.

SARMENTO, Carlos Eduardo (Coord.). *Paulo Duque (depoimento)*. Rio de Janeiro: FGV, 1998.

_____. *O espelho partido da metrópole: Chagas Freitas e o campo político carioca (1950-83): liderança, voto e estruturas clientelistas*. Tese (Doutorado) — Ifcs/UFRJ, Rio de Janeiro, 2002.

SENTO-SÉ, João Trajano. *Brizolismo: estetização da política e carisma*. Rio de Janeiro: FGV, 1999.

_____. Os estudos de política no Rio de Janeiro e a criação de um campo de pesquisa. In: CPDOC/FGV. *Cpdoc 30 anos*. Rio de Janeiro: FGV, 2003.

Anexo 1
Trabalhos produzidos dentro da linha de pesquisa "História do Rio de Janeiro", do Cpdoc (em ordem cronológica)

FERREIRA, Marieta de Moraes; GOMES, Angela de Castro. Industrialização e classes trabalhadoras no Rio de Janeiro: novas perspectivas de análise. *BIB — Boletim Informativo e Bibliográfico de Ciências Sociais*, Rio de Janeiro, n. 24, 1987.

_____ (Coord.). *A República na Velha Província*. Rio de Janeiro: Rio Fundo, 1989.

GRYNSZPAN, Mário. Ação política e atores sociais: posseiros, grileiros e a luta pela terra na Baixada. *Dados*, Rio de Janeiro, v. 33, n. 2, 1990.

MOTTA, Marly Silva da. *A nação faz cem anos*. Rio de Janeiro: FGV, 1992.

FERREIRA, Marieta de Moraes. Rio de Janeiro: historiografia e fontes. *BIB — Boletim Informativo e Bibliográfico de Ciências Sociais*, Rio de Janeiro, n. 36, 1993.

_____. *Em busca da idade de ouro: as elites políticas fluminenses na Primeira República*. Rio de Janeiro: UFRJ, 1994.

_____; GRYNSZPAN, Mário. A volta do filho pródigo ao lar paterno? A fusão do Rio de Janeiro. *Revista Brasileira de História. Espaço Plural*, São Paulo, v. 14, n. 28, 1994.

MOTTA, Marly Silva da. Carlos Lacerda: de demolidor de presidentes a construtor de estados. In: MEIHY, José Carlos Sebe Bom (Org.). *(Re)introduzindo a história oral no Brasil*. São Paulo: Xamã, 1996.

FREIRE, Américo Oscar Guichard. Campos Sales e a República Carioca. *Locus: Revista de História*, Juiz de Fora: NHR-UFJF, v. 2, n. 1, 1996.

_____. Que será do Rio? Refletindo sobre a identidade política da cidade do Rio de Janeiro. *Tempo — Revista do Departamento de História da UFF*, Niterói, v. 2, n. 4, p. 146-174, 1997.

FREIRE, Américo; SARMENTO, Carlos Eduardo. Três faces da cidade: um estudo sobre a institucionalização e a dinâmica do campo político carioca (1889-1969). *Estudos Históricos*, Rio de Janeiro, n. 24, 1999.

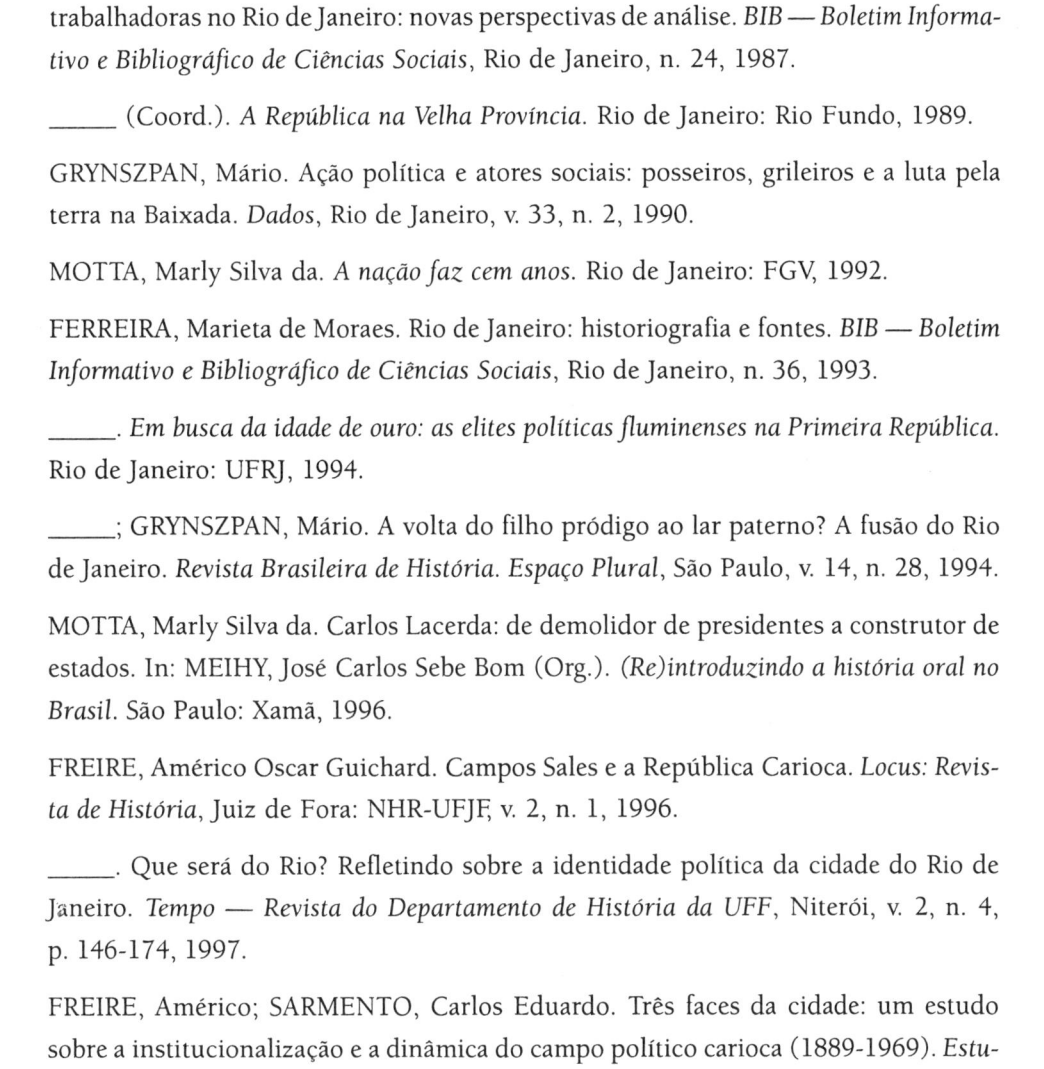

FERREIRA, Marieta de Moraes (Coord.). *Rio de Janeiro: uma cidade na história*. Rio de Janeiro: FGV, 2000.

_____. O arquivo Geisel e os bastidores da fusão. In: CASTRO, Celso; D'ARAUJO, Maria Celina (Orgs.). *Dossiê Geisel*. Rio de Janeiro: FGV, 2002.

SARMENTO, Carlos Eduardo. *O espelho partido da metrópole: Chagas Freitas e o campo político carioca (1950-83): liderança, voto e estruturas clientelistas*. Tese (Doutorado) — Ifcs/UFRJ, Rio de Janeiro, 2002.

MOREIRA, Marcela Gonçalves Rocha. *O Rio não é um município qualquer: a fusão e a criação do município do Rio de Janeiro (1975)*. Dissertação (Mestrado em História) — Ifcs/UFRJ. Rio de Janeiro, 2002.

Anexo 2
Trabalhos produzidos pelo Cpdoc e publicados pelo Núcleo de Memória Política Carioca e Fluminense (em ordem cronológica)

FERREIRA, Marieta de Moraes (Coord.). *Crônica política do Rio de Janeiro (depoimentos de Barbosa Lima Sobrinho, Villas-Bôas Corrêa, Murilo Melo Filho, Pedro do Coutto, Marcio Moreira Alves, Rogério Coelho Neto, Paulo Branco)*. Rio de Janeiro: FGV, 1998.

FREIRE, Américo (Coord.). *José Talarico (depoimento)*. Rio de Janeiro: FGV, 1998.

MOTTA, Marly Silva da (Coord.). *Erasmo Martins Pedro (depoimento)*. Rio de Janeiro: FGV, 1998.

SARMENTO, Carlos Eduardo (Coord.). *Paulo Duque (depoimento)*. Rio de Janeiro: FGV, 1998.

_____ (Org.). *Chagas Freitas*. Rio de Janeiro: FGV, 1999.

MOTTA, Marly Silva da (Coord.). *Célio Borja (depoimento)*. Rio de Janeiro: FGV, 1999.

FERREIRA, Marieta de Moraes (Coord.). *Hamilton Xavier e Saramago Pinheiro (depoimentos)*. Rio de Janeiro: FGV, 1999.

FARIAS, Ignez Cordeiro de (Coord.). *Jorge Loretti (depoimento)*. Rio de Janeiro: FGV, 2001.

FERREIRA, Marieta de Moraes; ROCHA, Dora; FREIRE, Américo (Orgs.). *Vozes da oposição (depoimentos de Lysâneas Maciel, Heloneida Studart, Modesto da Silveira,*

Iramaya de Queiroz Benjamin, Raymundo de Oliveira, Arlindenor Pedro de Souza, Francisco Amaral, Jó Rezende). Rio de Janeiro: Grafline, 2001.

MOTTA, Marly Silva da; SARMENTO, Carlos Eduardo (Orgs.). *A construção de um estado: a fusão em debate (depoimentos de Faria Lima, Balthazar da Silveira, Ronaldo Costa Couto, Francisco de Mello Franco, Roberto Paraíso Rocha, Oswaldo Domingues, Israel Klabin, Gilberto Rodriguez)*. Rio de Janeiro: FGV, 2001.

FREIRE, Américo; SARMENTO, Carlos Eduardo; MOTTA, Marly Silva da (Orgs.). *Um estado em questão: 25 anos do Rio de Janeiro*. Rio de Janeiro: FGV, 2001.

FREIRE, Américo. *Guerra de posições na metrópole: a prefeitura e as empresas de ônibus no Rio de Janeiro (1906-48)*. Rio de Janeiro: FGV, 2001.

SARMENTO, Carlos Eduardo. *O Rio de Janeiro na era Pedro Ernesto*. Rio de Janeiro: FGV, 2001.

MOTTA, Marly Silva da. *Rio de Janeiro: de cidade-capital a estado da Guanabara*. Rio de Janeiro: FGV, 2001.

Esta obra foi impressa pela
Markgraph Gráfica e Editora Ltda. em papel
offset alta alvura — Suzano para a Editora FGV
em março de 2006.